동북아 평화와
聖 · 性 · 誠의 여성신학

동북아 평화와 聖·性·誠의 여성신학

2020년 7월 6일 초판 1쇄 인쇄
2020년 7월 13일 초판 1쇄 발행

지은이 ｜ 이은선
펴낸이 ｜ 김영호
펴낸곳 ｜ 도서출판 동연
등 록 ｜ 제1-1383호(1992. 6. 12)
주 소 ｜ 서울시 마포구 월드컵로 163-3
전 화 ｜ (02)335-2630
전 송 ｜ (02)335-2640
이메일 ｜ h-4321@daum.net
블로그 ｜ https://blog.naver.com/dong-yeon-press

ISBN 978-89-6447-592-8 93230

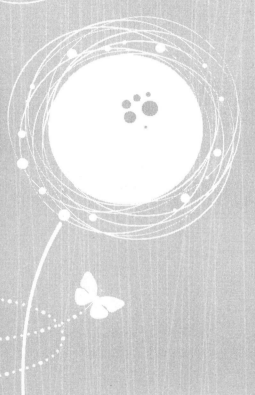

동북아 평화와
聖·性·誠의 여성신학

이은선 지음

동연

머리말

1

2018년 판문점에서는 역사적인 4.27 남북정상회담이 있었고, 이어서 싱가포르에서는 북미정상회담이 있었다. 그즈음에 갑작스레 존 볼턴과 같은 극보수 인사가 백악관 국가안보보좌관으로 합류하고, CVID(완전하고complete, 검증가능하며verifiable, 불가역적인irreversible, 비핵화dismantlement) 요구가 나오자 앞으로의 한반도 평화 프로세스가 큰 난항을 겪을 것 같다고 강하게 예상했다. 아닌게 아니라 현실이 그렇게 되었고, 이후 2년여의 시간이 지난 후 최근 발간된 존 볼턴의 회고록에 그때 우리가 얼마나 간절한 마음과 정성으로 그 일에 임했는데 정작 거기서 핵심 키를 쥐고 있던 미국은 그 대통령이나 참모들이 하나 같이 성의 없이 거의 놀이 식으로, 심지어는 성사되지 못하도록 하는 역할까지 했다는 것이 드러나면서 큰 분노와 참담함을 느끼지 않을 수 없다. 오늘 세계 외교와 특히 세계 제일의 헤게모니 국가 미국의 정치와 외교가 어느 정도로 부패해 있고, 자신들 상대국과의 신뢰 정도가 그렇게 비인간적이며, 거짓과 자기 이익 중심적으로 타락했는지를 보여주는 것이라 생각한다.

작년 3.1운동 백 주년을 맞이해서 나온 책으로 많이 주목을 받은 권보드래 교수의 『3월 1일의 밤』(돌베개, 2019)에 보면, 3.1 운동 직전인 1919년 1월 29일 윤치호의 일기에는 "강해지는 법을 모르는 이상 약자로 사는 법을 배워야 한다"라는 글귀가 나온다고 한다(193-194).
당시 윤치호는 50대 중반의 지도자급 인사로서 아버지 윤웅렬은 군
부대신과 법부대신까지 지내며 친일정권 타도에 앞장섰고, 그 큰아
들로서 미국 유학까지 다녀와서 독립협회, 대한자강회, 신민회 등에
함께했었지만, 그는 독립선언을 준비하던 젊은 인사들이 찾아와서
함께 참여해 달라고 요청하자 그렇게 거절했다고 한다. 그의 일기장
에 등장하는 언술로, "내가 분노한다 해서 미국인들이 잃을 것이 무
엇인가? 무(無)보다 못한 내 우정이 고작인 것을", 또는 "사랑이 아니
라 공포가 이 세상을 유지시"킨다고 하고, "실망하지 않기 위해서라
도 인간 본성이 악하다고 믿는 게 좋다"라는 것 등이 소개되었다. 하
지만 그런 윤치호의 주저와 거절에도 불구하고 우리가 알듯이 1919
년의 3.1운동은 그후 불길처럼 일어나 번졌고, 오늘 3.1운동 백주년
이 지나는 시점에, 권 교수도 지적했듯이, 그 독립운동은 민족사적
의미를 넘어서 점점 더 세계사적 의미를 더해간다.

　　이번에 모아서 한 책으로 엮고자 하는 나의 모든 글은 어쩌면 위
에서 들은, 당시 사회진화론을 믿고 있었다는 윤치호 등의 생각과는
다른, 그 반대를 주장하려는 기도라고 할 수 있을지 모르겠다. 아무
리 지금 겉으로 드러나는 '힘'은 약하다 하더라도, 힘에는 그 겉으로
드러난 것만이 다가 아니라 어쩌면 그 힘조차도 거기서 뿌리가 되는
더 근본적인 토대가 있을 것이라는 추측, 그래서 힘센 자가 자기 앞
의 상대를 무(無)로까지 억누르고 착취하려 할 때는 거기서 종종 그
누르는 힘을 마침내 이겨내는 항거가 일어나고, 그러한 항거와 저
항, 분노가 현실을 아주 다르게 바꾸어낼 수 있고, 그렇게 인간의 삶
과 역사는 이어져 왔으며 그런 의미에서 인간 본성과 존재의 핵은

악이 아니라 선(善)이라고 할 수 있고, 그러므로 실망을 넘어서 희망하고, 소망하는 것이 우리의 마지막 언어가 되어야 한다는 것을 밝히려는 '믿음'(信)이라는 말이다. 이 일이 지금 다시 긴요한 이유는 오늘 한반도와 동북아의 현실이 그렇게 해서 100년 전보다 많이 바뀌었지만, 그래도 아직, 아니면 또 다른 방식으로 여전히 많이, 이번 존 볼턴의 이야기가 드러내 준 대로 이번에는 특히 서구 미국의 준(準)식민지처럼 되어 있기 때문이다. 그러므로 여기서 한반도 평화 프로세스와 동북아의 미래를 위한 일을 멈출 수 없다는 뜻이다.

2

첫 번째 글 "동아시아 역사 수정주의와 평화이슈 — '일본군 위안부' 문제를 중심으로"는 오늘 한반도 분단과 비극의 시작점을 일제강점기로부터 보면서 그 시기 불의의 극한점이라고 여겨지는 일본군 '위안부' 문제를 중심으로 다루었다. 그러면서 어떻게 오늘의 동아시아 역사수정주의를 넘어서 한일, 중일, 재일 자이니치, 또는 중국과의 상호관계가 새롭게 다져질 수 있을까를 탐색한다. 최근 우리 사회에서 불거진 정대협(정신대대책협의회) 또는 정의연(정의기억연대) 사태를 통해서도 드러났듯이, 일본 제국주의 시기의 물음은 여전히 한반도와 동북아의 현실과 미래에서 핵심적인 관건이다. 그에 대해서 정의연이 일본군 '위안부' 문제를 아무도 돌보지 않던 20여 년 전부터 씨름하며 싸워왔지만, 일본뿐 아니라 한국에서도 여전히 그 역사가 왜곡되고 있고 어떻게든 덮으려 하기 때문에 거기서 진실을 어떻게 대면할 것인가 특히 중요하다고 본다. 개인적으로는 한 대학의 동료로 같이 지냈던 박유하 교수의 『제국의 위안부』를 보면서 더욱 그러한 생각을 굳혔다.

두 번째 글, "동북아 평화 프로세스와 4.27 판문점 선언 ― 여성통합학문연구의 시각에서"는 2018년 4.27 남북정상회담이 있은 지 한 달 만에 열린 국제여성평화심포지엄에서, 판문점 선언과 이어진 북미회담의 준비과정 등을 보면서 한국 종교 여성의 여성주의적 성찰을 담은 글이다. 앞에서 언급했듯이 한국 여성 종교가의 시각에서 지금까지 남성들 중심의 국제 평화회담이나 한반도 평화 프로세스가 얼마나 남성주의적인 절대주의로 경직되어 있나를 밝히면서 그러한 경직된 배타성을 떨어내지 않고는 한반도 평화 프로세스가 결코 쉽지 않을 것을 전망한 것이다. 그러나 그 가운데서도 우리가 희망을 놓지 않을 근거가 무엇인가를 찾으면서 문재인 정부의 깊이 있는 성찰을 요청했다.

나는 오늘 인류 문명 속에서 제일의 헤게모니가 된 유대 기독교 문명, 그 극우적 자식인 미국(트럼프) 정부가 한반도와 동북아의 평화와 미래에 결정권을 쥐고서 불의하고 억압적인 방식으로 우리와 관계하는 한, 그것으로부터의 독립과 자주를 이루고, 주체를 회복하기 위해서는 그 문명적 뿌리가 되는 기독교 신앙에 대한 전복적인 성찰이 있어야 한다고 주장한다. 종교와 신앙이란 한 문명의 뿌리이고, 그것은 궁극적인 선(善)과 구원에 관한 물음이기 때문에 한 주체의 진정한 독립과 자주를 위해서는 그러한 근본에 대한 성찰과 독립이 없고서는 다른 모든 이차적인 성찰과 행위에서의 자주는 자칫 허상이 되기 쉽다고 보기 때문이다. 그리고 이것은 우리 한반도의 평화와 통일을 위한 프로세스에서도 그대로 적용된다고 여긴다. 따라서 기독교 신앙의 핵심은 그의 초월자 의식이고, 특히 그 초월자의 '유일한' 그리스도 의식, 그 가운데서도 '부활' 의식인데, 그것이 기독교 문명의 배타성 근거가 되어서 다른 문명에 대한 우월성과 배타성의 토대가 된다면, 한반도 평화 프로세스의 일에서도 궁극적으로는 바로 이 토대에 대한 재성찰이 그 바탕이 되어야 한다는 의미이다. 본 책의 세 번째 글에서부터는 바로 이러한 성찰이 표현된 것이다.

3

먼저 "유교 문명사회에서의 한국교회와 루터의 종교개혁 그리고 동북아 평화이슈"는 2017년 서구 기독교 종교개혁 5백 주년을 맞이해서 독일 종교개혁의 고장에 가서 그 종교개혁의 3대 원리를 동아시아 유교 문명의 3대 개념(聖·性·誠)으로 재고한 것이다. 당시 한반도와 동북아에서는 사드 배치 문제로 갈등이 고조되고 있던 때였다. 나는 당시 서구 중세사회에서 교회가 '구원'을 빙자해서 '면죄부' 등을 파는 행위와 오늘 서구 미국 등 강대국들이 '평화'를 구실로 비싼 '무기'를 파는 행위가 다른 것이 아니라고 주장했다. 이어지는 "3.1운동 정신에서의 유교(대종교)와 기독교 — 21세기 동북아 평화를 위한 의미와 시사"는 2019년 3.1운동 백 주년을 맞이하여서 더욱 구체적으로 서구 기독교 문명에의 종속을 털기 위해서 근대 한반도 독립과 자주정신의 근간을 3.1정신을 보면서, 어떻게 그 3.1운동과 정신이 한반도 땅에서 특히 유교 정신과 기독교 정신의 어우러짐을 통해서 그와 같은 모습으로 영글게 되었는지를 살핀 글이다. 여기서 특별히 한국 유교적 토양에서 자란 동학(천도교)과 대종교(단군교)를 의미화했고, 이러한 한반도 땅에서의 동서 종교 문명의 통섭이 앞으로의 인류 문명을 어떤 의미가 되는지를 시사했다.

다섯 번째 "한국 여성 신학자 박순경 통일신학의 세계문명사적 함의와 聖·性·誠의 여성신학"은 박순경 통일신학을 바로 그러한 정신의 좋은 결정체로 보면서 하나의 한국 여성토착화신학으로서 어떻게 한반도 평화와 통일, 세계 문명의 갈 길을 위한 깊은 가르침으로 자리매김될 수 있는지를 밝혔다. 한국 여성신학자 박순경은 서구 기독교 문명의 한 자식인 마르크시즘과 깊이 대화하면서 한민족의 민족적 시원에 대한 의식과 인류 보편적 성 의식을 함께 거두면서 나름의 고유한 기독교 신학과 통일신학을 이루어냈다. 나 본인은 그것을 다시 한번 동아시아 토착화신학인 聖·性·誠의 여성신학으로 되새김질했다.

마지막 글, "한말(韓末)의 저항적 유학자 해학 이기(海鶴 李沂)의 신인(神人/眞君) 의식과 동북아 평화"는 기독교 신학계는 물론이려니와 한국 사상계 전체에서도 그렇게 알려지지 않은 한말의 유학자 해학 이기 선생을 다룬 것이다. 그는 한일병탄이 이루어진 바로 전해에 자결로 생을 마감했는데, 우리가 오늘 신학자로서 기독교의 개조와 개혁을 말하듯이 당시 피폐해질 대로 피폐해진 조선유교의 개혁과 개조를 통해서 나라를 구하고, 세계 문명의 갈 길을 한민족 고유의 사상과 실천으로부터 새롭게 얻고자 한 매우 독창적인 토착화 사상가이다. 대종교 창시자 홍암 나철을 한민족 고기(古記)의 세계로 이끌어서 함께 단군교(대종교)를 창시했지만, 그는 다시 그가 40대에 만난 서구의 천주교나 전통적 유가보다 훨씬 더 사회경제적 평등과 실천을 강조하는 묵가(墨家) 등과 대화하면서 진정한 인류 보편의 종교, "진교"(眞敎)를 구상했는데, 나는 그러한 그의 모든 시도가 오늘 21세기 포스트 휴먼과 새로운 인류 문명을 탐색하는 때에 의미있는 지평 확대의 시야를 열어줄 것이라고 본다. 새 인류 종교와 문명의 탄생을 위한 '유교 묵시 문학가'로 자리매김할 수 있다고 생각했다.

4

덧붙임글은 그중에서 몇 가지만 골라서 책의 부록으로 할까도 생각했지만 긴 논문이 아님에도 불구하고 내가 한반도와 동북아 평화와 미래에 대한 의식을 일깨워 가는 데 구체적인 발자취를 드러내 주는 글이라서 여기에 함께 가져 왔다. 첫 번째 글은 한국 기독교 여성사에서 잘 주목받지 못했지만, 한국정신대문제대책협의회의 활동 속에서 획기적인 전기가 되는 2000년 도쿄 '여성 국제전범 법정'을 태동시킨 그룹이 한국, 재일, 일본의 기독 여성들이었다는 것과 그러한 전(前)역사를 이어서 왜 한국여신학자협의회가 한국재일일본 여성신학포럼을 다시 이어가려고 하는지에 대한 글이다. 다른 세 편은 2014년부터 한국교회협의회(NCCK) 화해와통일위원회 위원으로서 활동하면서 다녀온 북녘 방문기, 또 독일과 홍콩에서 열렸던 한반도 평화와 통일을 위한 국제협의회에서 발표한 성경공부의 글이다. 마지막은 2018년 생명평화마당이 개최한 가을 포럼 〈한반도 평화 프로세스와 한국교회 — 평화신학과 발선(發善)〉에서 한완상 교수님의 발제에 대해 논평한 것인데, 긴 논문은 아니지만 여기에 유교와 기독교, 특히 2019년 이어지는 나의 연구에서 더 자세히 살필 대종교와의 대화를 통해서 앞으로 참된 기독교의 변화, 진정으로 선을 창출하고 통일과 평화를 이루기 위해서 어떠한 통일신학과 여성 통일평화신학으로 거듭나야 하는지를 살폈다.

　나는 지난 공부 가운데서 윤건차 재일조선인 교수의 책『자이니치의 정신사-남·북·일 세 개의 국가 사이에서』(한겨레출판, 2016)를 읽으면서, 거기서 자이니치(在日) 조선인이 일본강점기 때와 해방공간, 한국전쟁과 그 이후 남북분단의 온갖 고통의 시간 속에서 남·북·일의 세 국가 사이에서 방황하며, 좌절하고, 폭력을 당하고, 그러나 그런데도 다시 일어서면서 그 모든 갈등과 분열, 경계를 넘어서 삶에서 얻은 진실, 바로 동아시아의 누구든지 자기 폐쇄와 자기 중심주의를 넘어서 진정으로 화해와 평화의 길을 가고자 한다면 '민족'과 '평화', '통일'의 세 원리를 받아들이자고 제안한 것이 무척 좋다고 생각했다. 그것은 가해자이든 피해자이든 각자에게는 깊은 의미와 역사를 담고 있는 '민족'이라는 요소를 섣불리 곁으로 치워 놓지 말자는 것, 동북아의 삶에서 미국과 같은 "바깥의 해방자"에 매달리며 '평화'가 아닌 전쟁이나 무력으로 어떠한 경우든지 그렇게 문제를 해결하려 하지 말 것, 그렇게 되면 중국과 미국이 맞붙게 되고 일본과 러시아 등이 들어올 것이니 결국 한반도나 동북아에서의 분단과 냉전은 단지 그곳에서만의 문제가 아니라 세계 전체의 문제가 되니 어떻게든 서로 하나가 되는 '통일'을 위해 힘쓰자는 것을 말한다. 나는 남북의 문제에서나 한일간의 물음에서도, 그리고 중국과 일본, 또는 우리와 중국과의 관계에서도 바로 이렇게 동아시아인들 중에서 국가와 민족의 문제로 가장 고통을 겪은 자이니치 조선인이 얻은 진실을 받아들여야 한다고 보는 입장이다.

지난 6년여 시간 동안에 나는 한반도 평화와 동북아 미래 등과 관련한 여행을 여러 차례 할 수 있었다. 2014년 8월 13일에서 16일까지 평양에서 NCCK와 조선그리스도교연맹이 함께 드렸던 〈8.15 평화통일 남북공동기도회〉에 남측 여성대표의 한 사람으로 참가한 것을 시작으로 2015년 12월 독일 베를린과 프랑크푸르트에서 열린 한반도 평화와 통일을 위한 국제협의회에 NCCK 화해와통일위원회 위원으로 참석했다. 그리고 2016년 11월 홍콩에서 열렸던 〈한반도 평화조약에 관한 국제 에큐메니컬 콘퍼런스〉에 다녀왔고, 2017년에는 NCCK 화해와 통일위원회가 주관하는 〈한반도 평화조약 유럽캠페인〉에 위원으로 함께하여 영국의 감리교총회와 스코틀랜드 개혁교회, 독일 프랑크푸르트에서 열렸던 〈한독교회협의회 통일과 화해 세미나〉와 베를린과 라이프치히에서의 제26차 세계개혁교회협의회(WCRC) 총회에서 열렸던 남북한교회협의회 공동예배에 참석했다. 이어서 2018년에는 다시 NCCK 〈한반도 평화조약 동북아 캠페인〉의 일로 일본 히로시마에 다녀왔고, 곧바로 스위스 제네바에서 열린 WCC 창립 70주년 축하예배와 〈EFK, 한반도 에큐메니컬 포럼〉에 참여했다. 그리고 가장 긴 시간 함께했던 일로는 2019년에 제4차 NCCK 〈한반도 평화조약 동유럽캠페인〉을 위해서 러시아, 터키, 그리스에서 러시아 개신교연맹, 이스탄불 정교회 총대주교청, 아테네 대주교청, 그리스 참전용사 기념탑 등을 방문하면서 한반도 평화와 통일을 위한 캠페인을 벌이여 평화와 통일에 대한 염원을 이어갔다.

이러한 모든 일을 통해서 나는 그때까지 잘 알지 못했던 세계 여러 기독교회들의 현황과 특히 그 세계교회가 한반도의 평화와 통일을 위해서 어떻게 협력하면서 함께해오고 있는가를 많이 배우고 알게 되었다. 하지만, 동시에 나에게 항상 미진하고 답답한 것이 있었다. 그것은 한반도 평화와 통일을 논하는 국제 기독인들의 모임에서 마지막 답은 거의 여지없이 예수 십자가와 용서, 화해 이야기로 마무리되고, 그것이 나에게는 때때로 아주 '값싸게' 들렸다는 것이다. 내가 느낀 바로는 국제 에큐메니컬 한반도 평화와 통일 운동그룹이 오랜 시간 우리의 갈등과 고통과 함께해 왔지만 진지하게 한국의 역사나 동아시아의 종교 전통들에 관해서 관심하는 것을 보기 어려웠고, 거기에 참석한 한국 측에서도 역시 마찬가지로 마무리하는 그들의 답은 상투적으로 들리기 쉬운 '예수 복음' 이야기였다는 것이다. 이것은 다시 말하면 이미 답이 정해져 있다는 것이고, 그래서 여기서 논해지는 질문과 답이 진지하게 보이지 않았고, 이것은 다시 서구 기독교에 의한 선과 구원의 독점, 모든 개별 민족과 종교와 진실의 특수를 뭉뚱그려 하나의 서구적 기독교 보편으로 환원시키는 일을 말한다.

이번 나의 책이 비록 여러 사각지대에도 불구하고 그러한 독점과 상투를 털어내는 데 조금이라도 기여할 수 있기를 바란다. 그래서 한반도의 통일과 동북아의 평화 그리고 더 나아가서 인류 문명의 새로운 길을 논의할 때 적어도 여기 이곳의 분단과 갈등의 역사, 그 이야기 속의 속살이 더욱 관심되고, 그래서 한반도와 동북아의 평범한 사람들이 얼마나 오랫동안 그것을 넘어서기 위해서 고통받았고, 저항하고 투쟁했으며, 그 가운데서 희생을 치러왔는지를 그들이 더욱 알고자 하기를 바란다. 이곳 사람들의 진정한 아픔이 무엇이었는지, 그러나 그 고통을 통해서 어떤 진실들을 일구어냈는지 등을 좀 더 진정성 있게 경청하고 참고하고 전하기를 바라는 것이다. 이것은 서구 교회의 에큐메니컬 친구들이 이곳 한반도와 동북아의 하나 됨과 평화에 관심을 갖고 함께해주는 일이 참으로 고마운 일이지만, 자신들이 이미 모든 답을 가지고 있다고 생각하지 말고, 스스로도 이러한 함께함을 통해서 다른 이야기를 듣고, 배우고, 깨닫기를 바란다는 것이다. 그렇지 않고 그들이 여전히 그저 줄 수 있다고만 생각한다면 그것은 참다운 관계의 모습이 되지 못할 것이다.

6

참으로 어려운 일이다. 쉽게 평화와 통일을 말할 수 없고, 그것이 통속적인 언어로 전락할 수 있는 위험이 너무도 크다. 기독교 통일운동의 많은 예배와 모임 속에서 마지막에 가서는 예수의 이야기를 마치 무슨 만병통치의 알약이나 요술 방망이처럼 발설하는 모습이 불편하다. 여기에 대해서 나는 우리가 가진 모든 것과 얻은 모든 것은 '관계'로부터 나온 것이라고 생각한다. 비록 그 관계가 가해자와 피해자의 그것이라 할지라도 우리가 피해자로서 많은 고통과 희생을 통해서 얻고 깨달은 것이 참으로 우리 삶의 '진실'이 되고, 그것이 다시 우리 삶을 살리고 살찌우는 진정한 '힘'이 된다면, 나는 그 참은 바로 가해자를 위한 것이기도 하다고 생각한다. 바로 그 참을 얻는 데 비록 가해자의 관계였다고 하더라도 그와의 관계가 없었다면 내가 그것을 얻을 수 없었을 것이기 때문이다. 다시 말하면 이것은 바로 '용서'와 '화해'가 시작되는 지점을 일컫는 것이리라 생각하는데,

즉 그 가해자가 있음으로 해서 내가 있었고, 그로부터 이와 같은 삶의 인식을 얻었다는 것, 그래서 이제 그도 놓아주고 용서해주고 화해할 수 있겠다는 용기와 믿음에 대한 인식이 아닐까 생각한다. 나는 앞으로 우리의 남북 관계는 말할 것도 없고, 일본과의 관계, 동북아 나라들 사이에서 이러한 일이 일어날 수 있기를 간절히 소망한다. 피해자로서, 약자로서의 삶이 바로 그렇기 때문에 계속해서 약자와 피해자로서 살아가야 하는 관계가 아닌 다른 관계, 가해자도 그 용서로부터 다시 자신의 삶도 관계 속에서만 가능하고, 그것이 지속되려면 그 관계가 더 이상 불의로 남아서는 안 되고 더불어 화해하고 용서를 구하는 일로 가능해진다는 것을 깨닫는 인식, 이러한 일들이 가능해지도록 염원하고, 또 염원하면서 계속 그와 같은 일을 성찰하고, 밝혀내고, 실행하는 한반도와 동북아의 평화 프로세스가 되기를 원하고, 나도 그 한 사람이 되기를 원하는 것이다.

7

이제 마지막으로 이 책이 나오기까지 기억하고 감사해야 하는 분들을 떠올리고 싶다. 한국·재일·일본의 여성신학포럼을 함께 준비하고 이끌어온 한국여신협의 정숙자 목사님을 비롯한 여러 선배, 동료, 후배 여성신학자들, 특히 한국교회 통일 운동과 통일신학의 영역에 정말 여성들이 많지 않은데, 그런 가운데 외롭게 길을 가다가 나에게 이 물음에 더욱 직접적으로 다가가도록 기회를 마련해준 최영실 교수님 그리고 오랜 만남에서 사랑의 교제를 나누는 신선 선생님은 이미 1980년대부터 NCCK의 실무자와 위원으로서 함께했던 통일 운동의 역사를 종종 알려주시면서 여러 가지로 격려하신다. 2018년 한국여성신학회 회장으로서 박순경 통일신학의 진가를 알리기 위해서 박순경 통일신학 심포지엄을 마련하고 발표 기회를 마련해 준 감신대 김정숙 교수님, 그때 같이 발표한 박순경 선생님의 극진한 효성의 딸과 제자 김애영 교수님이 있다. 이에 더해서 위에서 이야기한 여러 국제 평화통일 캠페인 여행에서 함께한 여성위원들, 차경애 회장님, 이문숙 목사님, 인금란 목사님 등이 떠오른다. 김영주 목사님, 이홍정 목사님은 NCCK 총무로서 여행을 이끌어주셨고, 여기에 같이한 여러 남성 멤버들 중에서 조헌정, 노정선, 나핵집, 허원배 목사님 등이 내가 함께한 화해와통일위원회 위원장들이셨다. 신승민 목사님과 노혜민 목사님은 실무자로서 노고가 컸고, 서보혁 교수와 이기호 교수는 같이 대학에 있으면서 시간을 쪼개어서 함께 여행하면서 여러 대화를 나누었다. 마지막으로 크게 빚진 위원으로서 작년 동유럽 평화조약 캠페인 여행에서 출발 며칠 전 발가락 부상으로 힘든 상태로 떠났지만 울산 새생명교회의 한기양 목사님의 도움으로 긴 여행을 무사히 마칠 수 있었다. 이 자리를 빌어서 다시 한번 감사의 마음을 전한다.

끝으로 이런 나의 모든 활동과 저술이 가능하도록 뒤에서 물심양면으로 뒷받침해준 가족, 남편 이정배 교수 그리고 가장 늦게 언급하지만 이분들의 수고가 없이는 나의 이런 모든 성찰과 이야기가 한 권의 책으로 엮일 수 없었던 출판사 동연의 김영호 사장님 이하 편집팀께 심심한 감사의 인사를 드린다. 출판사의 어려운 처지에서도 매번 책을 내주시는 김영호 사장님은 잊을 수 없는 분이다. 그리고 빠뜨릴 수 없는 것이 해학 이기를 만나는 계기를 마련해 주신 이화여대의 이규성 교수님과 안동 선비문화수련원 참공부 모임의 이광호 교수님과 이기동 교수님께도 감사드린다. 기독교와 유교의 대화를 통해서 하나의 진심 어린 한국 여성토착화 통일신학을 구축하고 싶은 나에게 위의 모든 관계는 하늘의 은총이었고, 그 결실인 조그만 이 책이 우리의 통일 논의에서 한 작은 징검다리가 되기를 소망한다.

2020. 6. 29. 부암동 언덕에서

한국信연구소

이은선 모심

차례

동아시아 역사수정주의와 평화 이슈
— '일본군 위안부' 문제를 중심으로*

"진실의 힘은 진실을 밝히는 길이 얼마나 고된지 몸으로 알고 있습니다.
국가의 책임을 추궁하는 길이 얼마나 외로운지 겪어서 알고 있습니다."[1]

"한 사회가 지닌 역사 해석의 풍부함은 그 사회의 '고뇌'가 직관적 경험을
넘어서서 얼마나 상상력과 창조력을 지니고 있는지에 의해 결정된다. …
모험을 피하려는 주체는 역사 속으로 들어가지 않는다.[2]

I. 일종의 분단체제 아래 있는 동아시아

중국의 동아시아 연구가 쑨거(孫歌)에 따르면 동아시아, 특히 한

---

* 한국재일일본여성신학포럼 (2017. 2. 14-17, 제주도 강정) 발표. 「한국여성신학」 제85호
(2017 여름), 12-35.
1 진실의 힘 세월호 기록팀, 『세월호, 그 날의 기록』 (진실의 힘, 2016), 637.
2 쑨거, 『사상이 살아가는 법 — 다문화 공생의 동아시아를 위하여』 (돌베개, 2013), 204, 205.

국, 일본, 중국의 역사에는 '분단체제'가 존재했다. 그것이 오늘의 분단과는 모양이 다르지만 그 분단의 현대판이 바로 오늘 우리가 겪고 있는 '냉전'이며, 지금의 냉전구조가 동아시아에 성립할 수 있는 것도 그러한 오래된 역사적 뿌리로부터라고 한다.[3] 넓은 지리공간을 차지하며 중화(中華)사상을 유지했던 중국은 과거의 오랜 역사 속에서 주변국들과 조공관계를 맺어왔다. 하지만 근대에 들어와서 일본과 더불어 혹독한 역사 경험을 했고, 내부의 사회주의 혁명을 거쳐 지금은 동아시아를 넘어서 세계의 슈퍼 헤게모니로 등극했지만, 동아시아에서조차 미국이 내재화된 것에 비해 중국은 오히려 외재화되어 있다고 한다.[4] 근대의 일본은 탈아시아를 외치며 서구를 추종하면서 아시아를 식민지로 삼는 제국주의 국가 중 하나가 되었지만, 지금은 다시 서구 미국의 준(準)식민지가 되었고, 요사이는 이러한 제2차 세계대전 이후의 시간들을 정리하고자 '역사수정주의'의 목소리를 크게 내면서 이웃나라들과 다시 갈등하고 있는 것을 말한다.

한반도의 조선은 중국 명나라(AD 1368-1644) 이후 소화(小華)를 주장하며 유교 덕치주의에 몰두했지만 결국 이웃 일본의 식민지가 되었고, 그로부터의 해방과정에서 나라가 남북으로 갈라졌으며, 남한은 1965년 한일회담과 협정을 통해서 다시 일본과 수교를 맺었지만 오늘 식민지 시절의 '일본군위안부' 문제나 독도 문제 등으로 갈등이 새롭게 증폭되고 있다. 이명박/박근혜 정부 들어서 남북한의 관계는 최악으로 치닫고 있고, 북한의 핵미사일, 한미일 군사동맹 강화, 남한 사드 배치문제로 악화일로에 있는 한중 관계, 북일의 풀

---

3 같은 책, 8.
4 같은 책, 66.

리지 않는 갈등과 미움 등은 이 동북아의 현실이야말로 여러 차원에서 중첩된 냉전과 분단으로 얼룩져 있는 곳이라는 사실을 다시 확인시켜 준다.

II. 근대 이후 한·재일·일본인의 아이덴티티 형성 조건들

이러한 가운데 일본 근대사상사 연구가 재일조선인 2세 윤건차(尹健次, 가나가와대학 명예교수) 교수는 일본의 근현대사에서 일본인의 아이덴티티를 형성해온 "세 가지 기둥"이 있다고 말한다. 그것은 첫째 서구 숭배사상이고, 둘째는 천황제 이데올로기이며, 셋째는 아시아 침략이다.[5] 이러한 근대제국 일본을 이웃으로 둔 조선 근대사의 세 기둥은 다시 첫째 반제국·반봉건 투쟁, 둘째 일본 제국에 의한 식민지 근대의 강요, 셋째는 해방 이후부터 이어져온 남북분단이라고 밝히는데, 이와 같은 이해에 본인이 모두 동의하는 바는 아니지만 근대 이후 한일의 삶이 어떻게 맞물려 진행되었고, 지금도 여전히 그 상황이 크게 달라지지 않다는 것을 잘 보여주는 지적이라고 생각한다. 그런데 여기서 더 나아가서 자신도 그 한 일원인 재일 한국인은, 윤 교수에 따르면, 이러한 일본과 조선 양쪽으로부터 그 삶이 규정되어 오면서 그 두 나라의 각기 세 기둥이 합쳐져서 모두 여섯 개의 기둥으로 이루어져 왔다고 한다. 그만큼 더 지난하고 고통에 찬 삶이 된 것이다.

---

5 윤건차/ 박진우 외 옮김,『자이니치의 정신사 – 남·북·일 세 개의 국가 사이에서』(한겨레출판, 2015), 7-8.

2017년 2월 한국·재일·일본 여성신학 포럼을 준비하면서 한일 양국 사이에서, 1945년 해방 이후는 남·북·일 세 개의 나라 사이에서, 이 여섯 가지의 규정과 더불어 씨름하며 살아온 재일 한인들의 삶이 얼마나 힘들었을 것이라는 사실을 좀 더 들여다보게 되었다. 그것을 보면서 나에게 있어서, 또한 우리 시대에 일반적으로 적용해 보아도 보통 우리들의 웬만한 괴로움은 그 재일 한인들의 것에 비하면 아무것도 아닐 수 있겠다는 생각이 들었다. '재일 한인'(자이니치, 在日)[6]의 괴로움이 '나라'를 잃은 민족 문제였다는 것, 그중에서도 특히 '가난'(계급)이 문제였다는 것, 떠나온 나라가 식민지로부터 벗어났지만 그들은 '무국적자'로 내몰렸다는 것, 원래 속해있던 나라가 이데올로기 문제로 둘로 나뉘지면서 그 두 나라 모두 자신들을 배척하거나 수단으로 이용했다는 것, '가족' 안으로 들어가서도 많은 경우 뒤틀린 부모상 아래서 고통받았고, '성'(性)과 사랑, 결혼과 우정 등의 내적 친밀함의 생활에서도 그 고통이 잘 발설되지 않았지만 매우 힘들었고, 자연스러운 지적 욕구(학교생활)나 일을 통한 명예를 얻는 것 등이 아주 고통스러운 저항을 거치지 않고서는 잘 허락되지 않았던 것 등, 정말 우리가 한 근대적 인간 공동체를 생각해 보았을

---

6 윤 교수는 이 재일 한인들을 부르는 이름조차 그동안 많은 부침과 변화, 속앓이가 있었음을 먼저 지적해 준다. 그는 자신의 책제목으로 선택한 '자이니치'(在日)라는 일본어를 '재일조선인'으로 번역하는데, 그에 따르면 이 '재일조선인'이라는 단어는 원래 역사적으로 1945년 8월 일본 패전/조선 해방 이후 일본에 잔류한 조선인들을 의미하는 역사적 언어라고 한다. 하지만 실제로는 1910년 한국 병합 이후 일본에 살았던 조선인들도 포함시켜야 하고, 식민지시기에 많이 쓰였던 '선인'(鮮人, 센징)이나 '반도인'(半島人), 또는 해방 이후 일본 사회에 유포된 '제삼국인', 1980년대 전후로 많이 쓰이는 '재일한국인'이나 '재일조선인', '재일코리안'이란 이름도 모두 적절한 용어라고 할 수 없다고 한다. 그래서 그는 '자이니치'라는 말을 선택하는데, 그것은 "'세 개의 국가(nation, 남·북·일) 사이에 존재하면서도 이를 극복하려는 민족성(ethnicity) 중시의 성격을 띠고" 있는 의미라고 밝힌다. 같은 책, 21-22, 766-767.

때 거기서 상상할 수 있는 거의 모든 갈등과 억압, 수탈과 유랑, 저항이 거기에 내재되어 있었음을 알 수 있었다.[7]

III. 동아시아 역사수정주의의 첨예한 대상으로서의 일본군 위안부 문제

이러한 가운데 1989년 베를린장벽 붕괴 등으로 종전의 동서 냉전 구조가 무너지고, 세계는 신자유주의 다국적 경제체제로 속으로 들어가면서 동아시아에도 큰 변화가 일어났다. 1991년 당시 동대문 감리교회(장기천 감독) 교인이었던 위안부 피해자 김학순 할머니(1924-1997)의 공개적인 증언으로 '일본군 위안부' 문제가 크게 촉발되었고, 이에 일본 정부는 1993년 종군위안부 문제에 대한 군의 관여를 인정하는 고노담화를 발표하였다. 이후 1995년 전후 50주년 기념식전을 맞이해서는 일본 식민지 지배와 침략 책임을 재확인하는 무라야마 담화가 발표되었고, 7월에 정부와 국민이 협력한다는 형태로 여성을 위한 아시아 평화국민기금이 발족되었다. 하지만 일본 내에서는 그에 반발하여 우경화의 조짐이 더 거세졌고, 그러면서 전쟁

---

7 그래서 그 역사의 현실 앞에서 할 말을 잃게 되는데, 그 고통에 찬 역사의 속을 어렴풋하게 상상할 수 있게 해주는 단어들로 다음과 같은 것들을 들고자 한다: 도일(渡日)과 관부연락선, 도항증명서, 재일노총의 해체— 계급인가 민족인가, 재일조선인 문학, 귀환선, 암시장과 '제삼국인', 재일조선인 운동과 일본공산당, 재일1세와 민족 교육, 한국전쟁, 밀항, 외국인 등록제, 오무라수용소, 조선총련, 통일전선, 귀국사업, 박정희 군사 쿠데타와 한일조약, 조총련과 민단의 대립, 한국 민주화 운동과 자이니치운동, '세 국가' 사이에서의 고투, 일본인 아내, 남북의 체재 경쟁과 재일정치범, 차별 반대운동, 종군위안부 문제, 일본인 납치문제와 탈북자, 조총련의 쇠퇴와 민단, 재일지식인 등. 윤건차, 같은 책, 차례.

시기에 관한 역사수정주의의 요구가 드세졌다.

이 상황에서 2013년 한국의 일문학자 박유하 교수는 90년대 이후 점점 더 심해지는 일본 사회의 우경화 상황을 타개한다는 의지로 한일 간의 '화해'를 위한 새로운 길을 모색한다고 하면서 『제국의 위안부』를 발표했다. 하지만 그 저술 안의 "매춘"이라든가 "동지적 관계"라는 언급 등이[8] 특히 피해자 할머니들의 분노를 크게 사서 명예 훼손죄로 고소되는 일이 발생했고, 검찰의 3년 구형에 이어서 2017년 들어 1월 26일에 무죄 판결로 일단 막이 내려진 모습이었다.[9]

위안부 피해자 할머니들과 이들을 돕고 있는 한국정신대대책협의회가 줄기차게 요구하는 것은 일본 정부가 이 문제를 '일본군'의 전쟁범죄로 인정하고, 따라서 정부의 '공식적인 사과'가 있어야 하며, 그에 합당한 정부 차원의 '보상'과 '재발 방지책'을 마련해야 한다는 것이다. 하지만 군의 관여는 인정하지만 그 위안부 징집을 일제 조선 지배의 결과로 명확히 표현하지 않는 고노담화조차 수정하겠다는 아베 정부 하에서 그 주장이 받아들여질 리가 없었다. 이에 대

---

8 박유하, 『제국의 위안부 - 식민지지배와 기억의 투쟁』, 제2판 34곳 삭제판 (뿌리와 이파리, 2016), 136, 162, 207.

9 일본군 위안부 문제는 우리가 모두 알다시피 지난 2015년 12월 28일에 박근혜 정부와 아베 정부가 마침내 "최종적이고 불가역적으로" 합의를 이루었다고 발표하였지만 그에 대한 일반 한국인들의 정서는 그것을 전혀 수긍하지 않는 모습이었다. 더군다나 이후 박근혜 정부의 식물화는 그 합의가 이루어진 배경에 대한 강한 의심을 촉발시켜서 부산 일본 대사관 앞의 소녀상 설치와 관련한 사건 등, 갈등은 크게 고조되었다. 또한 이 연구가 있은 후 올해 2020년, 그동안 30여 년간 정대협(정의연) 운동과 함께해오던 이용수 할머니가 정의연과 윤미향 전대표에 대한 '비리'를 운동하며 뜻밖의 기자회견을 개최함으로써 이 일본군 위안부 문제는 일파만파의 방향으로 전개되고 있다. 이 책에서 이번 2020년 윤미향 전대표의 국회의원 비례대표의 출마로 촉발된 정의연(정의기억연대) 사태를 모두 추적할 수 없지만, 한가지 지적하고 싶은 것은 일본군 위안부 문제가 다시 한번 한일극우보수주의로부터 강한 백래쉬를 받고 있는 면이 있다는 것이다.

한 박유하의 첫 번째 모색은 어떻게든 일본군에게 면죄부를 주고, 그것을 일본 민족 내지는 국가의 한 개별적인 범죄가 아니라 당시 세계 제국주의적 환경에서 나온, 보다 보편적인 '제국주의'나 인류 '가부장주의'의 범죄로 부각시키는 것이다. 그녀는 일본군 위안부 문제는 "타국을 지배하는 것을 나쁜 일로 생각하지는 않았던 제국 시대"에 그것도 "양국 합의"에 의한 "법적으로 유효"한 한일합방조약을 거쳐서 이루어진 식민지 지배하에서 일어난 일이라는 주장에서 출발한다. 식민지 사람들에게 가해진 피해이므로 "'배상'을 받을 수 없다는 현실이 우리 앞에 있는 것이다"라고 그녀는 역설한다.[10]

그녀는 위안부의 모집이 일본군이나 일본 국가가 아닌 "업자"에 의해서 주로 이루어진 것이라고 강조하고, 당시에 이러한 일이 이루어질 수 있었던 것은 일본에 일찍부터 유곽이라는 공창제도가 있었기 때문이라고 언술한다.[11] 그리고 거기에서 특히 조선 여성이 더 많이 동원된 것은 "그녀들이 조선인이었기 때문이라기보다는 그녀들이 '더 가난한 일본', 즉 제국의 중심을 떠받쳐야 하는 '식민지'에 살고 있었기 때문"이라고 주장한다. 즉 그녀는 어떻게든 위안부 문제에서 일본 국가 내지는 군의 강제연행이라는 이미지를 지우려 하고, 국가가 군대를 위한 성노동을 당연시한 것은 사실이지만 당시에 그것은 "법적"으로 금지되어 있지 않았고, 그래서 위안부들이 거기서 겪었던 가혹한 행위의 1차 책임은 "업자와 군인 개개인의 문제로 물을 수밖에 없"고, "강제연행에 대한 법적 책임을 일본 국가에 있다고는 말하기 어려운 일"이라고 주장한다.[12]

---

10 박유하, 같은 책, 232.
11 같은 책, 139.

박유하는 1965년 박정희 정권이 일본과 맺은 한일조약에서 식민지 시절의 보상이 마무리되었고,―이 때도 "완전히 그리고 최종적으로 해결"이라는 용어가 쓰인 것을 처음 알았다―[13] 특히 개인보상의 문제도 당시 한국 정부가 도맡아 하기로 했기 때문에 "개인적인 청구권을 소멸시킨 것은 한국 정부였다"라고 주장한다.[14] 그래서 국가 차원에서 다시 새로운 법을 만들어 보상할 수 없으므로 대신에 "차선책"으로 아시아여성기금을 만든 것이었다고 말한다. 그녀는 여기서 더 나아가서 결국 1910년의 한일합방을 합법적으로 보는 입장이다. 그녀에 따르면, "당시의 합방이 양국의 조약 체결을 거친 것이었으니 '법적으로'는 유효했다는 치명적인 문제가 생기는 것이다."[15] 이렇게 해서 그녀는 "타국을 지배하는 것을 나쁜 일로 생각하지 않았던 제국 시대와, 그것에 대한 문제제기를 충분히 못한 채로 일본과 국교를 맺어야 했던 냉전체제 안에 우리가 있었다는 점"이야말로 위안부 문제를 일으킨 참된 "모순"이고, 가장 핵심적인 요인이 된다고 밝힌다.[16] 그녀에 의하면 위안부 문제가 원래 "보편적인 '남성과 국가와 제국'의 문제"로서 "페미니즘 정신을 바탕에 둔 운동"이었지만 그것이 "'일본' 비판에 더 무게가 실리면서" 왜곡되었고,[17] 그것을

---

12 같은 책, 191.

13 박유하의 설명에 의하면 이 회담은 1951년 제2차 세계대전의 '승전국'들이 일본과 맺은 샌프란시스코 조약에 식민지였던 한국이 참여하지 못했기 때문에 별도로 시작한 회담이고, 무려 14년간이나 지속되어오다가 1965년에 박정희 정권과 맺어진 것으로 여기서 '대한민국과 일본국 간의 기본관계에 관한 조약'의 부속협정인 '대한민국과 일본국 간의 재산 및 청구권에 관한 문제의 해결과 경제협력에 관한 협정'(조약 제172호, 1965.6.22체결, 1965.12.18발효)에 따라 이루어진 것이라고 한다. 같은 책, 223-226.

14 같은 책, 228.

15 같은 책, 237.

16 같은 책, 237.

부추긴 것이 "일본의 좌파"나 한국의 정대협(특히 "서울 정대협") 등의 "냉전 의식"과 "반일 민족주의"라고 주장한다.

IV. 정영환의 반격, 누구를 위한 '화해'인가와 일본 진보주의 지식인들의 역사수정주의

재일조선인 3세로서 정영환 교수의 『누구를 위한 '화해'인가』는 이상과 같은 박유하의 시각에 대한 세찬 반격이다. 부제로서 "『제국의 위안부』의 반역사성"이라는 제목을 달고 있는 이 책은 먼저 한국어판에 부치는 서문에서 박유하의 『제국의 위안부』가 왜 일본에서 그렇게 성공을 거둘 수 있었는지에 대한 의견을 밝힌다. 그것은 박유하의 화해론이 심지어는 일본의 우익뿐 아니라 소위 리버럴이라고 자칭하는 사람들까지도 점점 더 우경화되어가는 현대 일본의 정황과 맞물려서 "피해자나 지원단체가 양보함으로써 '해결'로 이끌자고" 하는 일본 사회가 바라는 이미지와 잘 합치되기 때문이라고 분석한다.[18] 박유하의 한국어판과 일본어판의 차이와 수정사항 등을 세세히 밝히면서 거기서의 숨겨진 의도도 거론하는 저자는 그녀의 책에 대한 일본 논단과 언론의 예찬은 바로 일본의 "'지적 퇴락'의 종착점"이라고 결론 내린다.[19]

---

17 같은 책, 137.

18 정영환/ 임경화 옮김/ 박노자 해제, 『누구를 위한 '화해'인가 - 《제국의 위안부》의 반역사성』 (푸른역사, 2016), 5.

19 같은 책, 12.

역사학자인 정영환 박사는 원래 문학자인 박유하가 "아전인수식 사료해석"과 "순환논법"에 근거해서 왜곡되게 위안부 문제를 다루었다고 논박한다.[20] 박유하의 제국의 위안부론은 얼핏 보기에는 종래의 일본군 책임부정론의 역사수정주의를 비판하는 것처럼 보이지만, 사실은 1990년대 이래로 위안부 문제를 제국의 논리로 수정하려는 대표적인 역사수정주의적 저술이라는 것이다.[21] 거기에는 "두 개의 역사수정주의"가 들어있다고 하는데, 첫째는 일제의 식민지 지배를 당시 서구열강들이 모두 했던 제국주의의 연장선에서 행한 불법이지 않은 행위로 보게 하면서 식민지 시대에 면죄부를 주려는 수정이고, 둘째는 전후의 일본사에 대한 면죄부를 주는 것이다. 즉 일본이 전후 세계 냉전체제 덕을 많이 보면서 평화헌법 아래 부를 축적해 올 수 있었던 시간들을 더 적극적이고 긍정적으로 전쟁 책임과 식민지 지배 책임을 잘 수행해 왔던 시간들로 미화하려는 유혹이라는 것이다. 정영환에 따르면 21세기의 오늘날은 심지어 일본 진보주의 지식인들조차도 이런 유혹에 많이 굴복해 있다. 그런 의미에서 "『제국의 위안부』 사태"란 "'일본군 무죄론'에 의한 '대일본제국' 긍정 소망과 '전후 일본'의 긍정 소망이라는 '두 개의 역사수정주의'에 사로잡힌 사람들의 욕망이 낳은 산물"이다.[22]

박유하는 특히 한국에서의 정대협 활동이나 광주 '나눔의 집'의 역할이 위안부 피해자들의 기억을 조작하고 오직 일본에 대한 분노와 증오심만을 강조하면서 '개인'으로 서지 못하게 한다고 비판한다.

---

[20] 같은 책, 106.

[21] 같은 책, 161.

[22] 같은 책, 167.

그녀는 말하기를, "소녀상을 통해 그들을 '민족의 딸'로 만드는 것은 가부장제와 국가의 희생자였던 '위안부'를 다시 국가를 위해 희생시키는 일뿐이다"라고 언술한다.[23] 여기에 대해서 정영환과 유사한 시각으로『제국의 위안부』를 비판하는 귀화 러시아인 한국학자 박노자는 이러한 박유하의 시각이란 "사실상 가해자의 책임을 면책시켜주는 박유하식 '은근한 역사수정주의'"[24]라고 지적하고, 그것이 1990년대 이후 일본의 '보통국가화', 전쟁할 수 있는 나라로 만들려는 일본과 미국의 정치적 의도와 잘 부합된다고 말한다. 특히 그런 박유하의 입장은 극우적인 역사수정주의가 아닌 일본 좌파·자유주의 진영 출신의 '연성'(軟性) 전향에 안성맞춤이어서, "'연성' 전향의 파도 속에서 '민족 문제'를 계속 안고 살아야 하는 재일 조선인 지식인들은 '민족주의자'로 분류되어 이지메의 대상이 되고, '반일 민족주의'를 일차적으로 '한국인의 문제'로 여기려는 박유하의 논리는 '진보'로 대접받는" "박유하 현상"이 생기게 되었다고 일갈한다.[25]

박노자에 따르면, 결국 박유하가 바라는 것은 "미래를 위한다는, 또는 화해를 위한다는 변명이 붙은 '적당한' 망각"이다.[26] 하지만 오늘 동아시아의 현실은 그녀가 바라는 방향대로 쉽게 진행되지 않는 것이, 오늘 동아시아의 현실은 "지정학적 의미에서는" 미·일·한의 미국과 그 군사보호 아래에 있는 지역에 대해서 중·북한이 대항 블록으로 나뉘어져 있고, "기억의 차원에서는" 특히 한국은 중국과 북

---

23 박유하, 같은 책, 306.

24 박노자, "해제: 역사수정주의, 혹은 현재의 합리화로서의 역사", 정영환, 같은 책, 211, 215.

25 같은 글, 216.

26 같은 글, 223.

한과 함께 피해자의 아픈 기억을 공유하지만, 미국의 외교와 안보의 우산 아래에서는 일본과 불가분의 이해관계에 놓여있는 참으로 어려운 현실에 직면하고 있기 때문이다.[27] 이렇게 해서 오늘 우리의 현실은, 동아시아의 현재는 여전히 '민족'과 '이데올로기'(계급)와 '신식민지주의'와 '군사'라는 대표적 냉전과 분단 체제 속에 놓여있는 것이 다시 한번 드러났고, 그래서 오늘 그 당사자들인 한국·재일·일본의 기독여성들이 제주 강정에 모여서 그 현실을 넘어서 평화를 위해 머리를 맞댄다는 것이 무슨 의미가 있는지를 더욱 성찰하도록 한다.

V. 한국·재일·일본 여성에게 있어서의 민족(국가)의 문제와 동아시아의 화해

박노자와 더불어 정영환도 강조하기를, 『제국의 위안부』 사태는 전후 일본의 긍정을 바라는 자유주의적 지식인들의 "내셔널리즘"이 없이는 일어날 수 없는 현상이었다. 이렇듯 보통으로 소위 좌파나 리버럴한 사람들은 민족이나 민족주의 등과는 거리가 멀다고 생각하지만 현실은 꼭 그렇지 않다는 것이다. 앞에서 들었던 중국 여성 사상가 쑨거도 심지어는 일본인 아즈마 시로(東史郞, 1912-2006) 씨가 자신의 조국 일본의 만행(난징대학살)을 그 피해 당사국(중국)에까지 가서 알리는 일을 했지만 그와 더불어도 유사한 경험을 했다고 고백한다. 즉, 비록 그가 자기 나라의 죄과를 그 피해국에 와서 알리

---

27 같은 글, 223-224.

는 일을 한다고 해도 그가 일본인으로서 중국인인 자신과는 다른 '민족감정'과 '감정기억'을 가지고 있었을 것인데, 그것을 충분히 실감하고 존중하지 못해서 그의 행위를 치하하는 글이 오히려 그에게 상처를 주었다는 것이다.[28] 이러한 일들을 보더라도 '민족'과 '민족감정'의 문제는 쉽게 옆으로 제쳐놓을 수 없는, 여전히 우리 삶에서 핵심적인 관건이 된다는 사실을 숙지하게 한다.

쑨거에 따르면 예를 들어 난징대학살 때 기적적으로 생환한 어떤 중국인이나 한국인이 "일본인은 나쁘다"라고 술회했다면, 이 짧은 두 마디의 문장 안에는 과거와 현재, 미래의 참으로 많은 사항들이 서로 얽혀 있기 때문에 이것을 단지 가치 없는 '감정언어'일 뿐이라고 폄하해버리는 것은 옳지 않다. 그렇게 폄하하는 사람은 "역사 속으로 비집고 들어갈 계기를 놓치고" 마는 것이고 "그런 자에게는 역사는 두 번 다시 자신의 모습을 보여주지" 않을 것이라고 말한다.[29] 나는 박유하 교수에게도 이러한 쑨거의 말이 유효하게 적용될 수 있다고 생각한다. 박 교수가 위안부 피해자 할머니들의 절규를 단지 가치 없는 감정적 "트라우마"로 치부하거나, 해체해버려야만 하는 "반일 민족주의"의 코스프레 정도로만 본다면 그녀가 진정으로 관심한다고 하는 한일간의 '화해'란 결코 일어날 수 없는 일이라고

---

28 쑨거, 같은 책, 241-242. 아즈마 시로 씨는 1937년 난징에 사병으로 파견되어 그 대학살의 만행에 참가했던 사람으로서 일흔이 넘긴 1987년에 『아즈마 시로 일기』를 출판해 그 만행을 공개하면서 난징을 찾아 공개적으로 사죄한 사람이다. 하지만 그러한 그의 행보에 대해서 중국인 학자 쑨거가 자신의 글 "일중전쟁 - 감정과 기억의 구도"에서 상찬하는 의미로 썼지만 그것이 잘 전달되지 못하고 오히려 "마음의 상처를 받"은 반응을 보였기 때문에 쑨거는 반성하기를, 자신이 중국인으로서 일본인인 그의 '민족감정'과 '감정기억'을 충분히 존중하지 않고, "안이하게" 자신의 입장에서 "추상화"한 것이 아닌가 자문한 것을 말한다.

29 쑨거, 같은 책, 243-244.

보는 것이다. 박유하는 1910년의 한일합방이나 1965년 한일조약의 '법적' 효력과 법적 정의를 강조하면서 식민지 시대 위안부들의 감정과 느낌을 잘 상상하지 못하는 것 같다. 그래서 그 피해의 보상 요구가 "적법"한 것이 아니라거나, 일본은 단지 "도의적" 책임만이 있을 뿐이라고 주장한다. 이러한 박유하의 시각은 나에게는 민족이나 민족감정, 도의 등의 의식은 전근대의 미숙으로 돌리면서 서구 근대의 법이나 제국의 헌법 등은 절대적인 가치로 숭앙하는, 한 동아시아 지식인이 서구 근대의 국가주의적 절대주의에 빠져있는 또 다른 서구 종속이라고 보여진다. 그녀는 주체성을 강조하는 서구 근대적 페미니즘으로 개인과 주체로서의 위안부 피해자의 회복을 말하지만, 그녀 스스로는 다시 그 서구의 논리에 종속되어 있는 동아시아 식민지 지식인의 한 가련한 모습을 보여준다.[30]

사실 오늘의 현실에서 살펴보아도 민족감정이라고 하는 것이 그렇게 부정적인 측면만 있는 것은 아니다. 오히려 그것은 한 개인으로 하여금 자신의 사회나 역사에 대하여 스스로 책임을 지는 적극적인 사람으로 이끌기도 한다. 또한 오늘날 인류 문명에서 국가(민족)를 대신할 어떤 대체물도 아직 떠오르지 않은 상황에서 전 세계의 상황이 군사적·경제적 대국들을 중심으로 힘의 각축장 같은 관계가 이루어지고 있는 현실이라면, 박유하와 같은 시각은 특히 한국이나 북한처럼 이웃나라 침략 전쟁의 잦은 피해자들에서는 쉽게 호소력을 얻지 못한다. 이러한 맥락에서 그녀가 강조하는 대로 위안부가 모두 군에 의해서 "강제연행"되었다거나 모두가 "소녀"였다고 주장

---

30 이은선, "일본군 '위안부', 분단 70년, 동북아 평화와 한국여성신학", 「한국여성신학」 제82호 (2016년 겨울), 35-36.

하지 않지만, 그러나 결론에서는 박유하와는 다른 입장을 드러내는 또 다른 연구자 윤명숙 박사의 연구를 살펴보고자 한다. 윤명숙은 정확한 사료 분석과 오랜 동안의 연구를 통해서 조선인 군위안부를 모집하는 방식에서 이른바 "민간 업자"에 의한 "취업 사기" 등의 형태가 차지하는 비율이 높다 하더라도 그것이 최종적으로 일본 정부에 책임이 없다는 결론으로 내려져서는 안 된다고 강조한다. 즉 박유하와 유사한 사료들을 가지고서도 결론은 그와 달리 군위안소 제도를 "일본군이 저지른 성폭력의 한 형태"라는 점을 분명히 밝히고, 그래서 일본 국가의 책임을 확실히 하는 것이다.[31]

윤명숙에 따르면 일본 정부의 국가책임은 강제연행이 있었느냐 없었느냐에 달려 있는 것이 아니다. 또한 취업사기의 형태가 높았다는 결과에만 주목해서 결론을 내리는 일은 그러한 취업사기가 생겨난 요인과 배경 등은 검토하지 않는 것이다. 그러한 방식의 역사해석은 역사적 정황을 "단락(短絡)적으로만" 보면서 거기서 국가의 책임을 축소하려는 명백한 의도를 가진 '자유주의 사관'의 연구라고 한다.[32] 박유하의 『제국의 위안부』는 놀랍게도 일본 우익운동의 하나인 역사 교과서에서의 위안부 내용삭제나 새로운 역사교과서를 만드는 모임에서의 주장들—매춘부로서의 위안부, 군의 관여는 인정하지만 경영은 하지 않았다, 강제연행은 없었다—과 별로 다르지 않아서 그런 그녀의 제안이 과연 "'친일파'가 욕 중의 욕"[33]으로 여겨지는 한국 사회에서의 다수의 열망을 고려한 것이었나를 의심하게 만

---

31 윤명숙/ 최민순 옮김, 『조선인 군위안부와 일본군 위안소제도』 (이학사, 2015), 26.
32 같은 책, 37-38.
33 박노자, 같은 글, 209.

든다. 강자와 과거 가해국의 책임을 면해주는 식의 '탈민족'과 '아시아 연대'로는 오늘의 아시아 민족감정과 국가의 문제를 풀 수 없다는 것이다.

VI. 동아시아의 평화를 위한 자이니치 트라우마로부터 진실 건져내기

일찍이 일본의 루신(魯迅) 연구가 다케우치 요시미(竹內好, 1910-1977)는 일본에는 "나무 한 그루 풀 한 포기(一木一草)에 천황제가 있다"는 말을 했다.[34] 다케우치는 이러한 일본의 민족주의와 정면으로 씨름하며 서구 근대를 추종하면서 이웃 아시아의 나라들에게는 깊은 상처를 준 일본의 근대 주체성을 새롭게 개혁하려 했는데, 그것은 중국 근대문학가 루신을 배워서 "자기임을 거절하는 동시에 자기 아님도 거절하는" "깨어난 노예"의 방식이었다고 한다.[35] 즉 민족주의와 근대주의를 동시에 넘어서려는 또 다른 길이었다. 쑨거에 따르면 다케우치는 "일본인은 미국에 졌지 중국에는 지지 않았다고 생각"한 것에 주목했다.[36] 그것은 일본의 대아시아관이었는데, 즉 미국식 근대를 모방한 일본이 자신은 근대의 모범국이라고 하면서 중국을 깔보았지만 다케우치는 그와는 다른 입장이었던 것을 말한다.

일본 근대화 과정에서 나타난 민족감정과 민족주의가 이런 모습

---

34 쑨거, 같은 책, 117.

35 같은 책, 60-61.

36 같은 책, 313.

이었다면 중국의 경우는 또 다른 민족주의를 드러낸다. 잘 알다시피 일본이나 한국에 비해 비교가 안 되는 큰 나라로서 중국은 항상 자신들을 중심의 나라('중국' 또는 '중화')로 생각해왔고, 그러한 대국(大國) 정서가 거의 무의식적으로 배여 있어서 소국(小國)인 일본의 침략전쟁으로부터 깊은 상처를 받은 것이다. 그러나 쑨거의 판단에 따르면 그러한 중국 근대도 결코 서구 지향을 온전히 극복하지 못했다. 특히 오늘날 지식인 세계는 여전히 서구지향적이고, "서구중심주의를 부정하는 형태로 서구 지향성을 노출하고 있다"고 평가한다.[37] 그런 방식은 여전히 아시아를 한낱 지역으로 간주하고, 그것을 세계와 대립시키는 방식이어서 오늘날 동아시아에서 중국은 오히려 외재화되어 있고, 미국이 내재화되어 있는 결과를 초래했다고 지적한다.[38] 그것을 "'외부 시좌'를 지닌 중국 인텔리"라는 말로도 비판하는데, 그렇게 내부 시좌를 갖지 못하고 외부지향적일 때 그 나라는 오히려 왜곡된 자국 중심주의와 오도된 민족주의에 빠지기 쉽다는 것이다. 그래서 "국가에 얽매이지 않는 아이덴티티는 자국의 문제에 깊이 파고들 때 비로소 형성할 수 있다"는 그녀의 관찰이 매우 의미 있게 들린다.[39]

　한반도의 경우에도 이러한 지적이 그대로 적용되는 것을 부인할 수 없다. 우리가 앞에서 박유하의 『제국의 위안부』를 탈민족적 역사수정주의로 세차게 비판했지만, 남한뿐 아니라 북한의 민족주의가 얼마나 쉽게 국수주의로 빠지고 그만큼 위태로운 것인가를 우리는

---

37 같은 책, 10.
38 같은 책, 66.
39 같은 책, 116.

또한 인지한다. 세계에서 일본을 무시하는 유일한 국가는 한국이라든가, 근대 한국의 핵심 아이덴티티가 탈식민에서 이루어졌다는 지적 그리고 근대 마르크시즘을 김일성 주체사상으로 변형시킨 북한의 경우를 보더라도 한민족의 민족주의는 특별하다고 말하지 않을 수 없다. 또한 우리가 일본 식민통치의 잔혹함을 크게 성토했지만, 해방 후 같은 동포인 재일 한인들에 행했던 남한과 북한 양 정부(국가)의 무책임과 잔인함, 그들을 희생재물로 삼아 서로 간에 진행시켜온 이념 싸움의 폭력성, 베트남전에서의 한국 군인들의 행태 등을 돌아보면 국가주의와 민족주의의 오류는 어느 한 특정국이나 민족만의 문제가 아님을 알 수 있다. 앞에서 살펴본 윤건차의 지적대로 '자이니치'는 그 근대 주체성의 형성에 있어서 일본 근대사에서의 세 기둥과 한반도(남한과 북한)의 세 기둥과 동시에 씨름하면서 자신의 주체성 형성을 위해 고투해야 했다. 그래서 우리는 그 삶의 지난함과 고통스러운 중첩성을 잘 상상해 볼 수 있고, 그것이 동아시아 어느 국민의 경우보다 더 극렬하게 "자기를 파괴하겠다는 결의를 갖고 자기를 '재건'하는 일"이었음을 생각해 볼 수 있다.[40] 그렇기 때문에 나는 지금까지 살펴본 대로 동아시아 삼국 모두에게 있는 자국 중심주의와 폐쇄적 민족주의를 넘어서 우리가 진정으로 '화해'와 '평화'의 길을 가고자 한다면 바로 이 자이니치 삶의 진실로부터 그 방식과 내용을 배워야 한다고 생각한다. 현실에서 가장 취약한 존재의 조건을 이겨내면서 이룩한 주체성 안에야말로 진정으로 강하고 풍성한 인식론적 강점이 들어있다고 보기 때문이다. 윤건차의 소개에 따르

---

[40] 같은 책, 124.

면 김대중·노무현 정권 이후에 조총련과 민단의 울타리를 벗어난 형태로 '자이니치 운동'을 수행하는 오카야마현 출생(1941년생)의 재일 2세대 도상태(都相太)는 "'자이니치를 살아가는' 원점"을 다음의 세 가지로 들었다. 즉, "민족적일 것, 평화를 염원할 것, 통일을 기도할 것"의 세 가지를 말한다.[41]

VII. 동아시아의 평화 구축을 위해서 자이니치 주체성으로부터 건져낸 세 가지 관건

나는 오늘의 한 자이니치 운동가가 제시한 이 세 가지의 '원점'이야말로 오늘날 한중일 동아시아 어느 나라의 사람이든지 그가 진정으로 동아시아의 평화와 안녕, 화해를 추구한다면 그것을 자신 행위의 보편적 원리와 과제로 삼아야 한다고 생각한다. 그의 이 세 가지 원점이란 앞에서도 지적했듯이, 동아시아 우리 중의 누구보다도 더 치열하게 자신의 절망과 조건과 싸우며 중층적이고도 반복적인 과정 속에서 자신의 주체성을 허물고 또 다시 재건하는 일을 통해서 마련된 재건과 평화의 길이었을 것이기 때문이다. 그래서 이 세 가지의 길을 좀 더 세밀히 살피기를 원하는데, 먼저 '민족적일 것'이란 의미는 우리가 소망하는 동아시아의 평화와 화해를 위해서는 섣부르게 민족과 국가 경계를 해체시키고 무마해버리는 일을 하지 말라는 메시지라고 생각한다. 그러면서도 동시에 그 네이션을 어떤 '실

41 윤건차, 같은 책, 828.

체'로 고정시켜서 추상적 이데올로기로 삼지 말고, 오히려 좀 더 기능적이고 다중적으로 관계하며 그 다중성의 기회를 존중할 것을 요구하는 지혜라고 할 수 있다. 왜냐하면 그들은 어느 한 군데에 실체적으로 속할 수 없었고, "'세 국가' 사이에서의 고투"를 통해 국가와 민족의 문제를 먼저 씨름해온 사람들이라고 할 수 있기 때문이다.[42]

사실 한중일 삼국의 역사문제와 과거사 문제는 이제 더 이상 어떤 '팩트'(fact)의 문제로만 풀 수 없는 것들이 많이 있다. 역사를 사실의 문제로만 환원해버리고, 거기에 현재적 당사자들의 구체적 삶과 미래가 있다는 것을 보지 못한다면 그것은 또 다른 전쟁과 갈등만을 일으키는 계기가 될 뿐이다. 자이니치 도상태가 제시한 두 번째 원점, '평화를 염원할 것'이 나는 그런 의미라고 생각한다. 어떠한 경우든 다시 이웃을 침략하는 침략전쟁이나 "바깥의 '해방자'"를 끌어들여서 문제를 무력으로 해결하려는 시도를 동아시아의 우리들은 결코 해서는 안 된다는 지시라고 여긴다.

다케우치 요시미는 루신을 읽으면서 "역사를 고쳐 쓰는 일은 역사를 개찬(수정)한다는 의미가 아니라 그 시기가 지나고 나서 역사에 대해 '자각'한다는 뜻"이라는 것을 깨닫게 되었다고 한다.[43] 쑨거는 역사를 깊이 읽어내는 능력은 그 사회 전체의 "예지"(叡智)가 얼마나 축적되어 있느냐에 달려 있다고 일갈한다. 그래서 "전쟁책임을 추궁하려 해도 사실만을 따져 물어서는 결말이 나지 않는 지금, 또한 역사수정주의자가 역사상대주의를 비열하게 써먹으며 역사를 개찬하고 있는 지금, 비판적 지식인은 무엇을 책임져야 하는가"라는

---

42 같은 책, 567.

42 같은 책, 567.

43 같은 책, 226.

그녀의 질문이 크게 들린다.[44] 나는 이 질문이 남한의 제주도 강정마을에 모인 한국/재일/일본의 우리들에게도 그대로 적용된다고 생각한다. 사실 이 지적은 20세기 나치의 파시즘과 스탈린의 전체주의를 혹독하게 겪은 아렌트가 이미 했던 질문과 유사하다. 그녀는 사실적 진리(factual truth)라는 것이 어떻게 중요하고 그것이 얼마나 견고한지는 잘 알지만, 그것이 또한 얼마나 쉽게 정치적 이익의 사리사욕에 의해서 한갓 의견들(opinions)과 거짓말들(lies)로 환원되는지를 알았다. 그래서 우리의 성실한 성찰(thinking)과 진실에 대한 감수성(imagination)과 공감(common sense)을 매우 강조한 것이다.[45] 즉 역사를 이해하고 과거를 마주하는 일은 단순한 실증성(factuality)을 따지는 일도 아니고, 이론적 올바름으로 현실적 복잡함을 모두 해결할 수 있다고 믿는 나이브한 지적 추상도 아니라는 것을 말하는 것이라고 생각한다. 그것은 우리의 진실(새로운 건강한 동아시아 주체성, 이곳에서의 평화와 화해 등)을 향한 깊은 희구와 고뇌 속에서 치열한 상상력과 창조력과 더불어 다시 한번 역사의 진실과 마주하려는 용기라는 의미이다.[46]

마지막으로 유사하게 이러한 고뇌에 찬 성찰에서 나왔을 자이니치 도상태의 세 번째 제안 '통일을 기도할 것'을 살펴보고자 한다. 통상 우리는 동아시아에서 이 통일의 주제는 특별히 한반도의 남한과 북한 사람들에게만 해당되는 주제라고 생각해왔다. 하지만 한 번 더

---

44 같은 책, 256-257.

45 한나 아렌트/ 서유경 옮김, "진리와 정치", 『과거와 미래 사이』(2005), 321 이하; 이은선/ 이정배, 『묻는다, 이것이 공동체인가』(동연, 2014).

46 쑨거, 같은 책, 204.

생각해 보면 그렇지 않다는 것이 분명해진다. 즉, 오늘의 현실에서 만약 한반도에서 전쟁이 일어나면 중국과 일본이 맞붙지 않을 수 없을 것이고, 거기에 미국이 주된 당사자로 외부에서 '구원자'로 참여할 것인데, 그렇게 되면 동아시아의 평화는커녕 세계의 평화는 간단히 날아가버릴 것이다. 사실 한반도가 남북으로 나누어진 것도 과거 일본의 침략전쟁이 제일 큰 요인이었고, 또한 서구 제국주의의 여파인데, 그러므로 이 남북의 통일과 그 분단을 원리로 떠받치고 있는 냉전 이데올로기를 종식시키는 일이야말로 동아시아 모두와 세계를 위해서 필수적임을 말할 수 있다. 그리고 현실적으로도 일본이나 중국에게도 이 냉전 이데올로기가 과거의 일만이 아닌 것이, 오늘의 일본 자본주의 경제의 출구 없음과 사회주의 중국 정치의 전체주의화, 대만과 티베트와의 관계 등, 그곳의 민중들에게도 핵심 주제인 것을 부인할 수 없다.

사실 지금까지 동아시아 담론에서 한국(조선)은 중국이나 일본에 비해서 항상 뒷전이었고, 거의 목소리가 없거나 아니면 주로 피해자의 것이었다. 그래서 한국인(조선인)들에게서 새로운 근대 주체성을 세우는 일은 특히 그들의 오래된 민족적 열등감과 피해의식을 극복하는 일과 관계된다. 이러한 맥락에서 일찍이 항일 독립운동가 역사학자 민재 안재홍(安在鴻, 1891-1965) 선생이 한 말을 들어보는 것은 의미 있다. 그는 1949년에 동아시아에서의 조선 민족의 역할과 공헌에 대해서 지정학적이고 역사적인 안목을 가지고 다음과 같이 설파했다. 그는 조선 민족을 수천 년에 걸쳐서 약소민족으로 만든 것은 특히 중국의 책임이 크다고 하면서 그럼에도 불구하고 조선이 지금까지의 역사에서 어떻게 "주변 민족에게 거대한 방파제가 되고 성벽 노릇"을 해 왔는지를 기억하라고 촉구한다. 즉 만약 조선이 없었다면 일본은 예들 들어 거란, 여진에 이어 13세기 몽고 백년의 대침을 어떻게 막아낼 수 있었겠으며, 또한 중국은 16세기의 일본 임진왜란의 대사변에서 대륙 북침군을 어떻게 했겠느냐고 반문한다. 즉 조선이 중간에 위치하여서 온갖 고통과 고난으로 두 나라에 대해서 서로 방파제 역할을 해준 것을 지적하는 것이다. 그러므로 조선인이 "결코 열약하고 비굴한 멸시받을 민족이 아니어서 세계에도 드문 반격 역량이 왕성한 독립 정신"이 강한 나라라는 것을 알아차리라고 촉구한다.[47] 그래서 만약 이 한반도가 독립을 잃어버리면 동아시아의 평화가 깨지는 것은 물론 세계의 평화가 깨지는 것이니 "조선의 독립 문제 또는 조선인의 분노 문제"는 결코 그들만의 문제가 아니라는 것을 세계 열국이 알아야 한다고 외친다. 그는 "조선의 청년들은 모두 이 자부와 긍지를 가져라!"고 크게 외쳤다.[48]

이러한 지정학적, 역사학적 안목에서 보더라도 오늘날 일본이 미국과 더 하나가 되어서 계속 북한을 소외시키고 한반도의 통일을 저해하는 듯한 행보를 보이는 것은 그만두어야 한다. 또한 중국도 자신들의 역사적 책임을 더욱 통감하고 한반도의 통일을 위해서 사심 없는 역할을 더욱 더 적극적으로 담당해야 한다. 남한도 한 민족인 북한과의 반목을 하루 속히 거두고 자이니치 운동가 도상태가 제안한 대로 '통일운동'을 자신의 삶의 원리로 삼아서 더욱 힘을 쏟아야 함은 두말할 필요도 없다. 자이니치의 삶과 운동에서 얻은 이 세

---

47 안재홍, "신민족주의의 과학성과 통일 독립의 과제", 최원식·백영서 엮음, 『동아시아인의 '동양'인식: 19-20세기』 (문학과지성사, 1997), 265.
48 같은 글, 266.

가지 원점과 기둥이 동아시아 평화와 화해를 위해서 진정으로 경청되어야 한다. 지금까지 살펴본 대로 동아시아의 근대 역사는 주로 '바깥'에서 오는 구원을 기대해 왔지만, 그것이 결코 우리에게 평화를 가져오지 않았다는 것을 지난 역사에서 잘 경험했다. 오히려 우리를 깊은 식민성과 서로 간의 반목에 옭아매 왔는데, 그러나 이제 그 오래된 식민성을 떨쳐내어야 하는 당위 앞에 섰다고 나는 생각한다. 그런 맥락에서 또 다른 자이니치 시인으로 제주도 출신으로 그 4.3사건의 피해자인 김시종 시인이 다음과 같이 한 말이 깊은 의미로 다가온다. 그는 말하기를,

> 나는 조선인이라는 존재가 하소연해야 하는 쪽에만 있다는 균질화된 의식에 혐오감조차 가지고 있는 사람이다. 자신의 민족적 수난사를 50년 동안 매일같이 일본인들에게 부딪쳐 본들 설령 1억 일본인들의 총참회를 성사시켰다고 하더라도 조선인의 문제는 조선인 자신의 문제로 남는다(『폭로당하는 자와 폭로하는 자』).[49]

결국 이러한 모든 언술들에서 우리가 얻는 진실은 특히 전쟁과 침략과 침략당함의 역사 앞에서 그 가해자는 상처받은 자의 트라우마를 결코 무시하거나 내쳐서는 안 되고, 동시에 피해자는 자신의 그 상처를 보다 더 '일반화'(보편화)하고 '사상화'하려는 노력을 결코 그쳐서는 안 된다는 것이다. 이 양쪽의 입장과 역할이 하나로 모아질 때 동아시아의 오래된 분단체제가 극복되고, 특히 이번 탐구의

---

[49] 윤건차, 같은 책, 629.

핵심 주제인 '일본군 위안부' 문제가 해결의 실마리를 얻을 수 있을 것이다. 나는 한국·재일·일본 여성신학 포럼이 이 일을 위해서 좋은 계기가 되기를 희망한다.

VIII. 마무리하는 말: '기독인'으로서의 우리와 '문명'으로 서의 동아시아

지금까지 우리는 왜 동아시아 삼국 사이의 갈등과 불화가 끊이지 않으며, 특히 근대에 들어와서 그 갈등과 비참의 한 상징이 된 '일본군 위안부' 문제가 어떤 정황에 놓여 있는지를 살폈다. 그러면서 특히 동아시아에서의 민족과 국가의 문제는 그렇게 간단히 옆으로 치워 놓을 수 없는 주제이고, 그런 가운데서 참으로 동아시아의 평화와 화해를 위한다면 이 동아시아의 갈등적 관계에서 제일 많이 고통 받고 고투했을 자이니치의 시각으로부터 배워서 그것을 동아시아의 '보편'으로 삼자고 제안하였다.

이 일에서 그러나 우리가 언급하지 않고, 성찰하지 않은 중요한 것이 있다. 그것은 포럼에 모인 모두가 공통으로 기독인이라는 것이다. 하지만 그 기독교가 바로 우리가 그렇게 그로부터 주체성을 회복하기를 원하고, 거기서 해방되고자 하는 서구로부터 온 것이라는 사실을 인식하고자 한다. 이 사실은 포럼에 모인 우리에게는 우리의 건강한 주체성을 세우는 일에서 또 다른 허들이 될 수 있음을 예상할 수 있다. 그러나 이 문제를 여기서 세세히 다루기에는 너무 큰 주제이므로 다음으로 넘길 수밖에 없지만, 다음과 같은 질문은 해야 한다고 생각한다. 즉 오늘 우리가 진정으로 동아시아의 주체성과 평화를 말하고자 한다면, 아니 그보다 더 현실적으로 함께 모인 우리들을 가장 구체적이고 실질적으로 하나로 묶어주는 원리와 관건이 무엇인가를 묻는다면, 그것이 우리가 공통으로 '기독인'이라는 것 때문인가, 아니면 '동아시아인'이기 때문인가라는 물음이다. 그리고 그 대답이 기독인이라면 기독교 신앙의 어떤 것이 그렇게 우리들을 묶는 보편성이 되고, 그렇지 않다면 그 요인은 무엇인가를 성찰해야 한다는 것이다. 우리의 동아시아적 주체성을 진지하게 묻는다면 앞으로 우리가 어떻게 우리 기독교 신앙과 관계해야 하느냐의 질문은 피할 수 없다는 것을 말한다.

일제하 한국 임시정부의 대부 백범 김구(白凡 金九, 1876-1949) 선생은 도산 안창호(島山 安昌浩, 1878-1938)로부터 영향을 받고 한동안 독실한 기독교 청년이었다. 그가 해방 후 남북의 하나 됨과 진정한 독립을 위해서 애쓰다가 암살되기 2년 전에 쓴 "나의 소원"이라는 명문에 보면, 그가 어떻게 동서고금의 사상적 전통을 통합해서 하나로 어우르며 대한민국이 진정으로 '문화'로 성취하는 나라가 되기를 소망했는지를 읽을 수 있다. 또한 어떻게 나와 개인과 우리 가족으로부터 시작해서 온 세계로 "인의"(仁義)의 정신을 펼쳐서 세계의 안녕에 기여하는 나라를 만들 수 있을까를 고민했는지 알 수 있다. 그런 그는 중국에서의 임시정부 시절 한민족의 독립을 위한 수많은 일을 경험한 뒤에 좁은 의미의 기독교를 넘어섰음을 고백한다.[50] 나는 이것이 김구의 민족주의적 한계일까, 아니면 진정으로 더

---

[50] *Paekpom Ilchi: The Autobiography of Kim Ku*, Trans., Annotated and Introduced by Jongsoo Lee (University Press of America, 2000), 181.

참된 동아시아적 주체성으로 나아간 것일까를 묻고 싶다. 그는 "나의 소원"에서 자신의 이상을 한민족 고유의 '홍익인간'(弘益人間)과도 연결시키는데, 그런 그가 서양의 근대가 평등이나 자유 등의 가치를 말하면서 자신들 나라에서는 그것을 적용했을지 모르지만 밖의 아시아나 아프리카에서 자행한 식민지 침략이나 계속되는 각종 무력과 불의를 보면서 그러한 서양의 근대 가치를 "다시 한번 동양으로 감싸 안아" 새로운 모습으로 탄생시키는 고민을 한 것이 아닐까 상상해 본다.[51]

이런 상황에서 동아시아 유교 문명과 기독교 문명 간의 대화로서 '문명'(civilization)으로서의 동아시아관에 대해서 다시 생각해 본다. 쑨거는 탈아(脫亞) 등을 말하는 일본 근대론자들의 동아시아관은 '인종'이었지만 오래전부터 다인종 국가였던 중국적 아시아관은 인종이 아니라 '문명'에서 나온다고 지적했다.[52] 이 일은 또한 서구 문명만을 기준으로 삼는 근대 문명 일원론을 넘어서는 일과 관계된다고 밝혔다.[53] 이러한 맥락에서 마지막으로 나는 한국 현대사 100년을 관통하며 세대를 잇고, 세계의 문명을 연결해서 한반도의 평화 통일을 위해서 생을 바친 일선(一仙) 이남순 여사(1922-2014)의 남북 영세중립평화통일 사상과 세계 평화를 위한 대동사상(大同思想)이 깊은 울림으로 다가온 것을 말하고자 한다. 그녀는 1949년 북으로 간 아버지 유교적 대동사상가 실업인 이종만(李鍾萬, 1885-1977)의 딸로서 네 아이의 엄마와 생활인으로서 한반도 이데올로기의 질

51 쑨거, 같은 책, 319.
52 같은 책, 274.
53 같은 책, 277.

고를 피해 1964년 서구로 이민을 떠났다가 2006년 38년 만에 다시 '세계 평화의 섬' 제주도에 돌아와 마지막 둥지를 틀었다. 거기서 한반도의 통일과 대동평화세계를 기도하다가 세상을 떠났는데, 그의 다음과 같은 이야기가 우리가 앞에서 나눈 모든 평화의 이야기와 더불어 앞으로의 길을 가는 데 기초적인 길라잡이가 되지 않을까 생각한다. 참으로 여러 가지 면에서 중층적인 그녀 삶의 내러티브를 들으면서 한국 여성종교인의 깊은 평화 영성을 보았다:

나의 '남북이 영세중립평화통일론'의 핵심은 민중 중심의 통일이고 마음의 힘으로 이루는 통일이다. 이를 위해서는 우리 모두가 깨어나야 하고 바로 서야만 한다. 스스로 정직해야 하고 진실해야 하며 사랑과 평화의 존재가 되어야 한다. 그런 자신이 되어 무엇보다도 먼저 상대를 올바로 이해하고자 하는 최선의 노력을 기울여야 한다. 서로의 진심과 진실을 토대로 하지 않는 한 그 외의 다른 노력은 모두 헛된 것이다.[54]

---

[54] 일선 이남순 지음, 『나는 이렇게 평화가 되었다』 (정신세계원, 2010), 402.

동북아 평화 프로세스와 4.27 판문점 선언
— 여성통합학문연구의 시각에서*

I. 삶은 이야기이고, 분단 고통의 이야기는 온 반도에 널려 있다

지난 4월 27일 역사적인 판문점 남북정상회담과 '판문점 선언'이 있은 후 한반도에서의 평화와 통일 이야기가 한껏 무르익고 있다. 1953년 정전협정 이후 70여 년이 되어가고, 지구상에서 유일하게 냉전체제 국가로서 그동안의 고통과 질곡이 크니 이번 두 남북 두 정상의 만남과 선언에 대한 환호와 기대가 그러한 것은 놀랍지 않다. 더군다나 이러한 역사적인 만남이 있기 불과 얼마 전까지도 한반도에서는 언제 전쟁이 일어날지 모르는 살얼음판과 같은 날들이 계속

---

* 이 글이 처음 쓰인 것은 2018년 4.27선언이 발표된 후 한 달여만이었다. 당시 우리뿐 아니라 전세계가 이 선언으로 크게 고무되었다. 그러나 나는 당시 선언 속에 포함된 "완전한 비핵화"라는 말이 매우 남성주의적인 언어로 이후의 평화 프로세스에 발목을 잡을 것을 예상했고, 이후 그 우려가 현실이 되었다. 그래서 이 글은 당시의 시점을 오늘의 것으로 수정하지 않고 그대로 두고자 한다. "국제여성평화심포지엄 - 세계여성들, 평화를 말하다" (2018. 5. 24. 국회도서관대회의실) 발표. 『씨알의 소리』 (2018년 7·8월호), 24-39.

되었으니 더욱 그러하다. 이러한 가운데 사람들은 보통 지난 전쟁과 분단의 아픔이 주로 이북에서 피난 와서 살고 있는 사람들과만 관계된다고 여기지만 꼭 그렇지만도 않은 것이 팔순을 넘으신 우리 고모의 경우를 보아도 잘 알 수 있다. 6.25전쟁 당시 12살 초등학생이었던 고모는 4남매의 막내로 하루아침에 엄마를 잃었다. 당시 전라도 광주 지역에 살면서 전쟁을 맞은 가족은 인민군을 위해 부역할 수밖에 없었고, 특히 남편과 큰아들을 숨기면서 그 일을 담당했던 우리 할머니는 오히려 나중에 퇴각하는 인민군에게 끌려가 죽임을 당했고 가족들은 시신도 찾지 못했다고 한다. 이렇게 하루아침에 엄마를 잃고서 그 떠나보내는 의례도 경험하지 못한 고모는 이후 마음 한쪽이 거기서 죽어버린 것 같다. 오랜 시간이 흘러서 그 지역을 다시 찾았는데 고모는 다른 사람의 묘소를 자기 엄마의 묘소라고 주장하고, 음식을 먹을 때도 중국이 자기 엄마를 죽인 공산당의 나라이니, 그 사람들이 많이 먹는 '양파'를 자신은 먹을 수 없다고 거부한다. 아직도 대부분의 대화가 돌아가신 엄마에 대한 것이고 함께 살던 시절의 이야기이니 고모 본인은 물론이려니와 주변 가족들의 고통과 안타까움은 이루 말할 수 없다. 이렇게 동북아 한반도 전쟁과 분단의 고통스러운 이야기는 계속되고 있으며, 아주 보편적으로 널려있다.

II. 한반도 분단 고통의 구체성과 개별성을 알아보지 못하는 세계 강대국 남성주의자들의 시선과 문재인 대통령

신경과 의사이자 작가인 올리버 색스(Oliver Sacks)는 자신의 책

『아내를 모자로 착각한 남자The man who mistook his wife for a hat』에서 한 때 명성을 날리던 음악교사였지만 뇌에 시각을 담당하는 부분의 장애를 입고서 자기 아내를 모자로 착각하는 음악가 P선생을 소개한다. 그는 거기서 심지어 자기 몸조차도 알아보지 못한다고 한다. P선생의 시력 자체는 바닥에 떨어진 바늘도 쉽게 찾아낼 정도로 아주 좋지만, 그가 하지 못하는 것은 그 바늘을 전체적인 맥락에서 구체적으로 바늘로서 파악하는 것이다. 즉 대상들을 자신과 연결해서 실제적이고 현실적으로 파악하지 못하고 단지 길이가 몇 센티라던가 형태가 어떤 형태 등의 추상으로만 보는 것을 말한다. 그래서 그의 뇌 인지는 마치 컴퓨터의 기계가 하듯이 구체적인 시각세계에 대해서는 무관심하고 그 묘사에서는 공허하다고 한다. 색스는 그런 P선생을 "생기가 없는 추상의 세계에서 길을 잃고"서[1] 구체성에 대한 감각과 현실감이 떨어져서 일종의 기계와 같이 사물의 실체성과 개별성을 인지하지 못하는 경우라고 설명한다.

나는 이 글을 읽으면서 바로 유사한 장애가 우리가 동북아 평화나 북한 핵문제를 다루는 데에도 있어 왔지 않나 생각했다. 특히 그일에 있어서 주도적인 역할을 해온 서구의 큰 나라나 거기서의 남성 지도자들, 그와 유사한 원리로 나라를 이끌어온 사람들의 경우가 그것이다. 그에 대한 예로 4.27 회담 전 많이 회자되던 미국 트럼프 대통령과 북한 김정은 위원장이 주고받은 책상 위의 핵단추 이야기를 들 수 있겠다. 그들은, 특히 미국의 트럼프 대통령은 자신이 가진 책상 위의 버튼 하나를 누르는 결과가 얼마나 많은 사람들의 생명과

---

1 올리버 색스/ 조석현 옮김, 『아내를 모자로 착각한 남자』(파주: 이마고, 2014), 38.

삶을 파괴할 것인지, 그 이전에 한반도가 겪은 6.25전쟁으로 인해서 어떻게 끔찍한 고통과 질고가 구체적으로 이곳 사람들의 삶으로 들어왔고, 지금까지도 그것이 계속되고 지속되고 있는지를 상상하지 못한다. 마치 P선생이 비록 음악교사 역할은 계속할 수 있다 하더라도 그 구체성을 알아보는 능력 상실로 자기 아내도, 자신의 발과 신발조차도 알아보지 못하는 경우와 유사하다고 할 수 있다. 그런 지도자들의 판단과 인도에 지금까지 한반도 문제가 맡겨져 왔고, 오늘의 엄중한 핵사태의 위기도 달려 있다면 그 상황의 비참함과 엄중함이 어느 정도인지를 잘 짐작할 수 있다. 한반도는 단지 비서구 동아시아의 한 끝에 자리하고 있는 한 작고 힘없는 분단국가만이 아니라 그 안에 무수한 생명의 이야기와 인간의 무늬가 그려져 있는 그리고 그것을 긴 역사로 장구하게 일구어온 나라라는 것을 알아야 할 것이다.

하지만 그러는 가운데서도 한민족은 정말로 기적처럼 시민과 민중의 촛불혁명을 성공시켰다. 그 덕분에 오늘의 문재인 정부가 들어서게 되었고, 그를 통해서 정말로 일촉즉발의 전쟁 위기까지 갔던 상황을 다소 누그러뜨릴 수 있었다. 문재인 대통령은 한반도의 통일과 평화와 관련해서 스스로가 속 깊은 체험을 많이 가지고 있는 지도자이다. 알다시피 그는 6.25 동안 이북 피난민의 자녀로 태어났고, 지금도 그의 곁에는 죽기 전에 그 북쪽 고향을 한 번 방문하고픈 소망을 가지고 있는 늙은 어머니가 계시다. 그런 그는 어려운 환경 속에서도 어린 시절부터 많이 들어왔던 백두산과 개마고원을 자신의 두 발로 트래킹하고 싶은 꿈을 가진 사람이고, 특히 대한민국 제16대 대통령 노무현의 친구로서 친구 따라 청와대로 들어가서 바로

4.27정상회담과 선언의 모델이 된 2007년 '10.4 남북관계 발전과 평화번영을 위한 선언'을 이루어내는 데 견인차 역할을 한 사람이다.

하지만 이후 2012년 박근혜 대통령 후보 시절에 두 정상 간의 대화기록이 불법적으로 공개되면서 거기서의 노무현 대통령의 NLL(북방한계선) 발언이 왜곡 날조되며 종북몰이로 쓰이는 것을 보면서 그는 다시 한번 남북 분단의 질곡과 그 비인간성을 깊이 체험했을 것이다. 이후의 모든 일을 겪고 나서 스스로 대통령이 된 그는 그래서 10.4선언 10주년을 기념하는 자리에서 노무현 대통령을 깊이 기렸으며, 10.4선언의 많은 것이 아직도 유효하다고 밝히며 그 정신이 진작 실현되지 못한 것을 매우 안타까워했다. 4.27선언은 그런 풍성한 경험과 분단의 극복을 위한 구체적인 경험을 가진 대통령의 상상과 소망, 결단이 함께 어우러져서 나온 열매인 것을 말할 수 있겠다.

III. 한반도에서 우리 스스로 평화를 만드는 역량이 있음을 천명하는 자주의식

한반도에서 평화를 이룸으로써 동북아 평화를 지향하는 일을 위해서 제일 중요한 관건은 그 일을 우리 스스로가 자주적으로 수행하고, 또한 그 일을 위해서 스스로가 역량이 있음을 천명하는 자주의식과 자긍심의 회복이라고 생각한다. 문재인 대통령은 정부 출범 이후 끊임없이 남북관계 개선과 한반도의 평화와 통일을 위한 운전자론을 주장해 왔다. 그래서 4.27선언에서 제일의 항목으로 밝힌 것도 바로 그것이다. 즉 "남과 북은 우리 민족의 운명은 우리 스스로 결정

한다는 민족자주의 원칙을 확인"한다는 것이다. 그런데 이러한 관점
은 문대통령이 이미 앞서 3.1절 99주년 기념식에서도 분명하게 밝힌
것이다. 거기서 그는 아주 분명한 어조로 지금 일본과 더불어 문제
가 되고 있는 '독도 문제'는 바로 일본 제국주의 침략의 시초를 점하
는 일이고, 또한 '일본군 위안부' 문제에서는 가해자인 일본은 결코
먼저 그 문제를 "끝났다"라고 주장해서는 안 된다고 명시했다. 이것
으로써 그는 한반도의 질곡과 전쟁, 분쟁과 분열이 이웃나라 일본의
제국주의적 침탈과 깊은 관계가 있음을 다시 한번 분명히 천명한 것
이다.

    그런 맥락에서 오늘의 트럼프 정부가 세계 최강의 리더임을 자
임하면서 한반도 문제에서 어떤 긍정적인 역할을 하고자 한다면 나
는 먼저 일본이 진심으로 아시아의 이웃으로 거듭날 수 있도록 촉구
하는 일을 해야 한다고 생각한다. 앞으로도 한반도의 평화는 일본의
변화와 떼려야 뗄 수 없는 관계이므로 '한미일 동맹'을 말하는 대신
에 지나간 역사의 진실과 실상을 바로 알고서 미국이 그 일본으로
하여금 예전의 욕망에 사로잡히지 않도록 하는 것이 진정한 세계 리
더로서 먼저 할 일이라는 것이다. 제주 4.3사건의 70주기가 있었다.
20만 제주도민의 10% 이상이 죽어나가는 대참사가 일어난 것도 바
로 일제 강점기 때 일본의 앞잡이 노릇하던 사람들이 다시 해방정국
의 경찰과 공무원으로 돌아오는 것을 보면서 일반 민중의 상식과 정
의 감각이 크게 손상된 것과 관련이 깊다. 그 일을 가능케 한 것이 바
로 미군정이었고, 그들의 소위 '빨갱이' 색칠이 주요인이었음을 말할
수 있다.

    중국의 동아시아 연구가 쑨거(孫歌)에 따르면 동아시아, 특히 한

국과 일본 그리고 중국 사이에는 일종의 '분단체제'가 있었고, 결국 그 분단의 현대판이 오늘 동아시아에서의 서로 간의 반목과 냉전이고, 분단의 역사적 뿌리라고 밝혔다. 그럼에도 불구하고 오늘의 세 나라는 여전히 서로를 외면하면서 외재화되어 있는데, 사회주의 혁명을 겪은 중국조차도 결코 서구지향을 극복하지 못했고,[2] 일본은 진작부터 탈아입구(脫亞入歐)를 외치며 서구를 추종하며 자신이 속한 아시아를 식민지로 삼았으나 이차 세계대전 이후는 그러한 서구 미국의 준(準)식민지가 된 형국이다.

그에 비해서 한반도는 근대 전에 중국과 오랫동안 조공관계에 있다가 근대 초기에는 일본의 식민지가 되었고, 가까스로 해방이 되었지만 곧 이어 다시 남북으로 나뉘어졌으며 그 중 남한은 아직 군사 작전통제권도 갖지 못한 채 미국 종속의 나라가 되었다. 하지만 북한의 경우는 중국과의 관계가 남한이 미국과 갖는 관계와는 다른 모양새이고, 일본 식민지 시대의 보상도 아직 받아들이지 않고 있으며, 온갖 경제적 불이익과 제재에도 불구하고 나름의 주체사상을 강조하며 지금까지 지내왔다. 그런 면에서 어쩌면 오늘 경제적으로는 제일 약자라고 할 수 있지만 국가적 주체성과 자주성을 세우는 일에서는 북한이 제일 앞섰다고 할 수 있다. 물론 그에 대한 대가도 무척 컸음을 우리 모두가 잘 아는데, 결국 동북아 평화의 제일 중요한 관건은 먼저 어떻게 이 세 나라가 오랜 서구 내지는 외부지향성을 극복하고서 자신의 이웃을 먼저 존중하면서 주체적으로 서는가 하는

---

2 쑨거, 『사상이 살아가는 법 - 다문화 공생의 동아시아를 위하여』 (돌베개, 2013), 66; 이은선, "동아시아 역사수정주의와 평화 이슈 - '일본군 위안부' 문제를 중심으로", 한국재일일본여성신학포럼 발표문 (2017.2.14-17, 제주도 강정).

것이다. 그런 의미에서 이번 4.27 판문점 선언에서 한반도 평화와 번영, 통일을 위해 남북의 두 정상이 제일 먼저 민족자주의 원칙을 천명한 것은 참으로 귀하고 중요한 일이다.

IV. 평화 그 자체를 남북 관계의 목적으로 삼는 일

4.27 판문점 선언은 그 두 번째 명목으로서 한반도의 평화와 번영, 통일을 향한 길에서의 평화의 원칙을 밝혔다. 평화를 이루기 위한 방법론으로서 평화 이외의 다른 길을 선택할 수 없다는 의미이다. 서양 몸학 연구가 토마스 하나(Thomas Hanna)가 밝힌 대로 "유기체는 매우 특별한 질서, 다시 말해 무질서를 최소화하는 질서를 가지고 있다", "산다는 것은 움직인다는 것이다" 등의 생명학적 언술들은 보통 한 개인 단위에서의 생명원리를 표현하는 것이지만,[3] 한반도 전체의 삶도 마찬가지로 하나의 유기체적 몸으로 볼 수 있다. 바로 한반도 안에 지금 분단이라는 무질서를 최소화하는 '질서'(평화)를 우리가 찾아내어 신장시켜야 한다는 의미라는 것이다. 지금 남북이 이렇게 나뉘어져서 서로 소통하지 않고 움직이지 않는 것은 한반도라는 유기체로서의 몸이 죽어가고 있는 것을 말하고, 그래서 이 죽어가는 몸을 살리는 질서를 다시 세우고, 그것을 실현시키기 위해서 계속 움직여야 함을 말하는 것이다. 그것은 한반도를 진정으로 하나의 살아있는 "생명의 몸"(the body of life)로 받아들이는 것을 뜻

---

3 토마스 하나/ 김정명 옮김, 『부드러운 움직임의 길을 찾아-토마스 하나의 생명의 몸』 (고양: 소피아, 2013), 42, 79.

한다.

문재인 정부는 이미 출발 때부터 한반도 평화와 분단극복을 위한 남한 정부의 주도적인 역할 강조와 더불어서 평화를 그 가장 대표적인 기조로 내세웠다. '베를린 구상'과 8.15 경축사 등에서도 생존전략과 시대적 소명으로서 평화를 정착시키고, 북핵문제의 평화적 해결을 강조하며 북한 붕괴를 원치 않으며, 흡수통일이나 인위적인 통일을 추진하지 않겠다고 천명하였었다.[4] 이에 따라서 판문점 선언에는 더욱 구체적으로 남과 북이 그것을 위해서 취해야 할 사항들을 합의하였고, 그중 일부는 이미 실행에 들어갔다. 그런데 사실 이러한 평화 기조의 통일정책은 노무현 대통령이 획기적으로 주창한 것이었다. 노무현 대통령은 서거 몇 개월 전의 10.4선언 1주년 기념 특별연설문에서 이제 우리에게는 "통일을 위해 평화를 희생할 수도 있는가?"라는 "근본적인 질문이 필요"하다고 밝혔다. 그러면서 지난날 북진통일론이나 흡수통일론 등이 있었지만 자신은 "평화를 통일에 우선하는 가치"로 본다고 하면서 그런 의미에서 "평화통일 아닌 통일은 없습니다"라고 선언한다.[5] 또한 그냥 통일을 말하는 것이 아니라 "진지한 자세로", "현실을 직시하고 책임 있게" 통일에 대해서 말해야 한다면 그것은 평화를 통일에 이르기 위한 과정으로서가 아니라 통일과는 별도로 평화를 "별개의 독립적인 가치와 대북정책의 고유한 목표"로 삼아야 한다고 강조했다. 이 말은, 노무현 대통령에 따

---

[4] 고유환, "베를린 구상과 8.15 경축사의 일관된 기조는 '평화'", 「통일 Focus - 평화와 번영의 한반도 어떻게 만들어 갈 것인가?」 제14호 (민주평화통일자문회의, 2017. 9.), 31.

[5] 제16대 대통령 노무현, "10.4 남북정상선언 1주년 기념 특별연설문 - 대북정책 반세기, 갈등만 있고 성과는 없다", 〈10.4 남북정상선언 6주년 토론회 및 기념식 - 10.4 남북정상선언과 한반도 평화번영〉 (세종문화회관 세종홀, 2013년 10월 4일), 15.

르면, 즉 "분단 상태에서 평화를 말하는 것"은 "북한을 인정하는 결과가 될 수도 있고, 분단 고정을 말하는 것이 될 수도 있습니다. 그래서 누구라도 조심스러웠을 것입니다"라는 수준이라는 것이다.[6]

그의 이러한 선언은 이후 이명박/박근혜 정부 시절의 시간과 더불어 생각해 보면 참으로 용기 있고 선각자적인 통찰이었음을 알 수 있고, 진정으로 상대와 함께 가기 위해서는 자신을 '한정'하고 '줄일 줄' 아는 큰마음의 통치자였음을 말할 수 있겠다. 평화통일이라는 것은 바로 그렇게 남한과 북한이 스스로의 권력을 축소하거나 일부를 양도하는 것이고, 그 일을 통해서 연방정부 또는 연합정부를 수립하는 일이기 때문에 한반도의 통일과 분단극복은 그렇게 어려운 일이라는 것이다. 이러한 이해는 자신 존재의 보존과 확장에만 관심하는 보수그룹에게나 평화 프로세스에서도 자신들의 이익 계산만을 먼저 따지는 미국 등 세계 강대국들에게는 받아들여지기 어려운 시각이지만, 그렇게 자신의 일면을 내어주면서 가는 길이야말로 평화통일이기 때문에 그 길을 가려는 것이다. 또한 그 길이야말로 유기체로서의 한반도, 유기체로서의 동북아가 살 수 있는 유일한 길이므로 온 힘을 모아 모색하려는 것이다. 생명은 추상적인 것이 아니라 살아있는 몸으로만 존재하는 것이기 때문에 그 평화 이외의 다른 방식은 상상하기 어렵다.

---

6 같은 글, 16.

V. 평화통일의 길은 결국 우리 믿음과 신뢰(信)를 실험하는 또 하나의 실험장이다

　동북아 평화와 한반도의 미래를 위해서 결코 전쟁이 아니라 평화통일에의 길을 함께 가기로 합의한 남북정상은 이번 4.27 회담을 통해서 10.4 선언을 훨씬 뛰어넘는 여러 현실적이고 실질적인 합의안들을 마련하였다. 그것은 서로 어떤 형태의 무력도 사용하지 않을 불가침 합의를 재확인한 것이고, 단계적인 군축과 함께 특히 "올해"(2018년)를 평화협정의 해로 전환하는 일, 그 일에서도 구체적으로 남·북·미 또는 남·북·미·중의 협정 담당자들을 명시한 일, 가장 주목받는 일로서 "완전한 비핵화"라는 용어를 써서 "핵 없는 한반도를 실현한다는 공동의 목표"를 확인한 일 등을 말한다. 지난 이명박/박근혜 정부 아래서 남북 단절의 시간 동안에 실질적인 핵보유국이 된 북한은 이번 선언문에 한반도 평화를 위한 "완전한 비핵화"라는 용어를 허용하였고, 정상 간의 직통전화, 가을에 문재인 대통령 평양 초청 등을 단행하였다. 실로 엄청난 "신뢰"의 용기 있는 행보라고 하지 않을 수 없다. 또한 여러 차례에 걸쳐서 협상의 결과는 각자의 책임과 역할을 다해서 반드시 이행한다는 것을 명확히 했고, 국제사회의 지지와 협력을 위해 적극 노력해나가기로 한다고 명시하였다.

　그런데 여기서 한반도 비핵화를 위한 "완전한 비핵화"라는 말과 관련해서 국내외적으로, 특히 오늘날 한반도와 동북아의 평화와 안녕을 위한 생명줄을 쥐고 있는 미국으로부터 일파만파의 응답들이 나오는 것을 본다. 북미 정상회담에서 이 말에 대한 응답과 응전이 어느 정도로, 어떻게 이루어지고 다루어지는가에 따라서 한반도의 운명이 크게 좌우될 것이다. 하지만 나는 여기서 이 "완전한"이라는 단어가 사실 매우 폭력적이고, 남성주의적이며, 생명의 현실과는 동떨어진 말이라는 것을 먼저 지적하고 싶다. 이 '완전한'이라는 단어는 사실 과연 북한이 진정으로 비핵화의 협상에 응할 것인지, 어느 정도까지 그 일을 이루어낼 것인지, 다시 어떤 꼼수나 거짓을 숨기기 위한 위장의 말은 아닐지 등 수많은 의심과 의구심 때문에 나온 것일 터인데, 여기서 그러한 의심을 불식시키기보다는 오히려 차후의 비핵화 과정을 더욱 어렵게 만드는 걸림돌이 되지 않을까 하는 우려를 낳게 된다는 것이다. 나는 이와 더불어 또한 끝없는 '움직임'(易)과 '과정'으로서의 생명 현상과 실제 앞에서 이 '완전'이라는 것이 과연 가능한가라는 물음도 묻지 않을 수 없다.

그런데 사실 지금까지의 여러 국제 관계들에서 이와 유사한 말들을 써오고, 또 상대방에게 그것을 요구해온 주체들은 주로 힘 있는 강대국의 당사자들이었던 것을 기억한다. 일본 강점 시기에 대한 배상과 관련한 1965년의 한일회담에서도 당시 보통의 한국 민중의 눈에는 그 회담이 전혀 정당하게 보이지 않았지만, 일본의 요구로 "완전히 그리고 최종적으로 해결"이라는 단어를 써서 식민지 시절의 보상이 끝났다고 주장하는 '한일조약'이 맺어졌다. 이후 다시 우리가 잘 아는 대로 지난 2015년 12월 28일 박근혜 정부는 아베 정부와 더불어 그들의 주장으로 "최종적이고 불가역적으로" 일본군 위안부 문제가 타결되었다고 발표했었다. 한반도 평화의 핵심관건인 북미 정상회담(2018.6.12, 싱가포르)을 한 달여 앞둔 상황에서도 회담장소와 날짜 등의 발표가 자꾸 미루어진 것 등 "이상기류설"도 나돌고, 워싱

턴 씽크탱크에 지금까지 대북관계에서 매우 보수적이었던 존 볼턴이 합류하면서 "비핵화 과정을 잘게 쪼개지 않을 것이다"(마이크 폼페이오 미국 국무장관), "불충분한 합의는 수용할 수 없다"(존 볼턴 백악관 국가안보보좌관)라는 말들이 트럼프 핵심 참모들의 언술로 소개되는 것 등은 유사한 의구심과 걱정을 불러일으킨다.[7]

이러한 언술들은 북미협상의 파트너 북한에 대해서 '한번에', '완전하게', '불가역적으로' 핵 폐기를 합의하고 실천할 것을 요구하는 단어들인데, 이 언어가 두 나라 사이의 협상과 합의에 발목을 잡지는 않을지 걱정인 것이다. 이미 이란과의 핵협정을 파기한 슈퍼파워 미국의 이같은 "완전하고(complete), 검증가능하며(verifiable), 불가역적인(irreversible) 비핵화(dismantlement)"(CVID)의 요구에 대해서 북한은 "단계적, 동시적 조처"를 제시했다면 두 당사자의 입장들이 기적처럼 잘 조율되기를 바랄 뿐이다. 중국의 시진핑 주석을 다시 만나고 온 김정은 위원장은 "조선반도 비핵화 실현은 조선의 시종 하나같은 명확한 입장"이라고 확인하며 4.27 판문점 선언에서도 명시한 대로 자신들의 비핵화에 대한 의지를 의심하지 말라고 강조한다. 그러면서 '완전한 비핵화'는 미국의 체제안전보장(적대정책과 안보위협 해소)과 동시에 "등가 교환"의 대상이라는 것과 '완전한 핵폐기 이전에 보상은 없다'는 미국의 강경한 입장에 대해서 먼저 "대화를 통한 상호 신뢰"를 강조하며 앞서 자신들이 취한 핵·대륙간탄도미사일 시험발사 중지와 풍계리 핵실험장 폐쇄와 공개에 이어서 미국인 억류자 석방으로 응답하고 있다. 결국 문제는 북미 양국이 흔들리지

---

7 「한겨레」 2018.5.10., 4면.

않고 상호 신뢰 프로세스를 견지해서 우선은 6.12 정상회담에 이르고, 거기서 상호 합의를 도출해내고, 그 후 도출해 낸 합의안을 서로 간에 더욱 긴밀하고 실질적인 대화와 협의를 통해서 실제로 이행하고 구체적으로 실현시키는 일일 것이다. 그것은 곧 한반도의 비핵화가 하나의 '과정'(process)이라는 것과 상대에 대한 '역지사지'(易地思之)의 마음을 가지지 않으면 성취시킬 수 없는 인내의 실험장이라는 것을 받아들이는 일인 것을 말해 준다. 그 일은 매우 실천적이고 구체적인 안을 가지고 상호주의의 자세로 임하는 동시에 고도의 긴장과 용기, 사려와 숙고의 상상력을 필요로 하는 "정치적 해결 프로세스"인 것을 받아들이는 일이다.

VI. 약자와 여성의 인식론적 강점을 한반도 평화 프로세스와 인류 화합의 사회를 위해서 더욱 허락하라

한반도의 평화와 통일, 그 길에서의 비핵화를 위해서 남북과 북미뿐 아니라 주변 이웃들은 어느 정도의 신뢰와 믿음으로 함께할 수 있을까? 이 물음 앞에서 나는 예전부터 인류의 삶에서 믿음과 신뢰, 상상과 용기의 도약은 주로 약자와 여성, 새로 온 자, 가난한 변방의 소수자들의 것이었음을 상기하고자 한다. 그들은 비록 어려움이 많고 갈 길이 잘 보이지 않지만, 포기하지 않는 믿음과 특유의 직관력과 판단력으로 최악의 상황에서도 살길을 찾아내곤 했다. 이 세상은 바로 그렇게 주변인과 약자와 소수자의 믿음에 찬 행위로 다시 새로워지며, 거기서부터 생명과 안정과 번영의 삶이 새롭게 시작되곤 했다. 오늘 남북 정상의 만남이 다시 이루어졌고, 판문점 선언과 북미 회담을 앞두게 된 것도 당시 소수자였던 김대중 대통령이나 노무현 대통령의 금기를 깨는 용기와 한반도의 통일과 평화를 향한 굳은 믿음과 과감성이 귀중한 토대가 된 것임을 부인할 수 없을 것이다.

그들의 인식력과 인내력, 실행력은 그러나 결코 허공 위에서 세워진 것이 아니다. 한반도의 사람들은 수천 년의 시간들을 어려운 지정학적 환경 속에서도 믿음과 용기로 견디어 왔고, 그래서 오늘이 있고 동북아의 현실이 있는 것을 말할 수 있다. 오늘 이러한 한민족의 과거를 잘 알지 못하는 사람들의 섣부른 판단과 오만한 결정으로 한반도가 다시 큰 위험에 빠지고, 그와 더불어 전동북아, 인류 평화가 위기에 빠지는 일이 없기는 간절히 바란다.

일찍이 항일 독립운동가 역사학자 민재 안재홍(安在鴻, 1891-1965)은 1948년 당시에도 동아시아에서의 조선의 역할과 공헌에 대해서 말하기를, 조선이 비록 수천 년에 걸쳐서 약소민족이었다 해도 지금까지의 역사에서 어떻게 "주변 민족에게 거대한 방파제가 되고 성벽 노릇"을 해 왔는지를 기억하라고 촉구한다. 그래서 만약 이 한반도가 독립을 잃어버리면 동아시아의 평화가 깨지는 것은 물론 세계의 평화가 깨지는 것이니 "조선의 독립 문제 또는 조선인의 분노 문제"는 결코 그들만의 문제가 아니라는 것을 세계 열국이 알아야 한다고 외쳤다.[8] 그 글이 쓰인 시간이 1948년 해방 이후 아직 남북의 동족상잔이 일어나기 전 어떻게든 화합을 이루어보고자 하는 의도였을 것인데, 지금 그 당시와 유사한 위기의 때를 맞이해서 그 외침

---

8 안재홍, "신민족주의의 과학성과 통일 독립의 과제", 최원식·백영서 엮음, 『동아시아인의 '동양'인식: 19-20세기』 (문학과지성사, 1997), 265.

이 특히 마음에 와닿는다.

한반도의 삶이 오늘에 있기까지 그렇게 오랜 인내와 고난의 시간들을 견디어 오는 과정에서 한반도에서는 지구 인류가 지금까지 실험해온 핵심적인 종교 전통들을 두루 함께 수행해왔고, 그것들을 통해서 겨레의 믿음과 상상이 엄청난 훈련을 받았다. 그 한민족의 사람들 중에서 약자 중의 약자인 여성들이 주로 그 믿음과 상상과 인내의 담지자들이었고 수행자였다는 것은 누구도 부인하지 못할 것이다. 그러므로 그러한 여성들의 시각과 역할이 한반도의 통일 과정에서 더욱 더 과감하게 수용되고 경청되기를 바란다. 오늘 우리의 일에서는 특히 자기헌신과 지속력, 판단의 순발력과 유연성이 매우 긴요하다. 또한 여성들은, 오늘 가장 강한 나라 미국의 대통령과 무수한 남성들처럼 익명성 속에 빠져 자신의 이름이 지워질까 봐 벌벌 떨지 않으면서도 자신을 내어주며 삶을 위해서 모험할 수 있는 역량을 가지고 있다.[9] 나는 오늘 그런 모습을 문재인 대통령에게서도 한편으로 보고, 그 옆의 김정숙 여사, 가장 약자인 북한의 지도자 김정은 위원장과 리설주 여사 등에서도 본다.

우리가 가졌던 과거는 상처와 아픔의 과거일 수 있지만 그러나 과거가 없는 사람과 민족은 깊이가 없고, 온 마음으로 미래를 기대하지 않는다. 과거를 풍성히 가졌다는 것은 그 사람의 삶에서 '뜻'이 사그라지지 않았다는 것이고, 뜻을 이루기 위해서 끊임없이 절제하고 신중하게 세상의 모든 존재와 삶에서 결코 몸과 마음, 개인과 나라, 민족과 세계, 여성과 남성 등이 둘로 나누어지지 않고 불이적(不

---

9 이은선, 『잃어버린 초월을 찾아서 - 한국 유교의 종교적 성찰과 여성주의』 (모시는사람들, 2009), 193; 엘렌 식수/ 박혜영 역, 『메두사의 웃음/출구』 (동문선, 1997), 181.

二的)으로 함께 간다는 것을 알기 때문에 그렇게 쉽게 '최종적으로', '불가역적으로', '완전히', '절대적으로'라는 언술들을 쓰지 않는다. 특히 여성들이 체화한 이러한 통합적인 안목과 역량들이 한반도 통일과 평화의 일에서 더욱 쓰이고 발휘될 수 있기를 바란다.

VII. 마무리하는 말: 동북아 평화와 인류의 큰 화합(大同) 의 길을 위해서

동아시아의 고전『역경』은 나라에 천둥과 번개의 큰 진동으로 새로움을 가져오는 대통령을 의미하는 '진'(震)괘에서 밝히기를, '계속 몰려오는 어려움과 위기 앞에서 비록 충분히 강한 자로서 대통령의 지위에 앉지 않았다 해도(六五) 그 이어지는 진동과 위기 앞에서 깊이 사려하고 숙고하여 중(中)을 잃지 않는다면 하는 일을 그르치지 않을 것'(六五 震往來厲億 无喪有事)이라고 했다. 그러면서 "中이 항상 正보다 중요한데, 中하면 正에서 떠나지 않지만 正은 반드시 中하지는 못하다"(中常重於正也 蓋中則不違於正 正不必中也)는 지혜를 알려주었다.[10] 나는 이 고전의 지혜를 오늘 문재인 대통령 또는 김정은 위원장의 경우에도 잘 적용해서 생각해 볼 수 있다고 여긴다. 비록 그들이 약자로서, 약소국의 대통령으로서, 또는 그들 주변에 그렇게 도와주는 나라가 많지 않고 자국 내에서의 상황도 비판자와 반대자들로 인해서 녹록치 않지만, 거기에 좌절하지 말라는 것이다. 대신

---

[10]『周易傳義』권18, 성백효 역주 (전통문화연구회), 337.

에 깊은 사려와 배려, 숙고를 통해서 급한 마음과 한 번에 모든 것을 이루려는 조급함에 끌리지 않고 주변을 살피면서 함께 中을 위해서 나아간다면 일을 그르치지 않은 것이라는 믿음을 말한다.

남한은 미국과 한미 합동 군사훈련이나 작전 통제권의 환수 문제 등에서 새로운 관계를 맺어야 하지만 그들과 떼려야 뗄 수 없이 함께 가야 할 것이다. 그러나 중국을 결코 무시할 수 없다. 또한 일본과도 마침내는 새로운 관계를 맺어서 함께 살아야 하는 운명이다. 여기에 더해서 오늘 점점 더 빠른 속도로 다가오는 인도나 이슬람 문명권의 등장도 함께 고려해야 한다. 북한의 입장에서는 중국과 더불어 러시아, 만주와 중앙아시아 등과 함께하면서 미국과 일본 등과도 다시 연결되어야 한다. 이렇게 다시 한번 한반도 우리의 자리는 그 유례가 없을 정도로 세계의 인류 문명이 집결하고 각축하는 장이 될 것인데, 이때 우리의 역할과 판단과 지혜는 어떠해야 하는가를 참으로 잘 숙고할 일이다.

참으로 오묘하게도 최근에 신라 시대 고운 최치원(孤雲 崔致遠)의 한 석각이 1200년 만에 지리산 자락에서 발견되었다고 한다. 우리가 아는 대로 고운 최치원은 통일 신라 말기의 뛰어난 문장가와 사상가로 당시 세계의 최강국이었던 당나라에 대해서 한민족의 고유성을 강조하며 우리가 가지고 있는 "현묘지도"(玄妙之道)에 대해서 말했고, 유불선(儒佛仙) 삼교를 모두 포괄하면서도 그것과는 다른 신라 고유의 사상(풍류도)이 있음을 주창한 사상가였다. 그는 당나라에 유학하고 고국으로 돌아와서 당시 골품제 신분제도의 부패로 큰 위기 가운데 빠진 신라를 개혁하고자 시무책 10여 조 등을 지었지만 당시 보수적인 사회는 그것을 받아들이지 않았다. 그런 그가 아름다운 산

수를 찾아 마음을 달래면서 폭포를 감상하며 돌에 새겼다는 '완폭대'
(翫瀑臺, 불일폭포를 즐기면서 감상하는 바위)의 글자가 오늘 다시 발견
되었다는 것을 나는 좋은 의미로 받아들인다.

　　오늘 인류 사회에서 21세기 서구 근대성의 어두운 이면이 점점
더 드러나고, 세계의 강국들은 한반도 주변에서 패권주의적 다툼을
증가해가면서 우리의 처지를 더욱 어렵게 하고 긴장시키고 있다. 이
럴 때일수록 흔들리지 말고 운전대를 잘 잡고서 자신의 깊은 과거와
역사로부터 배우면서 앞을 잘 내다보고 갈 일이다. 오늘 우리가 국
가주의의 모든 경계는 넘는다 해도 오랫동안 역사에서 민족으로서
가꾸어온 문화와 문명의 보고들은 거부할 이유가 없다고 본다. 그것
을 우리 공동의 토대로 삼아서 운전석에 앉아있는 문재인 대통령과
김정은 위원장이 함께 한반도의 평화와 번영, 통일을 위해 좋은 흐
름을 확대시켜 나간다면 거기서 인류가 크게 하나 되는 길도 더욱
넓게 열릴 것이다. 그런 일이 이루어진다면 얼마나 기쁠 것인가!

유교 문명사회에서의 한국교회와 제2의 종교개혁 그리고 동북아 평화 이슈*

I. 신 냉전체제 아래서의 위기의 한반도

지난 2017년 4월 한반도 남쪽의 시골 마을 성주에서는 주한미군이 전격적으로 새로운 미사일 방어체계인 '사드'(고고도미사일방어체계, THAAD)장비를 배치함에 따라 그에 반대하는 주민들과 평화의 일군들이 밤을 새워 농성을 벌였다. 사드는 오늘날 핵무기까지 거론하며 점점 더 위협적이 되어가는 북한의 공격을 막기 위한 것이라고 하지만 그 배치를 반대하는 쪽에서는 오히려 그것은 중국과 러시아 등을 크게 자극해서 한반도를 세계 전쟁과 갈등의 두뇌처로 만들 가능성이 크다고 우려한다.

사드 배치와 관련한 이러한 논란이 본격화되기 바로 전까지 한

---

* 독일교회의 날(Deutscher Evangelischer Kirchentag Berlin – Wittenberg, 2017. 5. 24-25) 발표. Korean Confusian and christianity – A New View on reformation with Peace Issues in Northeast Asia의 한글본. 변선환아키브 편, 『종교개혁 500년, '以後' 신학』 (모시는사람들, 2017), 507-525.

국은 세계가 놀란 대로 거대한 촛불 혁명을 겪었다. 이명박 정권에 이어 박근혜 정부 아래서 더 이상 참을 수 없을 정도로 누적된 신자 유주의, 경제제일주의 보수정권의 불의와 무능, 그 폐해에 대해서 시민들은 촛불을 들었고, 매주 토요일마다 전국에서 수백만까지 모이는 평화시위를 통해서 마침내 박근혜 대통령을 탄핵시키고 새로운 민주정부를 창출해냈다. 하지만 이 일이 있기 전 2014년 4월 16일 한국 사회는 그 근현대사를 가르는 큰 사건을 겪었는데, 바로 제주도로 수학여행을 가는 단원고 학생 등 500여 명을 태운 페리호가 이유를 알 수 없는 원인으로 한국 서해 진도 앞바다에서 침몰하여 307명의 희생자를 낸 세월호 참사를 말하고, 2020년 6주년이 지나가는 시점까지도 유족들은 여전히 진상규명을 위한 거리 시위를 하고 있다.

한국교회는 이러한 모든 한국 사회 소용돌이의 한가운데 자리하고 있다. 주시하다시피 한국교회는 20세기에 들어서 늦게 시작되었지만 세계 선교사에서 유래를 찾아볼 수 없을 정도로 빠르고 크게 성장했다. 오늘 세계 대형교회들의 반 정도가 한국에 있고, 지금 한국은 세계에서 해외 선교사를 가장 많이 보내는 나라 중 하나가 되었다. 하지만 이러한 큰 성장에도 불구하고 한국 사회에서의 기독교에 대한 사회적 신뢰도나 호감도는 점점 더 떨어지고 있다. 이것은 교회가 점점 더 보수화되고, 천민자본주의의 물질주의에 물들어 가면서 자신의 본래적 역할을 하지 못하고 있기 때문이다. 오늘 한국교회는 대형교회일수록 위의 세 가지 사안들에 대해서 매우 보수주의적으로 대응했고, 친정부와 권력 지향적이었으며, 특히 북한과의 관계에서 평화와 통일보다는 갈등관계를 더 부추기는 행보를 해왔다. 이러한 한국교회에서 요즈음 젊은 세대들의 이탈이 두드러지며, 교회세습이나 남성 성직자들의 성적 타락, 권력독점 등 폐해가 심각하다.

　본 성찰은 이러한 상황 속에서 한국교회의 변화 가능성을 특히 종교개혁 500주년을 맞이하여 루터 종교개혁 3대 원리와 견주어 살펴본 것이다. 지금까지 한국교회는 서구로부터 전해 받은 개혁의 원리들을 나름대로 충실히 이행해왔다. 하지만 지금은 분명 한계상황에 도달했고, 그래서 다시 그 처음을 돌아보고자 하는 것이다. 처음 한국이 서구로부터 기독교 복음을 받아들이던 때는 이 땅에서 오래된 유교 문명이 심하게 퇴락해 있던 때였다. 그래서 기독교 복음을 받아들인다고 하는 것은 곧 자신의 오랜 유교 전통과 과거로부터의 결별과 부정을 의미하는 것이었다. 하지만 오늘 한국 사회와 교회의 현실에서도 보듯이 서구 기독교 문명이 전해준 삶의 원리들이 더 이상 잘 기능하지 못하는 것을 보면서 이 처음 기반으로서의 유교 문명과 다시 대화하고자 한다. 특히 이 일은 오늘 인류 문명이 함께 처한 현실에도 의미가 있다고 생각하는데, 왜냐하면 앞으로 세계 인류의 삶은 서구 기독교 문명의 대변자 격인 미국과 그 대응으로서 유교 문명의 중국이 어떻게 만나 서로 관계하는가에 따라서 크게 좌우될 것이기 때문이다. 즉 유교와 기독교 문명의 만남으로서의 한국교회의 모습이 어떻게 달라지는가가 세계교회와 평화를 위해서도 중요한 의미를 지닌다는 것을 말하고자 하는 것이다.

II. 聖, 초월(神)의 새 이름과 통합성의 영성
― '오직 믿음으로'(sola fide)의 재해석

주지하듯이 로마교회의 충실한 성직자였던 마틴 루터가 교회의 근본적인 개혁을 외친 데에는 당시 교회의 면죄부 판매라는 큰 부패가 있었다. 루터가 1517년 95개조 테제들을 발표하면서 교회에 대해서 큰 분노를 분출하였을 때 직접 접한 면죄부는 교황 율리우스 2세가 공포한 '희년 면죄부'(the jubilee indulgence)였다. 나는 당시 가톨릭교회가 구원을 빙자하여서 '면죄부' 판매를 강요하던 논리가 오늘 21세기 세계 신자유주의 다국적 기업시대의 세속사회에서는 세계의 강대국들이 평화를 명목으로 자신들이 개발한 '신식무기'를 팔려는 논리와 크게 다르지 않다고 본다. 오늘 한반도는 미국산 사드 배치 등으로 몸살을 앓고 있고, 트럼프 대통령은 그 사드 비용으로 10억 달러를 언급했다.

이러한 모든 상황을 염두에 두면서 나는 오늘 한국교회 타락과 부패의 가장 큰 요인으로 '神과 거룩의 독점'을 들고자 한다. 한국 기독교는 서구로부터 전해 받은 기독교 본래의 유일신적 특성에 더해서 강대국들에 대한 사대주의적 숭배가 보태져서 매우 제국주의적이고 절대주의적인 모습을 보여왔다. 그래서 거기서의 하나님 이해와 그리스도 이해는 아주 배타적이었다. 오늘 한국교회의 현실에서 보듯이 그 배타주의는 하늘을 찌르고, 남성 지도자들의 공동체 독점과 타락은 날로 증가하며, 교회 내에서의 반지성(反知性)은 점점 더 심해지고 있다.

나는 한국교회가 이 상황을 개혁하기 위해서 세상 전체를, 모든 사람을, 여남 모두와 교회 밖 전체를 무조건적으로 거룩(聖/神)의 영역으로 선포하고 발견하는 일을 우선적으로 해야 한다고 본다. 그리고 그 일을 위해서 한국교회의 본바탕이기도 했던 유교 전통과의 대화가 매우 큰 도움이 되는 것을 본다. 왜냐하면 유교 도는 이 세상 전체를 훨씬 더 통전적으로 하늘(天/聖/仁)과 직접 맞닿아 있는 것으로 파악하기 때문이다. 특히 거기서의 心 이해는 그 안에 모든 것을 담고 있는 하늘의 보고(寶庫)로 보아서 끊임없이 반구저기(反求諸己, 돌아보아 자신에게서 구하라)를 말하고, 개별적 인간 하나 하나(人)를 인간성 자체(仁也者)로 파악하며 (하늘의) 道도 그와 다른 것이 아니라고 강조하기 때문이다(仁也者人也. 合而言之道也. 『맹자』 진심下, 16). 즉 유교적 초월은 매우 내재신적이고, 간세상적(間世上的)인데, 나는 오늘 인류의 문명은 이러한 내재신적인 선험성에 대한 믿음을 더욱 요구한다고 보기 때문이다. 그런데 사실 신약성서를 통해서 우리가 알고 있는 예수도 이 땅에 와서 세상의 모든 사람들을 먼저 조건 없이 하나님의 자녀로 선포한 것을 읽을 수 있다. 그래서 그는 기존의 거룩의 구분에 목을 매며 온갖 이득을 취해온 바리새인과 회당 권력자들을 그렇게 비난한 것이다. 또한 마틴 루터가 종교개혁의 제일원리로 삼은 '오직 믿음으로'(sola fides)라는 것도 잘 생각해 보면 우선은 인간 마음(心)에 집중한 것이라고 할 수 있다. 즉 인간 누구나가 가지고 있는 보편인 마음의 힘(믿음)으로 구원을 얻는 것이지 어떤 특수한 사람들이 내세우는 특수로 얻는 것이 아니라는 주장이다. 그렇게 하나님은 당신의 구원과 은총을 온 사람들에게 고루 나누어주기를 원하신다는 표현을 루터는 '오직 믿음으로'라는 표어로 표현하면서 자신의 개혁을 시작한 것이라고 나는 이해한다.

하지만 이 하나님의 진실이 인간 언어에 다시 갇히고 고착되면서 오직 믿음으로의 언어는 다시 사람들을 차별하고, 안과 밖으로 나누고, 기독인의 신앙을 한없이 폐쇄된 자아관념과 이데올로기에 갇히게 했다. 그래서 우리는 제이의 종교개혁을 말하면서 이 오직 믿음으로의 언어를 새롭게 하기를 원한다. 그 개혁의 길로서 한국 유교 전통이 깊이 있게 성찰해온 '천지생물지심'(天地生物之心, 천지의 낳고 살리는 마음)으로서의 인간 마음에 대한 신뢰를 다시 생각해 본다. 그것은 인간 모두의 본래 마음 안에 "따뜻하고, 사람을 사랑하고, 만물을 이롭게 하는 마음"을 간직하고 태어나는 것을 밝혀주기 때문이다. 우리 모두는 이 마음을 "각자의 마음으로 삼아서"(而人之所得以爲心) 태어난다는 것이고, 한국 성리학자 퇴계는 이 마음이 천지의 "낳고 살리는 따뜻한 사랑의 원리이고, 仁의 본체"(所謂生之性, 愛之理, 仁之體也.『聖學十圖』제7 仁說圖)라고 강조했다. 나는 이 마음을 특히 한국 여성들이 자신들의 오랜 종교·문화 전통과 역사에서 생명과 살림의 통합성의 영성으로 잘 가꾸어왔다고 보는데,[1] 이 생명과 살림의 영성은 오늘 한국교회의 여러 혁신운동을 통해서도 활발히 역할하고 있고, 특히 세월호 참사 현장이나 한국적 '작은교회 운동' 등에서 이제 초월(神)의 이름을 보다 성속 통합적이고 넓고 평등하게 온 세상을 포괄하는 '성'(聖)으로 부를 것을 제안하면서 그 '거룩'(聖)의 신성을 모두에게 인정하는 "聖의 평범성의 확대"를 주창하고 있다.[2] 히브리 전통의 '하나님'(神)이라는 이름보다 '성'(聖)이라는 보편

---

[1] 이은선, "한국적 페미니스트 그리스도론과 오늘의 기독교",『한국생물生物여성영성의 신학 - 종교聖, 여성性, 정치誠의 한몸 짜기』(모시는사람들, 2011), 98.

[2] 이은선, "한국 여성신학 '천지생물지심(天地生物之心)'의 영성과 생명, 정의, 평화",『생명과 평화를 여는 정의의 신학』(생명평화마당 엮음, 2013).

적 이름이 더욱 넓고 평등하게 온 세상을 '신의 영역'(le milieu divin)
으로 감지하도록 할 수 있다는 것이다.

III. 性, 참된 인간성(身)의 근거와 타자성의 영성
   — '오직 은총으로'(sola gratia)의 참 의미

마틴 루터의 또 다른 종교개혁의 원리 '오직 은총으로'(sola gratia)
는 구원에서의 하나님의 선재성을 강하게 지시하는 언어이다. 그것
은 우리가 자유로운 이유는 스스로의 의지가 아니라 앞서 선험적으
로 주어진 자유로 인해서 자유로운 존재라는 것이고,[3] 그래서 우리
는 그것을 '오직 은총으로'라는 말로 표현하며, 이 은총이 모두에게
보편적으로 허락되는 것을 믿는다는 의미이다. 하지만 오늘 한국교
회의 현실에서 이 언어는 많이 왜곡되어 있다. 남성 성직자들의 '은
총의 독점'은 물론이려니와 그와 반대로 은총이 너무 값싼 것이 되
어서 영의 분별 문제가 대두되었다. 이것은 한국 사회뿐 아니라 교
회에서 권위가 심각하게 문제시되었다는 것이고, 이 오직 은총으로
의 원리가 잘못하면 근대 자아의 자기중심성과 유아독존성을 더 부
채질하는 결과를 불러올 수 있다는 것이다.

여기에 대해서 동아시아의 유교 전통은 끊임없이 인간 삶의 상
대성과 조건성을 말한다. 인간성이란 바로 관계(仁)이며, 그 인간성
의 체득은 결코 홀로 되는 것이 아니라 다른 사람과의 관계 안에서,

---

3 막스 피카르트/ 배수아 옮김,『인간과 말』(봄날의 책, 2013), 100.

삶의 다원성의 인정을 통해서, 거기서 스스로를 공적 인간으로 드러내면서 가능해지는 일이라는 것을 말한다. 또한 그 관계성의 핵심인 인간 '말'(言)에 대해서 『역경易經』의 '집'(家)의 의미를 다루는 '풍화가인'(風化家人)은 참된 인간이라면 "그 말이 항상 '사실'(物)에 근거해야 하고, 그 행위에는 언제나 '원칙'(恒)이 있어야 한다"(君子以 言有物 而行有恒)고 강조한다. 그것은 유교 도가 세상 존재와 평화의 구현을 '가정'(家人) 위에 두면서 인간 말에서의 진실과 바르게 체화된 행실을 평천하(平天下)의 기초적 근거로 삼는 것을 밝혀준다. 하지만 오늘 한국 사회와 교회의 현실을 보면 자아에 의한 사실의 왜곡과 거짓은 도를 넘었고, 부패한 상상과 가상의 언어가 난무하고, 상식(恒)과 원칙, 합의가 예상을 뛰어넘는 수준이다. 이것은 오늘 우리 시대의 '권위'(authority) 붕괴와 깊이 관련이 있고, 우리 시대의 많은 사이비 주체들의 행태가 보여주듯이 그들에게는 삶에서 남겨진, 또는 범해서는 안 되는 타자와 세계의 영역(거룩)이 하나도 남아있지 않음을 말해 준다.

그렇지만 20세기 정치철학자 한나 아렌트가 권위(authority)라는 단어가 라틴어 augere(증진시키다, 증대시키다)에서 왔다는 것을 지시한 데서도 알 수 있듯이, 한 개인에게서도 그렇고 사회와 국가공동체에 있어서 권위는 그 개인과 공동체의 삶을 구체적으로 돕고, 증진시키고, 전개시켰을 때 기꺼이 주어지는 것이라는 사실이다. 오늘 한국교회가 한국인들의 삶에서 권위가 되지 못하고, 많은 사람들이 교회를 떠나는 것은 그 교회가 구체적으로 사람들의 삶을 증진시키고 북돋아 주지 못하기 때문이다. 오히려 착취하고, 노동을 부가시키고, 참된 성장과 삶의 의미를 찾아가는데 길을 막고 답을 주지 못하는 것을 말하는데, 오늘 한국교회 지도자들이 추락하는 권위를 놓지 않으려고 붙잡는 언어가 바로 '오직 은총으로'의 언어인 것이다.

그 언어로 그들은 자신들만이 은총을 독점하고, 은총을 받게 할 수 있다고 주장하면서, 또한 자신들만이 영적이라고 외치면서 교회 안과 밖을 더 견고하게 나누고, 신도들을, 특히 여성 신도들을 억압과 우민화, 심지어는 성적으로 노리개 삼으면서 사슬에 묶어두려고 한다. 한국교회의 에큐메니칼 혁신운동으로서 '작은교회 운동'은 그래서 그 한 모토로서 탈성별을 말하면서 지금까지 유교적 삶뿐 아니라 기독교 교회사 안에서 억눌려져 왔고, 속(俗)되고, 부차적인 것으로 여겨져 온 여/성(性)의 존재론적 가치를 새롭게 의미화하고자 한다.[4]

유교 전통에서의 性이라는 단어는 원래 오늘 서구적 근대 물질주의 시대에 통상적으로 주로 부정적인 톤에서 섹슈얼리티나 섹스의 의미로 이해되고 있는 것과는 아주 다르다. 특히 신유교 전통에서 그 신유교를 성리학(性理學)이라고 부르는 데서도 나타나듯이 性이란 원래 마음 심(心) 자의 '忄'과 낳고 살리는 의미의 '生'이 결합된 언어로 하늘의 도인 理와 마찬가지로 그것은 '거룩'(聖)이고, 초월이며, 인간 속에 내재한 선험성이다. 그것은 먼저 깊은 공감력(仁)이고, 감수성이며, 사고와 지성으로 전개되기 이전의 마음의 선한 감정(사단칠정)으로 이해된다. 한국 신유교 전통 중에서도 이렇게 우리 몸(身)과 性(섹슈얼리티), 물(物)에 대한 이해를 훨씬 더 긍정적으로 하는 경우가 특히 조선의 양명학자 정하곡(霞谷 鄭齊斗, 1669-1736)에게서 나타난다. 그는 우리 내면의 천리(天理)인 性을 다시 생리(生理), 즉

---

4 생명평화마당 엮음, 『한국적 작은교회론』 (대한기독교서회, 2017), 9.

'살아있고, 살리는 이치'로 표현하였는데, 이 생리라는 단어가 우리의 일상생활에서 여성들의 달거리(menstruation)를 표현하는 데도 그대로 쓰이는 것을 보면, 여성의 몸과 성을 속되고 비천한 것으로 보면서 그것을 오직 정신없는 물질로 천시하는 일은 오류이고 단견이라는 것을 알 수 있다.[5] 우리가 다원성과 관계성의 인간 삶에서 중심에 있는 주체가 타자라고 지목하면서 소외시켜 오던 대상을 다시 그 나름의 권리를 가진 존재로 복권시키는 일을 '義'라고 한다면, 예수가 선포한 하나님 나라의 義도 이와 같이 소외되었던 타자에 대한 메시지를 전하는 일이라고 생각한다. 즉 지금까지 우리의 관행과 관습에 의해서, 또는 무지와 오해에 의해서 '타자'로 배척받아온 대상과 분야에 대한 인정, 즉 '타자성'의 실천인 것이다.[6]

그렇다면 오늘 세속의 시대에 우리가 진정으로 사이비 은총이 아닌 우리 삶을 살찌우고, 성장시키고, 가능하게 해주는 참된 은총과 은혜를 어디에서 만날 수 있을까를 묻지 않을 수 없다. 그것은 우선적으로 우리 가족적 삶, 특히 부모와 자녀의 관계에서가 아닐까? 다르게 말하면 진정으로 권위가 무엇이고, 그에 대한 인정으로 타자와 타인의 존재를 인정할 수 있는 인간성을 배우는 관계는 먼저 부모와의 관계에서, 가족적 삶으로부터라는 것이다. 그런 의미에서 한국교회는 오늘 한국 사회의 무너져가는 가족적 삶을 다시 회복하는 일에 힘을 쏟아야 한다는 것이다. 물론 여기서 우리 가족적 삶의 형

---

[5] 이은선, "다른 유교, 다른 기독교, 한국 생물(生物)여성정치의 여성신학적 근거 - 한나 아렌트의 탄생성(natality)과 정하곡의 생리(生理)를 중심으로", 한국여성신학회 엮음, 『위험사회와 여성신학』(동연, 2016), 58.

[6] 이은선, "여성으로 종교말하기", 『한국여성조직신학 탐구 - 聖性誠의 여성신학』(대한기독교서회, 2004), 46-51.

태와 모습은 예전의 것과 많이 다를 것이고, 달라져야 하겠지만, 그 다양성의 수용 가운데서도 어떻게든지 인간적 삶이 밀접한 관계의 망에서, 친밀한 관계를 지속해 나갈 수 있도록 하는 일은 중요하고, 이 일에서 교회 스스로도 또 하나의 커다란 가족공동체로 역할을 할 수 있다. 이런 맥락에서 일찍이 유교와의 대화로 '효자(孝子) 그리스도론'을 말한 윤성범 선생의 이야기는 의미 있다. 그는 예수의 삶과 의식을 동아시아적 효의 관점으로 보아서 예수야말로 참으로 큰 효자("예수는 모름지기 효자다")였으며, 그의 믿음이란 바로 하늘 아버지에 대한 효였고, 그것이 그의 모든 활동의 근거였다고 밝힌다.[7] 그는 기독교가 원래 동양 종교였던 가족과 공동체 중심의 유대교에 근거하는 것임을 상기시키면서 서구 기독교와 교회가 이렇게 몸과 공동체 안에서 경험되는 참된 은총의 윤리를 잃어버렸기 때문에 그 타락이 시작되었다고 일갈한다.

　이러한 맥락에서 나는 앞에서 언급한 세월호 참사와 관련한 저항과 그 일의 지속이 특히 유족들의 가족 사랑, 그중에서도 유족 엄마들의 끈기와 노력, 그들의 자식을 향한 끝 모르는 사랑이 토대였다고 말하고자 한다. 이 참사 앞에서 대부분의 한국 대형교회들은 유족들을 외면했고, 그들의 고통과 아픔을 왜곡했으며, 오히려 교회 밖으로 내쫓고자 했다. 하지만 유족들은 그 모든 것들을 견뎌내며 나중에는 그들 스스로가 오히려 기존 교회와 한국 사회의 허위와 거짓에 항거하면서 굳건한 저항의 주체로 거듭났다. 그래서 거기에서 촉발되어 촛불혁명이 일어나 계속될 수 있었으며, 마침내 적폐의 정

---

7 윤성범, 『孝와 종교』, 윤성범전집3 (감신, 1998), 342; 임종수 외, 『孝와 敬의 뜻을 찾아서』 (문사철, 2019), 147 이하.

권을 무너뜨리는 일도 가능해졌다. 이 모든 일들이 그들의 가족 사랑과 어머니와 자식 간의 신뢰와 믿음, 그래서 어떻게든 진실을 밝혀내서 다시는 이러한 일이 반복되지 않도록 하려는 일깨워진 공적의식으로 가능해졌다고 해석하고자 한다. 이들은 그 깨어난 의식으로 기존 신학과 교회의 허위와 행위 없음을 고발하며 교회 밖으로 나갔고, 그래서 한국 신학은 이제 '세월호 이후' 신학을 말하고, 이름 없던 민중 어머니들과 가족들의 이야기에 귀 기울이며 어떻게 우리 시대에 다시 새로운 그리스도가 탄생되고, 새로운 부활이 일어나는지를 상상한다.[8]

IV. 誠, 우리 신앙(信)의 참된 열매와 지속성의 영성
— '오직 성서로만'(sola scriptura)의 재구성

21세기 신자유주의 경제제일주의는 한국 사회뿐 아니라 한국교회를 온통 무차별적으로 점령했다. 그 가운데서 한국교회는 그 큰 규모와 외형적 편재에도 불구하고 한국 사회를 건강하게 이끄는 사회적 리더로서의 역할을 하고 있지 못하다. 오히려 현실의 삶에서 기독인들은 "실질적인 무신론자"가 되어서 시대의 풍조에 편승하거나 그 물질주의를 더 부채질하면서 살아간다. 그런 가운데서 한국 개신교는 다른 세계 교회와의 차이나 구별점을 말할 때 빈번히 성령

---

8 이은선, "부활은 명멸(明滅)한다 - 4.16세월호의 진실을 통과하는 우리들", 〈세월호 2주기 기독인포럼, 기독교세월호원탁회의〉(2016.4.4., 한국기독교회관 2층 조에홀). 『세월호와 한국여성신학』(동연, 2018), 129-164.

(the Holy Spirit)을 거론한다. 한국교회는 '영적'이고, 성령의 활동을 중시하고, 성령의 개별적 체험을 강조한다고 주장한다. 하지만 한국 교회에서의 이러한 성령에 대한 강조에도 불구하고 앞에서 지적한 대로 왜 그 성령의 체험이 건강한 사회적 실천력과 윤리력, 지속적으로 한국 사회와 문화를 바꾸는 문화적 영성의 힘으로 자라나지 못할까? 나는 그 연유가 한국교회의 단차원적인 성령 이해와 거기서의 폐쇄성과 경직성과 밀접하게 연결되어 있다고 본다. 그래서 그 대안과 보완으로서 유교와의 대화로부터 誠의 언어를 가져와서 그것을 한국적 성령론으로 풀고자 한다.

유교 『중용中庸』은 한 마디로 "誠은 하늘의 도이고, 그 誠을 수행하는 일은 인간의 도"(誠者 天之道也, 誠之者 人之道也. 『중용』 20)라는 말로 하늘의 본체를 誠으로, 인간의 역할을 그 誠을 실천하는 일로 보았다. 앞에서 이야기한 윤성범 신학은 이 誠을 요한복음의 '말씀 (言)이 육신이 되었다(成)'의 뜻으로 그리스도론적으로 풀고 있지만, 본 연구는 오히려 한국적 성령론으로 삼고자 한다. 왜냐하면 오늘 영의 만연의 시대에 그 영이 참된 영인지 아닌지를 판단하는 시금석은 그 영의 열매여부와 또한 거기서의 지속성이 관건이 되기 때문이다. 『중용』은 "성은 스스로 이루는 것이요"(誠者自成也), "만물의 마침과 시작으로서 성이 없으면 아무것도 이루어지지 않고"(誠者物之終始 無誠無物), 그래서 "지극한 정성은 쉼이 없다"(至誠無息) 등의 언술로 하늘의 도로서 誠을 바로 '진실성'과 '성실성'(실천력), '지속력' 등으로 풀어내고 있다. 이런 의미에서 한국의 함석헌 선생도 앞으로 새 시대 미래의 종교는 단순한 값싼 대속의 신앙이 아니라 "노력의 종교"가 될 것이고, 그것은 좁게 이해된 성령체험("법열")보다는 진실성과 성실성("참")을 귀하게 여기면서 "믿음은 곧 그대로 생활인 것"으로서의 참 신앙을 말하는 것이라고 지적했다.[9]

주지하듯이 한국교회는 '오직 성서로만'이라는 종교개혁의 모토를 축자영감설과 문자주의, 이웃종교에 대한 배타주의 등으로 풀어내면서 많은 경직과 보수주의적 근본주의로 빠져들었다. 하지만 모두가 알듯이 루터가 당시 가톨릭교회의 개혁을 다시 성서로 돌아가는 일을 통해서 이루고자 한 배경에는 그 시대의 현학주의와 지적 엘리트주의, 실천과 실학과 멀어진 현란한 주지주의가 있었다. 그래서 일부 소수의 성직자가 라틴어로 성서를 독점하고 그 지식과 열매를 독차지하자 성서를 당시의 민중 언어인 독일어로 번역하여 독점된 역할과 열매를 사람들에게 고루 나누고자 했다. 하지만 오늘 한국교회에서는 루터의 이 구호가 다시 지독한 배타의 언어가 되어서 인간 지성을 억누르고, 남성 성직자가 설교권을 독점하고, 교회와 신앙이 일반 교육과 학교, 시대의 학문적 발견과 지식들과는 전혀 무관한 것으로 치부되고 있다. 그래서 한국교회는 시대의 지적 담론장에서 점점 소외되고, 한국의 학교 교육이 그 지독한 기능주의로 민중들에게 크나큰 고통을 야기하고 있는데도 교회는 그것을 외면하고 있다.

참된 영의 열매를 '성'(誠)으로 인식하고, 진정한 믿음(信)이란 바로 그 믿음을 세상에서 체화(embodiment)하는 일이라고 보는 한국 작은교회 운동은 그래서 그와는 다르게 더욱 더 교회 밖으로 나가고, 세상 한가운데의 마을과 고통의 현장을 가고자 한다.[10] 이런 이

---

9 함석헌, "새 시대의 종교", 『함석헌 저작집 14』 (한길사, 2009), 74.

10 이은선, "에큐메니컬 운동의 미래와 한국적 聖·性·誠 여성신학 – 2013 WCC 부산총회를 전

들에게 성서란 단지 한 시기에 특별한 문자로 고정된 기독교 성경만을 가리키는 것이 아니라 세상 전체가 하나님의 성경이고, 우리 마음의 내밀한 움직임이 또 다른 성서이며, 이웃 종교들의 성경이 우리의 텍스트도 될 수 있음을 받아들인다. 최근에 세월호 희생자의 엄마 박은희 전도사는 고백하기를, "참사 이후 한동안 성경을 보지 못하다가 어렵게 다시 성경을 보게 됐어요. 다시 본 성경은 더 이상 Text가 아니라 현장(Context)이더라고요 그리고 내 삶이 Text였구요. … 그 후로 성경 말씀이 생생하게 다가왔어요"라고 한다.[11] 이러한 선언은 우리의 인습적인 책 이해와 經이해가 어떻게 전복될 수 있는지를 잘 드러내주고, 이것으로 어쩌면 우리는 이제 모두 각자의 경(經)을 나름대로 써나가는 일을 수행해야 하는지도 모르겠다. 즉 스스로가 또 다른 성서의 저자가 되는 일을 말한다.[12]

이렇게 세상의 모든 영역을 하나님의 뜻이 드러나는 현장과 성서와 텍스트로 보는 탈성장의 誠의 영성은 '지속성'의 영성이다. 그 것은 하늘의 뜻이 이루어질 때까지 그만두지 않는 지극한 성실성(至誠不息)이므로 외양은 비록 약해 보이지만 결코 미약하지 않다. 오히려 끝까지 지속함으로써 일을 이루어내는 성령의 일이고, 하늘의 방식이며, 여성적 '곤도'(坤道)의 일로서 일을 성취하는 영이다. 일찍이 유럽 계몽주의 사회에서 페스탈로치(1746-1827)는 프랑스 대혁명 전후의 유럽사회의 전개를 고민하면서 『리엔하르트와 게르트루트

망하며", 『한국 생물生物여성영성의 신학』, 340 이하.

11 "세월호 이후 다시 본 성경, Text 아닌 Context였다 – 죽재 32주기 기념포럼", 「에큐메니언」 2016.7.12.

12 조르조 아감벤/ 윤병언 옮김, 『불과 글』(책세상, 2016), 161.

Lienhard und Gertrud』라는 농민소설을 썼다. 거기서 그는 한 마을과 국가, 유럽 사회 전체가 진정으로 개혁되기 위해서 어떻게 종교와 정치, 교육이 서로 관계 맺어야 하는지를 고민하면서 가난하고 비천한 가정의 게르트루트라는 한 평범한 집사람의 체화된 지혜와 용기에 주목하였다. 그는 원래 혁명 전에 쓴 이 소설을 혁명 후의 혼란과 소용돌이를 겪는 가운데 계속 고쳐나갔는데, 거기서 신앙과 물질적 안녕의 관계, 학교와 교회 목사의 역할, 정치와 신앙의 문제, 지도자의 권위와 민중, 기도하는 일과 노동하는 일의 균형 등, 무엇이 진정으로 인간 삶과 공동체의 삶을 행복하게 하며, 감사와 은총을 깨닫게 하면서 내면의 참된 안정과 기쁨, 순진과 무구로 이끄는지를 생각하고 또 생각했다.[13]

나는 오늘 한국교회와 사회가 처한 현실도 그의 시대와 많이 견주어 볼 수 있다고 생각하면서 우리의 성찰도 이러한 주제들을 계속 살펴야 한다고 본다. 그러면서 앞에서 들었던 유교『역경』의 가정괘인 풍화가인(風火家人)괘를 다시 살펴보면, 바람(風)은 불(火)에서부터 비롯되는 것을 지시하는데,[14] 즉 성령의 바람은 뜨거움, 사랑에서부터 나오는 것이고, 다음 세대에게 걸 수 있는 희망(바람)은 그들에게 쏟은 사랑(불)으로 인해서 가능해진다는 지적이겠다. 오늘 우리 누구나가 서로 가까이 사랑을 나눌 수 있는 가족과 같은 공동체 속에서 살 수 있도록 하는 일, 자라나는 세대의 모두에게 그러한 사랑을 나누어줄 수 있는 따뜻한 삶의 반경을 마련해 주는 일, 그 일이 가

---

13 이은선, "뜨거운 영혼의 사상가, 페스탈로치",『한국교육철학의 새 지평 - 聖·性·誠의 통합학문적 탐구』(내일을여는책, 2000), 198.
14 김흥호,『주역강해(周易講解) 卷 二』(사색, 2003), 106 이하.

장 중요한 출발이고 긴요한 일이라는 메시지라고 여긴다. 오늘 한국 사회와 우리 교회가 어떻게 이 일에 힘쓰고 애쓸까를 생각하는 일을 통해서 나는 한국교회 개혁과 사회 혁신의 많은 것을 이룰 수 있다고 믿는다. 우리가 제이의 종교개혁을 말하고자 한다면 그것이 이렇게 구체적이고 실천적으로 우리 삶과 정치와 공동체의 미래를 바꿀 수 있는 전망을 주는 일이어야 한다고 본다.

V. 마무리하는 말: 한국 사회와 교회를 통한 제2의 종교개혁과 세계 평화

나는 유교를 일종의 '세속종교'(a secular religion) 또는 '보편종교'(a common religion)로 이해하면서 그것의 특징인 '가장 적게 종교적이면서도 풍성하게 영적인' 특성이 오늘 우리의 세속사회에서, 특히 포스트모던과 포스트휴먼을 말하며 근대의 탈신화화를 넘어서 다시 새로운 재신화화를 탐색하는 우리 시대에 줄 것이 많다고 생각한다. 한국교회와 사회는 긍정적이든 부정적이든 이 '세속 영성'(a lay spiri-tuality)인 유교로부터 많은 영향을 받았는데, 앞에서 살펴보았듯이, 지극한 내재신적 영성과 구체적인 몸의 수행과 가족적 삶을 평천하의 출발점으로 삼는 일, 온 세상의 일을 공(公)의 시각에서 살피면서 (天下爲公) 각자가 자신의 책을 쓸 수 있을 정도로 학문과 배움을 중시하는 호학주의 등이 그것이다.

이러한 면면 속의 한국인은 그래서 배우지 못한 것을 제일의 한스러움으로 여긴다. 자식들의 공부를 최고의 가치로 여기며 온 가족이 힘을 합해서 그 일을 위해 희생하는 일은 다반사다. 세계에서 대학진학률이 제일 높고, 오늘날도 예를 들어 칸트의 번역서가 제일 많이 팔리는 나라, 학문을 통한 입신양명에 관한 수많은 에피소드가 매일 신문을 장식하는 나라이다. 오늘 한국이 그 지난한 압축적 근대화 과정을 겪고서도 촛불혁명으로 새로운 민주주의를 이루어나가고, 민중들의 손으로 새 정부를 수립할 수 있는 것도 이러한 호학 정신과 인간 의식과 밀접히 연결되어 있다고 생각한다. 수백만이 평화롭게 모여서 한 손에는 촛불을 들고 다른 한 손에서 스마트폰을 들고서 그 자리에서도 서로 소통하면서 한 목소리로 자신들의 뜻을 관철시켜가는 민중들, 그 광장에 나와서는 선한 마음으로 어떻게든 협력하고, 폭력이 일어나지 않도록 서로 경계하고, 자신들의 인간성을 한껏 드러내면서 긴 시간 동안, 겨울의 혹독한 추위도 견디면서 무려 3개월 이상의 집회를 이어나갔다. 세계 민주주의 역사상 그렇게 많은 사람이 직접 참여하여서, 3개월 이상의 시간이지만 폭력사태가 일어나지 않았고, 또한 젊은 세대와 청년 세대가 그토록 열정적으로 함께하여서 이룬 예가 없었다고 세계가 감탄한다.

하지만 오늘 한국의 이러한 성취에도 불구하고 앞으로 풀어야 할 난제들 또한 무수히 가지고 있다. 가장 급박하게는 남북의 대립과 첨예한 긴장, 그와 더불어 사드 문제와 북핵 문제, 남한 사회 안에서 여전히 골 깊게 나누어져 있는 진보와 보수의 대결, 청년 실업과 노인복지, 재벌 개혁과 빈부격차 문제 등이 그것이다. 이에 더해서 2020년 1월부터 인류가 겪고 있는 코로나 19 팬데믹은 인류의 삶을 또 다른 차원의 문제 상황으로 몰고간다. 그러나 나는 한국 사회가 이 어려움들도 풀어내리라 믿는다. 기독교를 포함해서 지금까지 인류가 각처에서 다양하게 발전시켜온 대표적 종교문화 전통들을 모두 한 자리에 가지고 있는 나라 그리고 그 전통의 삶을 참으로 생생하고 일상적으로 실행하고 있는 나라, 세계에서 인터넷 보급률이 최고이고, 가장 우수하게 소리를 담아낼 수 있는 한글을 통해서 전 세계에서 날마다 생산되는 정보와 지식들을 빠른 시간 안에 섭렵하고 소화하는 민중 씨알들, 이들이 서로 협력하고 인내할 수 있다고 보기 때문이다. 오늘 한국이 마주하고 있는 문제들에는 21세기 인류가 아직 풀지 못하고 있는 이데올로기 문제, 다시 신자유주의 경제 원리와 더불어 혹독하게 등장한 제국주의 문제, 오늘날 전 세계의 갈등 현장에서 점점 더 세차게 야기되는 종교·문화의 다원성 문제, 산업화로 인한 극심한 환경 파괴의 문제 등, 인류가 가진 문제들이 거의 집약적으로 모아져 있다. 그래서 나는 세계가 앞으로 한국 사회가 어떻게 진행될지에 대해서 주목해야 하고, 거기서의 남북통일이나 평화가 왜 중요한지를 알아야 한다고 본다. 나는 이러한 문제들의 개선과 해결을 위해서 특히 먼저 통일을 이룬 유럽에서 독일 교회와 한국 교민들이 세계 어느 누구보다도 좋은 협력자가 될 수 있다고 본다. 모두 같지는 않지만 그래도 이데올로기적 통일과 복지의 사회적 삶을 먼저 이룬 선취자이기 때문이다.

오늘 세계는 유대기독교 문명과 유교 문명의 대치로 앞으로 그 두 문명이 어떤 관계를 맺어나가는가에 따라서 많이 좌우될 것이다. 이 일에서 한국은 뛰어난 예를 보여줄 수 있다. 두 문명의 만남의 지혜를 가지고서 한국교회는 마틴 루터의 제일의 종교개혁을 넘어서 제이의 종교개혁을 이루고자 애쓴다. 그 한 생생한 현장으로 지금 한국 땅에서 가장 한국적인 종교인 원불교, 태동 시 유교의 영향을 깊이 받았고, 19세기 서구 물질주의가 물밀듯이 몰려올 때 '물질이 개벽되니 정신을 개벽하자'는 가르침으로 탄생한 원불교가 중심이 되어서 한반도 사드 배치에 저항하고 있다. 그 일에 가톨릭과 개신교가 함께 힘을 보태고 있는데, 나는 오늘 아무도 쉽게 맞서지 못하는 미국 제국주의의 힘에 대해서 과감히 맞서는 한국 씨알 종교인들의 이 운동이 앞으로 인류의 미래와 동북아의 평화를 위해서 어떤 의미로 전개될지 주목한다.

3.1운동정신에서의 유교(대종교)와 기독교
― 21세기 동북아 평화를 위한 의미와 시사*

I. 시작하는 말

2018년 8월 일본군 '위안부' 김복동 할머니의 가슴 저리는 회고를 바탕으로 작가 김숨은 『숭고함은 나를 들여다보는 거야』라는 제목의 증언소설을 발표했다. 그 제목이 주는 의미심장함에 더해서 할머니의 증언집은 어떻게 한 인간의 '주체'가 몸은 살아있어도 그와 같은 정도로 손상될 수 있는지, 그가 받은 결정적인 폭력으로 어떻게 마음의 '활동'(生理)이 숨을 죽이게 되었는지를 아주 아프게 보여주고 있다. 김복동 할머니는 자신은 '사랑'이 무엇인지 모르고, "사랑은 내게 그 냄새를 맡아본 적이 없는 과일이야"라는 말을 한다. 또한 "내 손 잡지마. 다른 손이 내 손잡는 것 싫어. 내 머리카락도 만지지마"라는 말을 하면서 인간에게 보통 가장 자연스럽다고 여겨지는 '사랑(의 마음)'이나 신체적 접촉의 '촉각' 등이 더 이상 잘 작동하지

* 한국종교교육학회 · 생명문화연구소 주최 3.1운동백주년기념 국제추계학술대회에서 발표(2018.
  11. 23.). 변선환아키브 편, 『3.1정신과 '以後' 기독교』 (모시는사람, 2019), 16-57.

않음을 드러내준다. "나는 안개 속에 살아… 안개 속에서 잠들고 깨어나지. 안개 속에서 머리를 빗고, 옷을 갈아입지"라고 하며, 그런 자신은 "보고 싶은 사람이 없어서" 시력도 탈이 났고, "외로움 같은 거 안 느껴, 못 느껴"라고 말한다.[1]

이러한 심각한 주체 훼손의 일을 불러온 것은 지난 세기 일제 식민지의 시간이었다. 인류 역사가 19세기에서 20세기로 넘어오면서 동아시아 밖에서는 큰 투쟁과 지각 변동이 일어나고 있었지만 당시 조선 사회는 오백여 년 지속된 체제의 안정과 그 속에서 형성된 기득권의 세력의 완고와 강고로 그 변화를 잘 감지하지 못했고, 결국 그동안 자신들의 차축이었던 이웃의 큰 나라 중국과 더불어 큰 위기에 빠졌다. 그러한 시간들을 이끌어왔던 유교 문명이 근본적인 도전 앞에 놓이게 된 것이고, 결국 한반도는 또 다른 이웃으로서 그와 같은 문명의 전환을 먼저 감지하고서 스스로가 새 문명 도전의 주체가 된 일본의 식민지가 되었다. 36년간의 혹독했던 압박과 설움의 시간 이후, 그러나 계속해서 이어진 6.25 전쟁과 남북 분단, 미국의 준(準)식민지가 되었지만, 한반도는 그럼에도 불구하고 오늘 지구상의 어느 곳에서보다도 서구 기독교 문명이 흥행하는 곳이 되었고, 인류 근대화의 열매들이 향유되는 곳이 되었다.

하지만 오늘 다시 이 한반도에서의 인간의 삶이 크게 요동치고 있다. 앞에서 들었듯이 지난 시간 일제 식민지의 상처인 일본군 '위안부' 문제는 여전히 표류하고 있고, 세계인들을 크게 감동시키며 2016 가을에 점화된 '시민촛불혁명'으로 새 정부가 들어서고 그를 통

---

[1] 김숨, 『숭고함은 나를 들여다보는 거야 - 일본군 위안부 김복동증언집』 (현대문학, 2018), 8-15.

해서 일촉즉발의 위기까지 갔던 남북 관계가 급진전되어 평화와 통일의 이야기가 한껏 무르익고 있지만 여전히 주변에서 오늘 인류 문명의 최대 강국들인 이웃 나라들은 그 국가적 사적 욕심과 욕망을 쉽게 접지 않는다. 오늘의 평화와 통일 이야기가 언제 전쟁과 식민의 이야기로 다시 반전될는지 마치 살얼음판을 걷는 모양새이다.

이렇게 이웃나라들과의 국제 외교적 관계가 심각하지만 나라 내부에서의 서로 다른 정치이념과 계급과 성, 세대와 종교와 역사적 신념 등의 차이로 인한 분쟁과 갈등이 참으로 깊어서 사람들의 삶을 크게 위협하고 불안하게 한다. 한반도에서 세계 신자유주의 가치가 최고로 구가되면서 거의 모든 사람들이 '경제인'이 되고 '노동자'가 되어서 인색하고 잔인하게 시간과 공간을 탈취하고 탈취당하며 힘들게 살고 있지만, 주로 보수 기독교 노년층으로 구성된 반(反)북과 반(反)문재인정부의 태극기 부대 행진에는 자신들의 삶을 계속 보호하고 보존할 수 있다고 여기는 미국의 국기와 심지어는 이스라엘 국기까지 등장하고 있다. 이러한 현실에서 한 개인의 탄생과 성장은 대부분 각종 비리와 비인간성으로 얼룩진 사립 어린이집이나 유치원에서 시작되고 그 마지막은 냉혹하고 차가운 집 밖의 노인요양소에서 마무리된다. 이것이 오늘 동아시아 한반도 남쪽에서의 한국인 개개인의 삶과 그 국가 공동체가 놓여있는 현실이고, 이러한 불안과 불안정과 갈등이 언제 동아시아 전체를 흔들고, 세계 인류의 평화와 안녕을 뒤흔들지 모르는 상황이다.

이러한 가운데서 한반도는 2019년 3.1독립운동 백주년을 맞이했다. 일본은 1876년 조일조규(강화도조약) 이후 조선이 개방되자 점점 더 침략의 야욕을 노골화시키면서 청일전쟁(1894-1895)과 명성왕후

시해의 을미사변(1895), 러일전쟁(1904-1905)과 을사늑약(1905), 통감부 설치(1906)와 동양척식주식회사 설립(1908) 등을 통해서 그 무법과 거짓, 살상의 잔인함을 한껏 드러냈고, 마침내 한국병합(1910)을 자행하며 이어진 식민지 총독정치에서 횡포와 수탈을 행했다. 이러한 일련의 과정을 1920년 『한국독립운동지혈사韓國獨立運動之血史』라는 저술로 밝혀주는 박은식(朴殷植, 1859-1925)에 따르면, 1919년 우리 민족의 3.1 독립운동은 "세계의 혁명역사에 있어서 하나의 신기원"이 된 사건으로서, 그러나 독립운동은 단지 그날에 시작된 것이 아니라 특히 일본이 러일전쟁의 수행을 위해서 1904년 대한제국의 국토와 물자, 인력을 마음대로 사용하기 위해서 맺게 했던 한일의정서가 체결된 이후 "하루도 그친 적이 없었고", 3.1독립운동 이후부터는 "남녀노소를 막론하고 나라의 안팎이나 원근의 구별도 없이 전체가 활동하고, 일치하여 약동하며, 끓는 물에도 뛰어들고, 불 속을 밟으면서도 만 번의 죽음을 불사"한 경우라고 전한다. 그에 따르면 전에는 이토 히로부미 쏜 사람이 안중근(1879-1910) 한 사람이었지만 이제는 몇 백만 명에 달하는 안중근이 생겨난 것이고, 이완용을 칼로 찌를 이가 이재명(李在明, 1886-1910) 한 사람이었지만 이후로는 몇 천 명의 이재명이 나온 것이어서 세계의 민족들이 한국 민족을 "인식"하게 되었고, "독립의 자격이 있다"고 하면서 서로 이구동성으로 '한국'을 거론하였다고 한다.[2]

지난 2016년 가을(10월 29일)부터 그다음 해 3월까지 매주 토요일마다 총 23회에 걸쳐서 연인원 1700만 명의 시민이 함께했던 '촛불집

2 박은식, 『韓國獨立運動之血史』. 동아일보사, 『日政하의 禁書33卷』(신동아 1977년 1월호 별책부록), 150에서 인용.

회'를 통해서 한국 국민은 다시 한번 세계를 크게 놀라게 했다. 마침내 정권을 교체해냈고, 새로운 민주정부를 수립했으며, 그것으로써 그 촛불집회는 "촛불혁명"이라는 이름을 얻게 되었으며, 인류 역사에서 "가장 성공적인 혁명"이었다는 찬사를 받으면서 2017년 독일 에버트 인권상을 수상하는 쾌거도 이룩하였다. 부패한 박근혜 정부를 퇴진시키고 한국의 민주주의와 법치를 한없이 퇴행시킨 국정농단의 실체를 파헤치도록 한 촛불혁명을 거치고 한국 국민들은 한결같이 말하기를, 이제 더 이상 "주어진 대로 수동적으로 살지는 않겠다"라고 했다. 온 국민의 자주의식과 민주의식, 주인의식이 한없이 신장된 것이다. 이러한 촛불혁명의 정신사적 뿌리가 3.1독립운동이라는 언급이 종종 나온다. 3.1독립운동의 평화와 비폭력의 민중운동 정신은 제이차 세계대전 이후에 독립한 나라 중에서 전 세계적으로 첫 번째로 발생한 시민혁명인 4.19에서 이미 나타났고, 1986년 6월 항쟁을 거쳐 이번 촛불혁명에서 다시 세계적으로 유일한 방식으로 재현되었다는 것이다.[3]

　본 논문은 3.1운동 백주년을 기념하여 이상과 같은 의미성을 가지는 3.1운동의 정신사적 뿌리를 찾고자 하는 것이다. 그것이 무엇이고, 어떠한 종교사상적 맥락에서 가능해졌는가를 주로 유교와 기독교에 초점을 맞추어서 살펴보고자 한다. 이는 단지 3.1독립선언서 한 편이나 한 사건으로서의 3.1운동에 주목하는 것이 아니라 그러한 사건이 일어난 전후의 맥락과 진행과정을 살펴서 한국 독립운동을 이끌어온 종교사상사적 뿌리가 무엇인지를 드러내고자 하는 일이

---

3 한홍구, "OhmyNews 독립만세 토크쇼 - 정재환의 3.1운동 이야기, 제10편 3.1운동 완성이 역사적 사명", 2017.12.14.

다. 이러한 탐구의 목적은 앞에서도 언급한 대로 오늘 우리의 현실이 촛불혁명까지 이루어낸 이후이지만 여전히 많은 난제를 내보이고 있고, 특히 참으로 중차대한 남북의 하나 됨과 소통의 일에서 여러 국내외적인 반주체적, 반자주적 요소가 많이 작용하여 그 진척이 쉽지 않은 것을 보면서 다시 한번 3.1운동의 독립과 자주정신, 평등정신을 돌아보고 싶었기 때문이다. 그러면서 오늘날의 상황에서 다시 '독립'을 말한다는 것이 구체적으로 무엇을 의미하는 것이고, 세계 정치의 현실에서 '자주적'이고 '평화적'으로 선다는 것이 어떤 모습이며, 어떻게 가능해질 수 있겠는가라는 절실한 물음에 나름의 답을 얻고 싶었기 때문이다. 그것은 촛불혁명의 사상적 모태로 인정받는 3.1운동의 정신에서 당시 식민지의 폭압과 압제에 억눌려 있던 대한 사람들이 자국의 독립을 요구하면서도 그 상황에서 어떻게 "동양의 평화와 안위"까지 염려하고, "세계의 평화와 인류의 행복"이라는 큰 이상을 품을 수 있었는지를 묻는 물음 등과 연결된다. 본 연구가 한국 유교 전통이 배태한 또 다른 대안과 전개로 보고자 하는 대종교(大倧教)의 대종사(大宗師) 홍암 나철(弘巖 羅喆, 1863-1916)에 대해서 "종교민족주의"라는 관점에서 수행한 연구가 있는데,[4] 나는 그 말을 좋게 여기고, 그래서 이와 유사한 관점에서 3.1독립 운동 전후의 한국적 삶과 사고를 살펴보려는 것임을 먼저 밝힌다.

---

4 정영훈, "홍암 나철의 종교민족주의", 「정신문화연구」 제25권 제3호 (통권 88호, 2002 가을호), 229-256.

II. 서학(西學, 기독교)과 만나는 조선 유교

18세기 조선의 실학자 홍대용(洪大容, 1731-1783)은 당시 중국 주자학적 성리학에 실체론적으로 빠져서 고사하고 있는 조선 유교 사회의 정신적 정황에 대해서 다음과 같이 비판했다: "학자들은 입만 열면 성선(性善)을 말하고 말만 하면 반드시 정자(程子), 주자(朱子)를 일컬으나, 재주가 높은 자는 훈고에 빠지고 지혜가 낮은 자는 명예와 이욕에 떨어지고 있었다"(『湛軒書』1, 「贈周道以序文」).[5] 이 비판에서 아주 잘 지적하고 있듯이 그때까지 조선 사회를 이끌어왔던 정신적 지주였던 유교는 한편으로는 이웃의 강대국 중국과 그 정신세계에 깊이 종속되어 뼛속까지 사대주의적 모화사상(慕華思想)에 물들어있거나 그들이 가장 많이 말하는 것이 돈과 이름(名利)을 떠난 道와 理, 성학(聖學)이었지만 그 유교적 관리들과 양반계급의 서민착취와 가렴주구(苛斂誅求)는 한계를 몰랐다. 그래서 조선 사회는 부패한 보수주의와 우물 안 개구리식의 허욕에 빠져서 세상이 어떻게 바뀌어 가는지를 잘 알아채지 못했고, 그래서 급기야는 나라 전체가 큰 존재의 위기에 빠지게 되었다.

하지만 이 가운데서도 일련의 유자 그룹들은 세상과 이웃나라들의 변화를 감지하면서 자신들의 오래된 가치체계인 유교적 세계관과 새롭게 만난 낯선 타자를 서로 연결시켜 보려고 노력하였다. 이 시기에 이들에게 다가온 낯선 타자는 바로 주로 이웃 청나라를 통해서 온 '서학'(西學)이었는데, 이 만남에서 유자들은 자기인식을 새롭

---

[5] 이규성, 『한국현대철학사론 - 세계상실과 자유의 이념』(이화여대출판부, 2015), 23에서 재인용.

게 하고 자신들 학의 본원을 다시 정립하려는 노력으로 맞섰다. 이일의 맨 선두에 선 사람이 조선 후기 영조 시대 유학자 성호 이익(星湖 李瀷, 1681-1763)이었다. 그는 당시 중앙의 정치권력으로부터 소외된 남인 계열 중에서 서울·경기 지역에서 퇴계의 성학(聖學, how to become a sage)을 깊이 흠모하던 학자였다. 그는 청나라로부터 전해져오는 서학서, 『천주실의天主實義』, 『직방외기職方外紀』, 『칠극七克』등을 읽으면서 서양인들이 전하는 그리스도교의 가르침이 어떻게 자신들 유학자의 도덕성 수양과 백성들의 실제 생활에 도움을 줄 수 있는지에 대해서 주목하고자 했다.[6] 성호는 제자들에게 서학서를 소개하며 유자들이 불교를 쉽게 이단으로 제치듯이 가볍게 보지 말고 진지하게 공부할 것을 권했다. 그러면서 그 서학을 온갖 어려움을 무릅쓰고 먼 곳까지 와서 전하려고 하는 서양 전교자들은 자신들 유학자와 동일한 목표를 가진 사람들이라고 인정한다. 즉 '사사로움'(私)과는 거리가 먼 사람들로서 나름의 방식으로 '세상을 구제하려 한다'는 것이다. 하지만 그의 제자들은 스승의 말을 순순히 받아들이지 않았다. 특히 신후담(愼後聃, 1702-1761)과 안정복(安鼎福, 1712-1791) 같은 제자는 스승이 강조하는 서학의 '실용적 차원'(實)을 넘어서 서학으로 전해진 천주교와 자신들 성리학을 그 근본 원리와 교리의 차원에서 점검하고자 했는데, 그중에서도 이들이 특히 받아들이기 어려워 한 것은 천주교의 '영혼불멸설'이나 '천당지옥설'이었다. 이는 인간의 도덕심과 윤리적인 실천의 동기가 천당에 가거나 불멸을 위한 것이라면 이것은 지극히 이기적이고, 사적인 이익(利) 추구의 행

---

6 김선희, 『서학, 조선 유학이 만나 낯선 거울 - 서학의 유입과 조선 후기의 지적 변동』(모시는 사람들, 2018), 101.

위와 다름없다는 것이다. 대신에 자신들의 성리(性理) 이해와 心 이해에 따르면 인간은 궁극적으로 氣로 구성된 존재라서 몸의 죽음과 더불어 그 기가 흩어지는 것은 당연하고, 선한 행위라는 것도 본성의 理를 따르는 행위이지 결코 화복(禍福)이나 내세의 이익을 구하는 행위가 아니라는 것이다. 신후담은 자식된 자는 오직 부모 섬기는 일에 유념하고, 나라 섬기는 자는 그 일에 몰두할 일이지 서양 기독교에서처럼 '천상에 영원히 존재하는 일'(天上永永常在之事)에 마음을 쓰는 일은 결국 복을 구하는 이기적인 마음이라고 지적한다.7 이렇게 서양의 천주학은 모든 것이 사적인 이익을 위한 추구이며, 그런 동기에서 '천주'(天主)의 존재도 받아들이는 것이지만, 특히 안정복은 자신들의 유학이야말로 진정한 "천학"(天學)인 바, "상제"(上帝)라는 말도 "우리 유자가 이미 말하였"고, 현세를 배척하고 내세의 복이나 이익을 위해서 천주를 믿는 것이 아니라 단지 상제가 부여한 '천명'(天命)을 따라서 그 마음을 보존하고 성품을 기르는 것이 자신들의 학이므로 이 유학이야말로 진정한 "천학"이라고 『천학문답』(天學問答)에서 역설한다.8

이상에서처럼 유교는 불교와의 만남에서도 그렇고 낯선 서학과의 만남에서도 그 궁극적인 평가 잣대를 '公'인가 아니면 '사/리'(私/利)의 추구인가라는 물음에 두는 것을 볼 수 있다. 성호 자신도 서학이 '세상을 구제하려 한다'라는 말로 그 공공성에 기초해서 평가했고, 그의 제자들은 그러나 같은 공공성의 원리를 가지고 서학은 오

---

7 같은 책, 135.

8 안정복 지음/ 이상하 옮김, 『순암집』 (한국고전번역원, 2017), 163; 이선경, "조선시대 『천주실의』 수용 양상을 통해 본 유교와 기독교의 만남", 현장(顯藏)아카데미 편, 『21세기 보편 영성으로서의 誠과 孝』 (동연, 2016), 127-130.

로지 "한 개인의 사사로움"(一己之私)에서 나오는 것이지만 유학이야 말로 참으로 "공명정대한 가르침"(公正之學)이라고 강조한다.9 그런 데 사실 마테오리치(Matteo Ricci 利瑪竇, 1552-1610)의 『천주실의』가 처음 출간될 때(1601/1607) 그 책을 추천하던 당시 유자들의 서문에 보면 리치의 도와 자신들의 유학이 그렇게 다르지 않고, 오히려 '마음에 바탕을 두면서'(釋氏本心) 윤회 등을 말하는 불교야말로 허망한 것이고, '하늘에 바탕을 두는'(儒者本天) 유교와 유사하게 천주학은 마음의 본바탕에서 나온 "실학"(原自心性實學)이라고 강조한다.10 그래서 그 '實'의 잣대에 따라서 마테오 리치 개인의 인격에 대해서도 평하기를, "자신을 단속하고 마음을 섬김에 엄격하여… 세상의 높으신 학자라도 그보다 앞섰다고 볼 수 없다"라고 하며 "동양과 서양은 마음도 같고 이치도 같은 것이다"라고 강조했다.11

이처럼 유교는 특히 公과 實을 강조하며 새로 만난 이웃 종교와 자신을 견주면서 어느 편이 더 그 公의 진리와 實의 실행에 다가갈 수 있는지를 논한다. 그러면서도 한편으로 '사사로운 이익을 추구하는' 석가모니 도와 유사한 서양 천주의 도를 가지고는 "천하를 바꾸기는 어렵다고 생각됩니다"(思以此易天下則難矣)라고 언술하고,12 자신들도 그 본래적인 公과 實의 도에서 상당히 멀어진 것을 반성하며 스스로를 돌아보고 변화를 모색한다. 나는 조선 후기의 이벽(李蘗, 1754-1786)이나 다산 정약용(丁若鏞,1762-1836) 등의 모색도 그러한

---

9 안정복, 「천학문답」, 『순암선생문집』, 김선희, 같은 책, 145 재인용.
10 이지조(李之藻, 1563-1630), "『천주실의』 재판의 서문", 마테오 리치 지음/ 송영배 외 옮김, 『천주실의』 (서울대학교출판부, 2000), 26.
11 같은 책, 26.
12 김선희, 같은 책, 206.

변화에 대한 추구이고, 특별히 최한기(惠岡 崔漢綺, 1803-1877)가 서양 과학과 심도 있게 대화하며 창출해낸 자신의 '기학'(氣學)을 "공학"(共學), "천하공학"(天下共學)이라는 말로 명명한 데서도 그 뜻이 분명히 드러난다고 본다. 여전히 유자인 그는 과학과 산업조차도 천하와 관계하며, 천하를 포괄하면서 천하의 사람들이 함께 배우고 전파하고, 천하에 두루 통하는 보편학으로 강조한 것이기 때문이다.[13]

모두가 주지하는 대로 그러나 이 유교적 '공공적'(公共的) 관심이 조선 말기로 오면서 고사하고 왜곡되면서 나라는 큰 위기에 빠지게 된다. 하지만 그 위기를 단지 수동적으로만 견딘 것이 아니라 다시 그에 대한 여러 방식의 대응을 보이는데, 심지어는 나라를 고사시킨 주범으로 비판받아온 '위정척사파'(衛正斥邪派)의 보수적 대응도 사실 유교적 公과 의리(義理)의 원리를 다시 강하게 드러낸 것으로 이해할 수 있다. 여기서 3.1운동 이전의 강력한 '의병운동'이 파생되고 주도되었다는 것은 더욱 주목받아 마땅하다고 나는 생각한다. 이 척사의리파를 대표하는 화서 이항로(李恒老, 1792-1868)에 따르면, 그가 주리적(主理的) 입장에서 강조하는 道나 理(진리)는 결코 추상적이거나 공허하지 않고 현실을 떠나서 있을 수 없는 것이다. 따라서 빗나간 현실을 바로 잡기 위해서는 이 '기준'(樞紐)을 다시 바로 세우는 일이 가장 긴요하고, 그런 의미에서 그는 당시 주체를 잃어버리고 방황하는 조선의 정신을 바로 세우기 위해서 척사를 강조한 것이고, 그러나 결코 그 기준은 다시 현실을 떠나서 따로 존재하는 것이 아니기 때문에(心統性情)[14] 당시 나라가 위급할 때 그 규준을 다시 세우

---

13 같은 책, 264-269.
14 『華西先生文集』 권16, 43면 「溪上隨錄」 3, "心與性有何分別, 心是性之形體, 性是心之節目, 其

는 일을 구체적 의병과 독립운동의 실천으로 수행하도록 한 것이다. 화서의 이러한 척사의리사상은 그의 제자 면암 최익현(勉庵 崔益鉉, 1833-1906)과 의암 유인석(毅庵 柳麟錫, 1842-1915) 등을 통해서 강한 척사 의병활동으로 전개되었다. 최익현은 1876년 힘의 약세를 보이면서 "금수(禽獸)와 같은 양인(洋人)으로 변한" 일본과의 강화조약을 강하게 반대하는 것으로 시작하여 단발령을 강제로 시행하려는 친일파 세력에게 목숨을 건 단식으로 맞서서 이를 계기로 각지에서 의병이 일어나도록 하는 전기를 마련했다. 오늘의 시각에서 보면 머리를 자르는 일 자체에 대해서는 여러 가지를 이야기할 수 있지만 당시 사람들에게 있어서는 머리를 자르는 현실의 일이란 바로 만사의 근본 도와 규칙이 되는 孝의 원리를 거스르는 일로 여겨져서 그 도체를 허물 수 없다고 생각하여 의병이 전국적으로 일어나는 계기가 되었던 것이다.[15] 여기에 나는 한국적 유교의 '리기묘합'(理氣妙合)의 특성과 '公'(의리)의 원리가 다시 나타난 것이라고 보는데, 즉 한국 유교에서의 理와 道는 결코 추상적이지 않고 '孝'(親親)라는 구체적 현실과 몸성에서 표현되고, 자기를 넘어선 윗세대의 부모가 선험적으로 존재의 출발이 되고, 그것이 하늘까지 연결되는 깊은 종교의식(敬長으로서의 義)을 말하는 것이다.[16]

유인석은 1895년 명성황후 시해의 을미사변으로 반일 감정이 더

實一理也." 강필선, "화서 이항로 심성설의 주리적 특성", 한국철학사연구회 편, 『한국 철학 사상가 연구 - 한국 철학과 현실인식』 (철학과현실사, 2002), 362.

[15] 허선도, "최익현", 동아일보사, 『韓國近代人物百人選』, 新東亞 1970년 1월호 부록, 26; 한일공통역사교재 제작팀, 『한국과 일본 그 사이의 역사』 (Humanist, 2012), 55, 98.

[16] 윤성범, 『孝』 (서울문화사, 1973); 현장(顯藏) 아카데미 편, 『21세기 보편 영성으로서의 誠과 孝』 (동연, 2016); 이은선, "21세기 인류 문명의 보편적 토대로서의 誠과 孝", 2018년 8월 15일, 북경 세계철학자대회 발표문, 미간행.

102 ｜ 동북아 평화와 聖·性·誠의 여성신학

욱 쌓여있는 상황에서 단발령이 내려지자 전국적으로 의병 투쟁이 폭발하는 가운데서 생사를 넘어선 결연한 의지로 위정척사사상을 실천에 옮기며 국내외의 의병 활동을 선도하여 '유림종장'(儒林宗匠)이라는 칭호를 들었다.[17] 의병은 맨 처음 안동에서 일어났다고 하는데, 주로 지역에서 신뢰를 얻고 있던 양반이 의병장이 되었고, 러일전쟁 승리 후 일본이 1905년 을사늑약을 강요하며 대한제국 침략을 가속화하자 더 크게 확산되었고, 1907년 대한제국 군대가 강제로 해산 당하자 군인들이 속속 합류했다고 한다. 『한국독립운동지혈사』의 박은식에 따르면 "의병이란 것은 민군(民軍)이다." 그것은 나라가 위급할 때 "義로써 분기하"는 사람들인데, 이 의병의 전통은 우리 민족에게 오래된 전통이고, 일본이 대한제국을 합병하기까지 "2개 사단의 병력을 출동하여 7, 8년간 전쟁을 한 것도 의병의 저항이 있었기 때문"이라고 서술한다. 만약 이들이 아니었더라면 "우리는 짐승이 되었을 것이다"라고 말한다.[18] 1906년 이후 무장한 의병 피살자가 거의 10여만 명이었고 전라도가 가장 많았는데,[19] 의암 유인석은 유림 의병과 애국계몽 세력을 연합하여 전국 1만 5천여의 '13도의군'(十三道義軍)을 결성하여 도총재(都總宰)로 추대되었다고 한다. 이러한 모든 의병활동의 정신적 토대가 바로 화서가 강조한 대로 "(천하의) 대본(大本)을 세우는" 일을 중시한 것이고, 이 대본(理/義)을 세우는 일의 출발은 우리 마음의 천리와 인욕을 엄격히 구별하고, 인욕

---

17 이종상, "의암 유인석의 춘추의리학과 의병 정신", 한국철학사연구회 편, 『한국 철학 사상가 연구』, 373.

18 박은식/ 남만성 옮김, 『한국독립운동지혈사(상)』 (서문당, 1999), 51-52.

19 같은 책, 66, 149.

의 사(私)를 제거하는 일에 있음을 다음과 같이 강조한다.

> 공(公)하면 하나가 되고, 사(私)되면 만 가지로 갈라진다. 천하를 의리의
> 공으로 이끌면 하나 됨을 구하지 않더라도 저절로 하나가 되며, 천하를
> 이해타산의 사로 이끌면 만 가지로 갈라짐을 기약하지 않더라도 만 가지
> 로 갈라진다. 천하를 하나로 할 수 있는 것은 의리가 아니면 할 수 없고,
> 진실로 의리로써 하나 되고 공(公)에서 나온다면 비록 천하가 하나 되길
> 바라지 않아도 하나가 된다.[20]

보통 우리가 쉽게 말하기를 조선 말기의 유교 폐쇄성과 사대주
의적 경직성이 결국 나라를 잃게 했다고 한다. 또 3.1운동 당시 33인
의 대표 중에 유교 측이 부재했던 것을 많이 비난하지만 나는 유교
의 역할이 여기서 유인석의 언술에서 분명히 드러난 대로 의병 활동
등과 더불어 앞으로 전개될 모든 독립항쟁 운동의 밑받침이 되었다
고 생각한다. 그것은 앞에서도 밝힌 것처럼 특히 인간 삶의 '공'(公/
義)을 강조하고, 사적 이익의 추구를 배격하는 일의 근거와 실천을
'궁극'(天)과 '초월'(理/性)과 연결하여 보면서 위급한 경우 생사를 초
월하여 자신을 내어주는 힘 있는 주체의 능력으로 작용하는 것을 말
한다. 물론 이들을 이야기할 때, 특히 위정척사파를 비판하는 언술
에서 그들의 주리론적 '중화(中華)주의'(尊王攘夷, 왕을 존중하고 오랑캐
를 물리침)를 많이 거론하지만 이 중화론과 존양론도 단순한 실체론

---

[20] 『毅庵集』 권33, 雜著, 下册, 58쪽. "公則一, 私則萬殊, 率天下以義理之公, 不求一, 而自一, 天
下以利害之私, 不期萬, 而自萬, 一天下非以義理, 則不可. 苟以義理而一, 出於公, 則雖欲不一,
天下不得也." 이종상, 같은 글, 387에서 재인용.

적 중화사대주의와 비주체성만이 아니라 인간 문명에서의 궁극적인 지향점과 온 만물을 '큰 통합'(大一統) 안에서 포괄하려는 보편적 문명추구의 웅지로 볼 수 있다는 것이다.[21] 실제로 의병 운동을 이끌었던 유인석을 비롯해서 한말 척사의리파들의 과감한 의리적 행위에는 이런 측면을 간과할 수 없다. 그런 의미에서 나는 이 힘이야말로 유교의 고유한 종교성과 영성을 드러내는 것이라고 보고,[22] 이 힘이 한말 독립운동 과정에서도 크게 역할을 했다고 여긴다.

한국 TV에서 인기리에 방영된 드라마 〈미스터 션샤인〉에서도 주목된 바 있고, 최근 문재인 정부에 의해서 그 복원이 결정된 안동 고성(固城) 이씨 종가 임청각의 이상룡(石洲 李相龍, 1858-1932)의 행보도 이런 유교 의리 정신의 종교성이 잘 표현된 것이라고 본다. 이미 잘 알려진 대로 이회영(李會榮, 1867-1932) 가와 더불어 이들은 나라가 큰 위기에 처하자 국내에서의 활동에 한계를 느끼고 자신들이 가지고 있던 모든 기득권을 내려놓고 재산을 정리하고 노비를 풀어주면서 온 가족을 인도하여 만주 간도로 갔다. 거기서 이들은 힘을 합해 교포자치기관으로 '경학사'(耕學社)를 조직하고 나중에 '신흥무관학교'(新興武官學校)를 일으켰으며, 1919년 3.1운동 이후에는 대한민국임시정부 관할 하의 서간도 군사기관인 '서로군정서'(西路軍政署)로 확대 개편하였고, 이상룡은 임시정부의 초대 국무령(1925)을 지냈다. 이들이 이렇게 구체적으로 농업과 교육 등의 민생과 군사와 나라의 독립에 모든 것을 내놓을 수 있었던 것은 바로 '실'(實/理)에

---

21 이종상, 같은 글, 376-384.

22 이은선, "포스트모던 시대에서의 인간의 조건 - 유교적 페미니즘과 다른 기독론", 『다른 유교, 다른 기독교』(모시는사람들, 2016), 287 이하.

대한 깊은 유가적 믿음으로 그 實과 天과 이상(理)이 결코 이 현실(氣)과 인간과 군사와 농업이나 교육 등의 구체와 두 가지로 나누어지지 않는다는 것을 보는 정신적 통찰이 있었기 때문이라고 나는 이해한다. 석주 이상룡의 다음과 같은 유교 도에 대한 고유한 인식(「孔教微旨」)에서 그 단초를 볼 수 있다;

> 유교의 선비 유자(유라는 글자 儒字)는 인자(人字)와 하늘 천자(天字)를 합성한 것이다[유(儒)는 옛날에 이(侕)로 썼다]. 상고시대의 학술 사상에는 대개 세 가지의 단서가 있었으니 첫째는 천도, 둘째는 인륜, 셋째는 하늘과 사람의 상호관계이다. … 또한 다른 종교에 비하여 특이한 점이 하나 있으니 그것은 선조를 존숭한다는 점이다. … 요약하여 논하자면 유교의 특성은 실제에 대한 숭상을 제1의 의의로 삼는 것이다. 실제를 숭상하므로 인사를 중요시하니 그것이 하늘을 공경하는 일이다. 이 두 가지 모두를 취하여 인륜의 모범으로 삼았다[인륜을 또한 천륜이라 하며, 인도를 또한 천도라 하는 것이다]. 실제를 숭상하므로 경험을 중시하니 그것이 조상을 존숭하는 일이다. 이 두 가지 모두를 취하여 선례(先例)의 전형으로 삼은 것이다.[23]

"공자교의 은밀한 뜻"(孔教微旨)이라는 제목의 긴 논지까지 펼치면서 참된 유가의 뜻이 무엇일까를 사상사적으로 탐구한 이상룡의 영향은 단지 간도 독립운동 등의 행동적 실천에서만 있었던 것이 아니라 한국 유교사상의 독특한 지경을 이루어내는 데도 역할을 했다

---

23 이상룡, "공교미지孔教微旨", 안동독립운동기념관 편, 『국역 石洲遺稿』 하 (경인문화사, 2008), 542-543.

고 보는데,[24] 그의 영향을 깊이 받은 안동의 의병 출신 송기식(宋基植, 1878-1949)이 안동에 남아서 '공자도'(孔子道)를 중심으로 교육사업을 일으키면서 유교의 '종교화'(孔敎운동)를 추진한 것을 들 수 있다. 송기식은 그의 『유교유신론儒敎維新論』에서 유교의 본원을 '지공무사'(至公無私)와 '대동사회'(大同社會)의 실현으로 보면서 유교가 쇠퇴한 이유가 그 종교성을 부각시키지 못했기 때문이라고 파악하였다. 그는 퇴계에게서 특히 중시되는 유교 '경'(敬)의 덕목을 기독교로 대표되는 서양 종교에 필적한 만한 대표적인 덕목으로 들었다고 한다. 그러면서 공교의 '교회'를 설립하고, 경전을 한글로 번역하고, 공교의 시원인 공자에 대한 구체적인 예배일(復日講論)을 두면서 관혼상제 등의 실제 예식과 계급의식도 개혁하는 공교운동을 펼칠 것을 강조했다.[25] 나는 이러한 측면들이 한국 근대 3.1독립운동 등의 실행 속에서 함께 고려되어야 한다고 생각한다. 박은식도 "의병이란 것은 독립운동의 도화선이다"라고 하면서 그 의병운동의 성패에만 매달려서 논평한다면 "식견이 천박한 것"이라고 했다.[26] 그 의병운동의 기반에 유교의 깊은 '지공무사'(至公無私)의 영적 추구가 있었다는 것을 부인하지 못할 것이고, 우리 후대는 3.1운동 정신을 보다 적절하게 이해하기 위해서 이러한 조선 유교의 숨은 역할과 정신적 기반을

---

24 이번에 본인이 본 연구를 진행하면서 앞으로 한국 유교사나 사상사의 영역에서 이 부분의 연구를 더 진척시키고 싶다는 생각을 했다. 석주 이상룡의 유교 이해는 그의 집안 내력(고성 이씨) 속에서 특히 한국사상의 자주성과 고유성을 드러내는 일(대종교)과 연결되지 않을 수 없으므로 매우 고유한 독자성을 가질 것으로 보이는데, 지금까지 석주 이상룡의 유교 이해에 대한 사상적 연구가 거의 없는 것 같다.

25 宋基植 저/ 安秉杓 註譯, 宋時亮 발행, 『儒敎維新論』(대구: 신흥인쇄사, 1998); 김순석, 『근대 유교개혁론과 유교의 정체성』(모시는사람들, 2016), 72-75.

26 박은식, 『한국독립운동지혈사(상)』, 68.

더욱 헤아려야 한다고 본다.

III. 동학(東學·天道敎)을 불러일으킨 기독교(개신교)

　　1907년 평양에서 안창호 선생(島山 安昌浩, 1878-1938)의 시국 강연을 듣고서 상인으로 활동하던 이승훈(南崗 李昇薰, 1864-1930)이 세운 오산학교에서 공부한 함석헌(咸錫憲, 1901-1989)의 유교 이해는 그렇게 긍정적이지 않다. 1930년대 그곳에서 역사 선생으로 있으면서 『성서적 입장에서 본 조선역사』를 썼는데 거기서 그는 조선의 전통 종교사상에 대해서 많이 언급하지 않는다. 그는 나중에 "유교야말로 현실에 잘 이용된 종교다"라고 하면서 그가 참으로 중시여기는 '뜻'(志)이란 "선비(士)의 마음(心)"이고, 그 선비(士)란 "열(十)에서 하나(一)를 보고, 하나에서 열을 보는 사람"이라고 풀어냈다. 하지만,[27] 그에 따르면 동양 성인(聖人)의 가르침은 "엄정한 의미의 역사 철학을 가지지 못했"고, 기독교와 비교하면서 기독교가 "불교, 유교를 다시 깨워 새 생기를 주는" 일을 해야 한다고 역설한다.[28] 해방 이후 1950년대 그의 기독교 복음이해에서 다시 한번 깊은 종교다원적 전회가 있었지만 함석헌은 그럼에도 그 기독교의 핵을 불교의 '覺'과 유교의 '學' 곁에 '믿음'(信)을 강조하는 "인격"의 문제라는 것을 부각시키고자 했다. 여기서 '인격'을 강조한다는 것은 그에 따르면 사고

---

27 함석헌, 『인간혁명의 철학』, 함석헌전집 2, 83; 함석헌, 『뜻으로 본 한국역사』, 354; 이은선, 『다른유교, 다른기독교』, 273.

28 함석헌, "새 시대의 종교", 함석헌 저작집 14, 24; 함석헌, 『뜻으로 본 한국역사』, 279; 이은선, 같은 책, 234.

를 더욱 더 '관계적'으로 하는 것을 말하는데, "인격은 홀로 생기지 못"하기 때문이고, "'나'에 대하는 '너'가 있고서야 되"는 것인데, 이 인격관념이 없기 때문에 믿지 못하는 것이라고 설명한다.[29]

여기서 함석헌이 설명하는 논리가 얼핏 보기에 유교적 '仁'과 '公'의 논술과 그렇게 다르지 않지만 함석헌이 강조하는 인격적 상대는 특히 초월자 '하나님'을 말하는 것이다. 또한 "나는 하나님의 아들이다"라고 선언하는 '예수'라는 구체적 역사적 인물의 믿음과 인격을 통해서 "역사를 인격화했습니다. 세계를 인격화했습니다. 우주에 인격적 질서를 주었습니다. 모든 기계적인, 우상숭배적인, 세속적인 것을 배제했습니다. 하나님은 사랑의 아버지가 되고, 몸은 하나님의 집이 되고, 원수는 이웃이 되고, 죽음은 영원한 생명의 한마디가 되고, 죄는 없어지고, 심판은 구원으로 되고, 일체는 산 하나가 돼 버렸습니다. 그것을 '하늘나라'라 했습니다"라는 의미에서 강조한 것이다.[30] 이 말이 자칫 다시 나중의 기독교의 배타적 근본주의의 속죄론이나 구속론의 언어와 무엇이 다른가 하는 의구심이 생길 수도 있지만 여기서 함석헌의 참 뜻은,

> 예수가 하나님의 아들이 된 것은 우리가 다 하나님의 아들이기 때문입니다. 우리 육의 흙 속에 잠자고 있는 아들의 씨를 불러내어 광명 속에 피게 하기 위하여입니다[31]

29 함석헌, "기독교 교리에서 본 세계관", 노명식 지음, 『함석헌 다시 읽기』, 노명식전집 4 (책과 함께, 2011), 455.
30 같은 글, 465.
31 같은 글, 467.

라는 언술 속에서 분명히 드러난다고 본다. 즉 이 말에서 표현된 대로 함석헌은 기독교가 '궁극'(天)과 '초월'(聖)을 어떤 막연한 추상이나 형이상학적 이론 등으로 파악되는 것보다 '인격적'("하나님 아버지")으로 만나지면 훨씬 더 구체적이고, 실천력과 함께 현실적이면서 효능적으로 그 궁극과 '관계를 맺을 수 있는 능력'이 얻어지는 것으로 본 것이다. 그 일이 바로 예수라는 사람의 인격 속에서 그렇게 고유하고 진한 농도로 가능해졌기 때문에 그는 의심 없이 스스로를 "하나님 아버지의 아들"이라고 '믿고' 고백할 수 있었고, 우리도 모두 그 예수가 이룬 것처럼 그렇게 훨씬 더 분명하게 자각된 의식의 사람으로 거듭나야 한다는 것이다. 그것이 속죄이고, 구원이며, 그 일이 우리 민족에게 어느 다른 종교 전통에서보다도 나중에 전해진 '기독교'를 통해서 가능해진 것으로 함석헌은 보았다.

그는 말하기를,

어떤 사람들은 속죄라면 예수의 죽으신 십자가에 무슨 마법적인 신비력이나 공덕이 있어서 그것으로 우리 죄가 없어지는 것처럼 생각하여서, 그것을 교리적으로 시인하고 주문처럼 외우려 하나 그것은 분명 미신입니다. … 속죄의 참 뜻은… 자유의 인격을 만드는 데 있습니다. 과거에 지은 죄과의 값만을 중대시하기 때문에 대속이니, 대신이니 하여 기계적으로 생각하는 잘못을 하게 됩니다. … 속죄의 근본 뜻은 대신에 있지 않고 '하나됨'에 있습니다. … 속죄란 말의 신학상 용어는 영어로 하면 atone-ment란 at-one-ment, 즉 하나됨이란 말입니다. … 예수가 목적하신 것은 "아버지와 내가 하나인 것처럼 너희와 내가 하나가 되자"는 것이었습니다[32]

라고 자신이 이해하는 그리스도의 참뜻을 설명한다. 함석헌은 이렇게 초월과의 관계를 '인격적'으로 이해하면 그를 더 잘 '믿을 수' 있게 되고, 아니 다시 말하면, 초월의 상대와 더욱 깊게 '관계'하게 되면 그를 더욱 믿고, 알아보게 된다고 한다. 그래서 그는 거기서 생겨나는 "알아주는 맘"이야말로 예수가 종래의 모든 종교들과는 달리 권선징악이 아닌 "참사랑"의 방식으로 사람들을 변화시킨 방식이라고 말한다. 권선징악이라는 "가장 유치한 방법"을 넘어서 "고래의 모든 성현이 하지 못했던" 사랑의 방식으로 당시 사회에서 낙인이 찍힌 사람들을 개조하는 "공개된 비밀"과 "세기의 그리스도"의 방식이었다는 것이다.[33] 나는 이 방식이 한말 한반도에서도 통했다고 보고, 특히 당시 사회의 약자였던 신분차별 속에 억압당했던 민중들, 그중에서도 여성들에게 크게 역할을 하여서 이들에게 참으로 강력한 방식으로 '하늘'(天)과 '초월'(聖)과 자신들이 직접 대면하고 관계 맺을 수 있는 길을 열어주어서 어떤 다른 종교전통에서보다도 더 폭넓게 그리고 깊이 있게 "聖(거룩)의 평범성의 확대"를 이루게 되었다고 본다.[34] 거기서 일어나는 개인적 삶의 변화와 더불어 또한 특히 당시 점점 더 큰 위기에 빠져드는 민족의 안위를 위해서 자신을 버리고 국가와 민족을 위해 헌신하게 했고, 1919년 3.1운동이 가능해진 데에는 그러한 기독교 메시지를 통한 한민족 의식의 개혁이 큰 역할을 했다고 여기는 것을 말한다.

그런데 여기서 그러한 개신교의 역할 전에 그와 유사한 관점에

---

[32] 같은 글, 474-476.

[33] 같은 글, 477.

[34] 이은선, 『한국생물生物여성영성의 신학』 (모시는사람들, 2011).

서 내가 먼저 언급하고자 하는 종교그룹이 동학(천도교)이다. 모두가 주지하듯이 1919년 3.1운동은 당시 교인수가 삼백만 명 정도에 달하는 천도교가 주도적인 역할을 담당했고, 3대 교주 손병희(孫秉熙, 1861-1922)가 대표적 지도자로 추대되어서 운동을 위한 각종 자금뿐 아니라 독립선언서의 인쇄도 천도교 직영의 보성사(普成社)에서 2만 1천 매를 완성하여 사용하였다고 한다.[35] 손병희는 1894년 전봉준(全琫準, 1854-1895)에 의해서 주도된 갑오 동학농민혁명이 양반지배층과 일본군의 개입으로 실패한 후, 2대 교주 최시형(海月 崔時亨, 1827-1898)도 피랍되어 사형당하자 일본으로 망명하였다. 그러나 1906년 귀국하여 '천도교'(天道敎)로 이름을 새로 짓고 중앙총부를 경성에 두면서 신흥종교로서 세계 종교사에 유래가 없을 정도로 빠른 성장을 보였다. 그러나 일본 총독부는 천도교를 종교단체로도 인정하지 않으면서 여러 방식으로 탄압하였다고 한다.[36]

나는 이렇게 당시 토착 신흥종교로서 한없는 평등과 자주, 박애와 인권의 이상으로 3.1운동을 이끈 '동학'(東學/천도교)이란 그 이름에서도 드러나듯이 '서학'(西學/기독교)의 도전에 대해서 한국적 유교문명권에서 나온 고유한 응전이라고 생각한다. 앞에서 함석헌의 기독교 '믿음'(信)과 그리스도 속죄론을 설명한 논리를 동학의 핵심 메시지에 적용해 보면 동학도 당시 기층민의 인격적 변화(聖의 평범성의 확대)를 그 이전의 유교나 불교가 이루지 못한 급진적인 방식과 정도로 성취한 경우라고 할 수 있다. 의미심장하게도 동학은 한때 당시 사람들에 의해서 '서학'(西學)으로 지목되어 탄압을 받았다고

---

35 金素眞, 『韓國獨立宣言書硏究』 (국학자료원, 2015), 103.
36 박은식, 『한국독립운동지혈사 (상)』, 138.

하는데,[37] 동학의 혁명적인 내재적 초월의식과 반봉건적 평등과 인권의식을 당시의 유교 기득권은 서양 기독교에 대한 것만큼이나 용납하기 어려웠던 것이다.

해월 선생이 태백산맥과 소백산맥의 오지로 숨어다니던 시절 편찬되고 집필된 것으로 알려진 동학의 역사서 『도원기서道源記書』에 따르면 스승 수운(水雲 崔濟愚, 1824-1864)은 잡히기 전 새벽에 해월(崔慶湘)을 불러서 "이 도(道)는 유불선(儒佛仙) 세 도를 겸하여 나온 것이다"라고 하면서 "… 우리 도는 때에 따라 그때그때 알맞은 제례(祭禮)의 방법을 따른다"고 하였고, "용담의 물이 흘러 사해(四海)의 근원이 되고, 검악(劍岳)에 사람이 있어 한 조각 굳은 마음이다"(龍潭水流四海源 劍岳人在一片心) 등의 시를 써서 "그대의 장래 일을 위하여 내린 강결(降訣)의 시"로서 영원히 잊지 말라고 당부했다고 한다.[38] 이러한 깊은 종교적 체험과 수행적 실천과 더불어 가능해졌던 동학 혁명은 정치와 제도정립 면에서는 실패했다고 할 수 있지만, 후기 조선 사회의 "대내외적 문제를 해결해야 하는 책임을 평민이 인수해 일으킨 것"이라는 오늘의 평가를 받는다.[39] 그러면서 '시천주'(侍天主)와 '대인접물'(待人接物)을 설파하는 동학의 이상사회 이념은 일종의 "영적 코뮤니즘의 성격"을 가지고 있고, 이러한 이상은 오늘의 현

---

37 최동희, "全琫準", 『人物로 본 韓國史』, 월간중앙 1월호 별책부록 (1973.1), 241; 수운 선생의 동학사상이 형성되는 데 중요한 하나의 계기로 여겨지는 1855년 을묘년에 만났다고 하는 '을묘천서'(乙卯天書)는 서학의 『天主實義』로 추측되기도 하는데, 그 책의 이치를 깊이 살펴보니 "기도"(祈禱)의 가르침을 담고 있었다고 고백되었다(『도원기서』, 18). 이 추측의 타당성 여부에 대한 논란은 많을 수 있겠지만 당시 동학이 서학(서구 기독교 문명)과의 대면과 나름의 응전 속에서 전개되었다는 것은 부인할 수 없을 것이다.

38 윤석산 역주, 『도원기서』 (모시는사람들, 2012), 49-50.

39 이규성, 같은 책, 114.

대적 제도까지도 넘어서는 "평등 정신의 초월적 본성"을 잘 보여준 다고 지적되었다.[40] 그런 맥락에서 동학도 스스로가 "후천(後天) 오 만년(五萬年)의 도에 남게 될 것"이라고 자임하는 동학이 3.1독립운 동을 이끈 것은 이상한 일이 아니다.[41]

안중근(安重根, 1879-1910)의사와 김구(白凡 金九, 1875-1949) 선 생 등의 전기에 보면 그들이 겪었던 동학운동에 대한 이야기가 나온 다. 특히 안 의사는 "동학당"이라는 용어를 써서 그들이 당시 친일단 체였던 "일진회(一進會)의 근본 조상임"이라는 서술도 하고, 외국인 을 배척한다는 구실로 "곳곳에서 관리들을 죽이고 백성의 재산을 약 탈"했으며, "이때 한국이 장차 위태롭게 된 기초로 일본, 청국, 러시 아가 개전하게 된 원인을 지은 병균"이었다는 평가를 한다.[42] 살림이 넉넉한 유학자 집안 출신의 천주교도로서 민중들의 봉기인 동학운 동이 가지는 민족적, 민중적 의미를 잘 보지 못했을 것이라고 여긴 다. 그런데 사실 이 동학의 파급력보다도 더 근본적인 전환을 일으킨 것이 바로 비슷한 시기에 시작된 한국 개신교이다. 한국 개신교는 1870년대 만주와 일본에서 한국인 선교에 뜻을 두고서 성경을 한글 로 번역하는 일을 시작한 그룹에 이어서 1887년 서울 정동에서 언더우드 (Horace G. Underwood, 1859-1916)와 아펜젤러(Henry G. Appenzeller, 1856-1902) 두 미국 선교사의 역할로 본격화되었다. 만주에서 스코 틀랜드성서공회 소속 존 로스(John Ross, 1834-1915) 목사와 의주 인

---

[40] 같은 책, 114.

[41] 『도원기서』, 167.

[42] 안중근, "안응칠역사", 『明治文化全集』 2 (동경, 1968); 화문귀 주필/ 유병호 역, 『안중근연구』, 대련시근대사연구소/여순일러감옥구지박물관 학술연구총서 (료녕민족출판사, 2009), 70.

삼 상인 이응찬(李應贊)과 서상륜(徐相崙, 1848-1926)은 한반도에 개신교 선교사가 들어오기 3년 전인 1882년에 이미 『예수셩교 누가복음젼셔』를 중국어에서 번역 인쇄해 냈고, 주체적으로 한인 신앙공동체를 시작했다고 한다.[43] 1885년 두 미국 선교사가 입국한 것에 이어서 1888년 한국에 도착한 캐나다 장로교 선교사 게일(James S. Gale, 1863-1937)은 한국학 연구와 한글성경번역에 지대한 공헌을 하였는데(『한영대자전Korean-English Dictionary, 1896』), 1909년 『전환기의 한국 Korea in Transion』이라는 한국 입문서를 쓰면서 "한때 무식한 섬나라의 야만인들이라고 생각했던 일본인들" 수중에 나라가 떨어지고, 황제가 축출되고 왕비도 무참히 살해되는 것 등을 보면서 한국인들은 '하늘을 쳐다보기 시작했다'고 적고 있다.[44] 물론 한국인들은 기독교 복음을 전하기 시작하면 "하나님을 모르는 사람이 어딨어?"라든가 "神을 모르는 사람이 어딨어?"라고 응답하지만, 그 하나님을 "지상의 구유에 내려오시어 의지할 곳 없고 버림받은 사람들과 함께"한 것으로 전하면 이해하기 어려워하면서도, 특히 여성들에게 지금까지의 신분차별과 성차별을 무너뜨리는 강한 폭발력을 발휘한다고 그는 전한다.[45]

앞에서 함석헌의 인격관계로서의 믿음을 이야기하면서 지적한 대로 하늘(天)을 직접적인 '부모'(아버지)와 '당신', '구세주' 등의 구체적인 개별성의 인격으로 만나게 되면서 한국인의 자주와 독립, 평등

---

[43] 이덕주, 『초기한국기독교사연구』 (한국기독교연구소, 1995), 11-15.
[44] J.S. 게일/ 신복룡 역주, 『전환기의 조선』 (집문당, 1999), 40; 이은선, "21세기 한국 여성 리더십에 있어서의 유교와 기독교", 『한국 생물生物여성영성의 신학』, 235.
[45] J.S. 게일, 같은 책, 70; 이은선, 같은 글, 236.

의식이 크게 신장되었다는 것은 부인할 수 없다. 이것이 그대로 3.1 운동을 촉발시키는 영적 근거가 되었음을 말할 수 있다. 북한의 평양에도 1893년 장대현(章臺峴)교회와 남산현(南山峴) 교회가 시작되면서 특히 6-7만이었던 평양 인구가 1만 5천으로 줄 정도로 비참했던 청일전쟁 이후로 교회에 대한 주민들의 생각이 긍정적으로 많이 변하여 우리가 잘 알다시피 1907년 평양 대부흥운동도 가능하게 되었고, 길선주(吉善宙, 1869-1935), 이승훈, 손정도(孫貞道, 1872-1931), 안창호(安昌浩, 1878-1938), 김마리아(金瑪利亞, 1891-1944) 등 수많은 기독교 독립운동 사상가들을 배출하게 되었다. '이 세상 모든 사람은 하나님 앞에서 평등합니다'라는 복음을 듣고서 교회에 출석하게 되면서 태어나 이름조차 얻지 못했던 여성들은 이름도 얻고, 글도 배우면서 "이로 보면 조선 여자의 해방은 우리 그리스도교로부터 시작되었다고 할 만하다"라는 말을 듣게 되었다.[46]

　3.1독립운동 정신이 가장 집약적으로 나타나 있다고 할 수 있는 〈3.1독립선언서〉 서명자 33인 중에 기독교인은 천도교의 15명과 더불어 16명으로 다수를 차지한다. 당시 1910년 강제 합병 후 혹독한 무단 식민지정치를 경험한 한국인들은 미국인 선교사들이 대일본 투쟁을 지원할 것이라는 희망을 가지고 교회로 몰려왔다고 한다. 그렇게 되자 박은식도 지적하기를 당시 총독부가 기독교를 '배일파'(排日派)라고 지적하며 온갖 방식으로 기독교의 종교 활동과 사립학교 활동들을 방해해 왔다고 한다.[47] 일본은 예수교회가 서양문명을 수

---

46 김세지, "나의 과거생활", 『승리의 생활』, 40. 이덕주, 『남산재 사람들 - 독립운동의 요람』 (그물, 2015), 70에서 재인용.

47 박은식, 같은 책, 128-136.

입해 와서 한국인들로 하여금 새로운 사조를 북돋우게 하고, 신도들은 정세에 밝고 애국심이 강하며, 자신들의 학정이 서양인들에게 잘 관찰되고 비판되어서 특히 미국 선교사를 미워하면서 그들이 독립운동을 선동, 방조한 것으로 지목해서 미워했다고 한다.[48] 이러한 상황에서 한국인은 당시 특히 1917년 제1차 세계대전의 종결과 러시아 혁명, 미국 윌슨 대통령의 민족자결주의 천명에 기대를 걸고 고종 국상일인 3월 1일에 '민족대표' 33인을 내세워서 3.1독립선언서를 발표했다. 그런데 이 대표들이 처음 예상한 것과는 달리 이 선언의 파장은 더 크게 확산되어 거시 시각이 되자 탑골 공원에 모인 학생 등 민중들이 수천이 되었다고 한다. 그렇게 되자 9년 동안 "그림자조차 볼 수 없었던 태극기"가 돌연히 나타나서 하늘 높이 펄럭이게 되었"고, 수만의 민중들이 합세하게 되면서 두 갈래의 시위대가 남대문과 대한문을 향하여 행진하는데, "규중의 부녀자들도 모두 기뻐 날뛰며 앞을 다투어 차와 물을 날라왔"고, 이 비폭력과 무저항의 평화의 시위를 보고 "평소부터 우리 민족을 깔보고 독립할 자격이 없다고 말하던 서양인들도, 이날에 벌였던 우리 민족의 씩씩하고 질서정연한 시위운동을 보고는 찬탄하여 마지않았다"고 전해진다. 그리하자 그 서양인들은 "우리들은 한민족이 독립할 자격이 있음을 확신한다"고 말했다고 한다.[49] 이 만세시위는 전국 각지로 퍼져서 5월까지 3개월 동안 세차게 이어졌고, 일제 측의 추산에 의하더라도 1919년 한 해 동안 전체 인구의 10%나 되는 200만 명이 참가했다고 한다. 3.1 만세시위는 서울을 비롯해서 개성, 평양, 진남포, 선천, 의주, 함흥, 원산,

---

[48] 같은 책, 219-220.
[49] 같은 책, 172.

대구, 진주, 합천, 남원, 천안, 곡산, 수원 등 전국에 걸쳐서 골고루 같은 날 같은 시각에 거행되어서 일제에게는 "불가사의한 일"이었다고 한다.[50] 다음날 총독부가 정신을 차리고 군경을 풀어서 수색하여 체포, 투옥시킨 사람도 1만여 명이나 되고, 당시 일본의 만행을 알리는 해외로 보내는 소식통에 따르면 3월 28일 일본이 대학살을 시작하여 서울에서 세 시간 동안 시위했을 때 참혹한 죽음을 당한 사람도 1천여 명에 달했다고 한다.[51] 이후 1년 동안 전국적, 전 민족적 항일운동으로 전개된 3.1운동에서 일본 공식 집계만으로도 4만 6천여 명의 조선인이 검거되었고, 7천5백여 명이 피살되고, 약 1만 6천 명이 부상을 당했으며 수많은 교회와 학교, 민가가 불탔다.[52] 세계사의 큰 흐름에 따라서 민족자결과 자주독립을 외친 3.1운동은 그렇게 온 민족이 하나가 되어서, 민중이 주체가 되어, 일제의 온갖 살인과 학살, 폭력과 고문에도 불구하고 비폭력과 평화의 독립운동으로 수행된 거사로 역사를 접하게 된 것이다.

IV. 민족(기독교)과 세계(유교)를 품고 중흥한 대종교(大倧敎)

3.1운동이 일어났을 당시 한국 인구는 1천6백만 정도였다고 한

---

50 같은 책, 177.

51 박은식/ 남만성 옮김, 『한국독립운동지혈사 (하)』 (서문당, 1999), 57.

52 윤경로, "1910년대 민족해방운동과 3.1운동", 강만길 외, 『통일지향 우리 민족해방운동사』 (역사비평사, 2000), 69.

다. 거기서 기독교도는 신도가 3백만을 헤아리는 천도교에 비해 20만 정도의 작은 규모로 천도교의 10분의 1도 되지 못했지만 민중들이 매주 1회 이상 모여서 예배를 드리고 대화와 토론을 나눌 수 있었고, 전국에 YMCA와 같은 청년연합회 조직과 서구 주도의 세계정세에 밝은 많은 지식인들이 기독교인들이었기 때문에 3.1운동을 주도적으로 이끌 수 있었다고 지적되었다.[53] 한편 천도교는 1906년 손병희가 일본의 망명생활에서 귀국하면서 나라를 구할 방도를 모색하는 가운데 비폭력 독립운동을 피력하면서 우이동에 신축한 '봉황각'에서 전국의 우수한 지도자급 교인들을 모아서 기도와 심신을 단련시키는 수련의 일에 지속적으로 힘썼다고 전한다. 그런 가운데 제일차 세계대전이 끝나고 새로운 국제질서가 전개될 것을 예감하며 거국적으로 독립운동을 일으킬 것을 결심하면서 전체 교인들에게 1919년 1월 5일부터 2월 22일까지 49일 특별기도회를 명했다고 한다.[54] 3.1운동 당시의 상황을 외국으로 타전하면서 긴급 구원을 요청하는 전신의 내용에는 "무력을 안 쓰고 오직 연설과 선언 등 평화적인 방법으로" 진행되던 운동에는 "여자의 활동이 더욱 치열하다"라는 전언도 있다.[55] 그렇게 정말 불가사의하게 느껴질 수밖에 없는 정도로 그 저항이 민중적이었고, 치열했으며, 비폭력적이었는데, 널리 알려진 대로 예를 들어 유관순의 경우도 보면 그 안에 한말의 의병장 유인석과 같은 가정적 배경과 더불어 자라서 이화학당 시절 그녀가 다니던 정동교회 담임목사였던 독립운동가 손정도(孫貞道, 1872-

53 박재순, 『삼일 운동의 정신과 철학』 (홍성사, 2015), 25.

54 같은 책, 47.

55 박은식, 『한국독립운동지혈사 (하)』, 56.

1931) 목사의 가르침이 있었던 바, 이렇게 3.1운동은 여러 차원의 깊은 영적 준비와 시대를 읽는 혜안과 신앙적 희생과 헌신이 토대가 되어서 "창세기 이래 미증유의 맨손혁명으로 세계무대에서 활동한 특기할 만한" 일로 일어난 것이다.[56]

하지만 이처럼 천도교와 기독교의 핵심 역할로 가능했던 3.1운동은 그러나 일본의 합병조약 폐기를 이끌어내지는 못했다. 그러나 이후 한국인들의 민족의식과 해방과 독립운동의 방향이 새롭게 전개되는데 의미 있는 전환점을 마련해 준 것은 주지의 사실이다. 민족의식과 자주독립의식이 한껏 고양되었고 윌슨의 민족자결주의와 이어진 파리강화회의 등이 민족의 독립과 해방에 실질적인 힘이 되어주지 못하는 것을 보면서 국제 코민테른과 연결하는 사회주의 노선의 민족해방운동이 본격화되었고, 만주와 연해주에서 독립군 조직에 힘을 쏟으며 국외 무장독립전쟁을 전개시키는 계기가 되었다고 한다. 또한 큰 결실로서 여러 독립운동 세력들이 합세하여 상해에 최초의 공화제 정부인 대한민국임시정부를 수립한 것이 게게 주목받는다.[57]

나는 이러한 일련의 진행에 한말의 또 다른 고유한 민족 저항과 새로운 시대를 위한 창조적 모체인 '대종교'(大倧敎)가 있었음을 부각시키고자 한다. 주지하다시피 대종교는 한말 러일전쟁을 계기로 점점 더 기세가 등등해지는 이웃 일본의 침략에 맞서서 전라도 나주 출신 유학자 나철(弘巖 羅喆, 본명 寅永 1863-1916)이 우리 민족의 역사 속에 면면히 이어져 내려오는 단군전승 속에 민족의 정신적 보고

---

56 박은식, 『한국독립운동지혈사 (상)』, 171.

57 윤경로, 같은 글, 70-71.

가 가장 잘 간직되어 있다고 보면서 그것을 단군신앙으로 새롭게 "중광"한 것이다. 여기서 왜 중광이라는 말을 쓰는가 하면 대종교는 자신들의 현현이 전혀 새로운 것이 아니라 이미 민족의 시원 속에 담겨져 있던 가르침이 오랜 동안 감추어져 있다가 민족이 큰 위기에 처하게 된 그때의 시점에서 다시 전해져서 밝혀진 것이기 때문이라고 보기 때문이다. 나철 대종사의 전해지는 생애 서술에 따르면, 1891년 29세에 장원급제하여 관직에 나갔지만, 당시 극도로 부패하고 큰 위기에 빠져드는 나라의 상황을 보고 그는 관직을 내려놓고 지리산 등지에서 도교적 수련에 집중한다. 그러나 1905년 을사늑약을 맞게 되자 어떻게든 '신의'(信義)의 이치에 따라서 일본의 위정자들과 담판하려고 동지들을 모으고 일본을 네 차례나 왕래하면서 애를 쓰는 가운데 1906년 1월 24일 서울 서대문역에서 백두산의 도사 백봉신사(白峯神師)가 보낸 백전(伯佃, 호는 頭巖)으로부터『삼일신고 三一神誥』와『신사기神事紀』를 전해 받으면서 결정적인 전환을 맞이한다. 즉 종교 구국의 길로 들어선 것이다.

1908년 11월 네 번째 도일했을 때 12월 31일 백봉신사가 또 보낸 두일백(枓一白)이 찾아와서『단군교포명서』를 건네면서 쓸데없이 시간을 허비하지 말고 단군의 교화를 펼치라는 간곡한 당부를 듣고 돌아와서 수도에 전념하며 1909년 조선말의 반제 반봉건의 투철한 사상가 해학 이기(海鶴 李沂, 1848-1909) 등과 더불어 단군교의 중광을 선포했다. 그러나 중광 다음 해인 1910년 7월 30일(양력 9월 3일) 교명을 단군교에서 "대종교"로 개칭했는데, 그 이유는 일제에 의한 병탄 후에 민족의식을 고취하는 애국단체로 보아서 잘못하면 폐교도 될 가능성도 있었지만 대종(大倧)의 대(大)가 '한'이고, 종(倧)이

하느님 신앙의 본래 이름으로 보았기 때문이라고 한다.[58] 1913년 총 본사를 만주 화룡현(化龍縣)으로 옮기고 교세의 확장과 교리의 체계화에 힘쓰는 가운데 그러나 일제의 압제와 핍박을 더 이상 피할 길 없어 마침내 1916년 8월 15일 황해도 구월산 단군사당 삼성전에 들어가서 스스로 호흡을 끊는 방식으로 자결함으로써 항거하였다. 이로부터 대한민국의 독립운동은 "불길처럼 번져나갔다"고 지적되었다.[59]

철학자 이규성 교수는 대종교 '홍익사서'(弘益四書)로 불리는『태백진훈太白眞訓』,『삼일신고三一神誥』,『천부경天符經』,『참전계경參佺戒經』 중에서 특히『천부경』을 중심으로 해서 화서 이항로 계열에서 수학한 선생으로부터 배운 서우 전병훈(曙宇 全秉薰, 1857-1927)의 '정신철학'(精神哲學)을 대종교 도의 특성을 잘 드러내는 것으로서 "한국현대철학사론" 속에 끌어들여 중요하게 자리매김한다. 위서 논란이 많은『환단고기桓檀古記』와『규원사화揆園史話』등을 통해서 고대사를 회복하고 한민족 고유의 사상을 전파하다 일제에 피살된 계연수(桂延壽, 1864-1920)에 의해 전해진『천부경』을 전달받은 전병훈은 그 정신을 한 마디로 천도(天道)와 인도(人道)를 겸해서 함께 이루려는 "겸성"(兼聖)의 성인(聖人) 추구 그것이라고 한다.[60] 그것은 나 개인의 인격을 최고로 고양시키면서 동시에 사회적, 국가적, 우주적인 통일과 이상의 궁극을 함께 실현시키려는 내외쌍수의 추구로서 "하늘과 하나가 된다"는 의미이고, 우리 모두가 그러한 겸성의 성인을 지향하

---

58 최경주, "홍암 나철과 하느님 신앙", 「국학연구」 제20집 (2016), 260.
59 이규성, 같은 책, 209.
60 같은 책, 186.

자는 뜻이라고 밝힌다. "지극한 창조적 자유정신(至神)은 내외를 완성하는 성스러움을 겸한다"(至神兼聖), "'동한(東韓)의 단군 천부경은 겸성철리의 극치'(兼聖哲理之極致), '겸성의 최고원리'(兼聖之至理)"라고 전병훈은 언명하고,[61] 단군을 바로 하늘이 내린 겸성지신의 '신인'(神人)이며, '선성'(仙聖)의 모형으로 보는 것이다. 그의 현현을 근거로 우주의 온 생명은 '자아완성'과 '세계변형'의 내외 겸성을 지향하는 바, 거기서의 창조와 진화와 소통과 순환의 무한한 운동은 "시작이 없는 상태에서 시작하는 것"(一是無始一)이기도 하고, "그 하나가 세 가지 이상으로 무한히 분화한다고 해도 근본이 다함이 없는(析三極無盡本) 하나(一終無終一)"라는 원리를 설명하는 것으로 볼 수 있다.

이러한 『천부경』의 사고를 자신의 것으로 받아들이는 대종교 신앙의 독립운동은 그리하여 인격적 정신의 자유와 세계변형 그리고 그 변형이 단지 한국의 독립과 해방에만 그치는 것이 아니라 전 우주공동체에 대한 사랑과 하나 됨("愛合種族", "勤務產業")을 크게 지향하게 했고, 이렇게 한민족 고유의 불이적(不二的)이고 통합적인 세계관에 근거한 대종교는 만주로 중심을 옮긴 후 빠른 속도로 확산되어 30만의 신도를 헤아리게 되었던 것이다. 자기수련과 교육운동 및 민족해방을 위한 군사적 실천을 함께 병행하는 역동적이고 창조적인 정신운동으로 역할하면서 이후 한국 독립운동을 주도적으로 이끈 것이다.

홍암은 우리 민족이 수천 년 동안 쓰라린 노예 같은 시련을 겪은

---

61 같은 책, 191.

이유가 우리의 국조인 단군의 하느님 신앙을 잊어버렸기 때문이라고 보았다. 그래서 백두산에서 활동하던 백봉의 단군신앙 전통을 받아들여『삼일신고』와『신사기』등을 중심으로 한민족 고유의 하늘 신앙을 회복하려고 애썼다. 그것은 오랜 기간 밖에서 들어온 유교와 불교에 치우치며 사대모화(事大慕華) 사상에 빠져서 '망본배원'(亡本背原)하던 역사를 반성하고 '환인/환웅/환검'의 '삼신일체'(三神一體)의 '한얼'(㣩, 神의 古字, 天祖神, 한배검)에 대한 신앙을 회복하자는 운동이라고 밝힌다. 홍암은 단군을 "대황조"(大皇祖) 또는 "성신"(聖神)으로 여기며 고조선 이래로 단군전승이 다양한 이름으로 전승되어 왔음을 밝히고, 단군의 가르침인 신교(神敎)의 가르침이 시대와 국가에 따라서 달리 불려왔으며, 비록 종교의 이름과 전통이 각기 다르나 모두 신교에 근원하고 이루어진 것이라고 심지어는 '기독교'("耶華和")와 이슬람("回回")까지도 포함하여 밝힌다.

　十. 도연원(道淵源) 찾아보라 가닭가닭 한배빛
　　선가(仙家)에 천선종조(천선종조) 석가(釋迦)에 제석존숭(帝釋尊崇)
　　유씨(儒氏)의 상제림여(上帝臨汝) 야소(耶蘇)의 야화화(耶華和)와
　　회회(回回)의 천주신봉(天主信奉) 실상은 한 「한배님」.[62]

　　대종교의『신사기』는 '한임'/한웅/단군에 대한 역사를 '조화기'(調和紀), '교화기'(敎化紀), '치화기'(治化紀)로 나누어 삼위일체적 신관을 보여주고, 대종교 신앙의 틀을 밝힌 홍암의『신리대전神理大全』은 한

---

62 박광수, "홍암(弘巖) 나철(羅喆)의 단군신앙운동 연구", 「종교연구」 53 (한국종교학회, 2008.12), 99에서 재인용.

임/한웅/한검은 "나누면 셋이 되고, 셋이 합하면 하나가 되는 자리" (分則三也 合則一也 三一而位定)라고 보면서 하나는 셋의 체(體)이며, 셋은 곧 하나의 용(用)이라는 체용의 관계로 설명하고 있다.[63] 그는 자신이 발표한 대종교 『의식규례발포안』에서도 천조(天祖)의 삼신 일체를 말하며 그 나누어짐은 다만 "분칭"(分稱)이라고 하면서 다음 과 같이 강조한다.

> 세검한몸(三神一體)이신 한배검(天祖神)은 우주가 생성하기 전부터 더 뒤가 없는 으뜸자리에서 우주를 내시고 만물을 창조하신 조화주 한임(桓 因: 한얼님)이오, 인간 세상에 내려오셔서는 만백성을 가르쳐 깨우치는 교화주 한웅이오, 만물과 백성을 기르고 다스리는 치화주이신 한검이다. 그래서 세검(三神)은 한몸(一體)으로 한배검(天祖神)이라 받들어 모신 다.[64]

대종교는 이렇게 삼신일체적인 신관뿐 아니라 인간관과 그 구원 관(수양론)에서도 삼일론적 입장을 견지하면서 전래의 유가나 불가, 도가 어느 하나와 직접적으로 일치하지 않고, 그것을 고유한 시각에 서 회통한("會三經") 것으로 보여주고 있다. 대종교의 이러한 삼신일 체적 초월 이해와 기독교 삼위일체 사이의 영향사에 대한 논란이 많 이 있지만, 나는 대종교의 삼신일체적 초월 이해는 서구 유대기독교 적 전통에만 가능하다고 강조되는 '인격적' 신에 대한 이해가 한국

---

63 나철, 『신리대전』, 『대종교경전』, 457-458. 박광수, 같은 논문, 102-103에서 재인용.
64 한국민족종교협의회, "대종교", 『한국민족종교』 (윤일문화, 2005), 47-49. 박광수, 같은 논문, 102 재인용.

대종교에서도 독자적으로 전개되었음을 보여주는 의미로 해석하고
자 한다. 즉 앞에서 함석헌이 인격 개념을 가지고 기독교의 고유성
과 그와 연결된 실천적 역동성을 설명한 그 특성이 나는 한국의 대
종교에도 나름으로 체현되었다고 보는 것이다. 이러한 특성이 전통
유가나 동학에서보다 더욱 분명하게 나타난다는 의미이다. 그런 맥
락에서 인상적이게도 대종교의『신사기神事紀』에는 태초의 인간사에
서 '나반'(那般)과 '아만'(阿曼)이라는 두 남녀가 천하(송화강松花江)의
동과 서에 살다가 결합하여 '오색 민족'(황, 흑, 백, 람, 적)을 퍼트린
이야기가 나오는데, 나는 그것을 지적하고 싶다.[65] 유대교 성경 창세
기의 에덴동산 이야기를 연상시키는데, 나는 오늘 한국 사람들조차
도 인류 태초의 기원 이야기로 유대교 성경의 이야기는 잘 받아들이
면서도 한민족의 이러한『신사기』이야기는 쉽게 '위서'(僞書) 등으로
제쳐놓는 것은 대종교가 그렇게 비판했던 소중화주의나 사대주의로
부터 여전히 벗어나지 못한 모습이 아닐까 생각한다.[66] 대종교는 단
순히 좁은 의미의 민족주의로서 단군을 신앙하는 종교가 아니라 인
류의 기원을 생각하고, 우주의 전존재를 포괄하여 그 궁극적 지향과
성취의 과정도 깊이 염려하는 삼신일체적 신앙체계라는 것을 다시
생각할 필요가 있다고 본다.[67]

　　이렇게 동학에서도 두드러지지 않고 기독교의 삼위일체 의식과
는 유사점을 가지고 있으면서도 많이 다른 대종교의 삼일(三一)관은
앞에서도 언급했지만 그의 인간이해와 세계구원의 구상에도 잘 표

---

65 尹世復,『역해종경사부합편(譯解倧經四部合編)』(대종교 총본사, 개천 4406[1942]), 79-83.
66 정영훈, "홍암 나철의 종교민족주의",「정신문화연구」제25권 제3호 (2002. 가을호), 251.
67 박광수, 같은 글, 105.

현되어 있다. 나철의 대종교에 따르면 인간의 본성은 '性‧命‧精'(정신/영각, 생명, 운동)의 '삼진'(三眞)으로 구성되어 있다. 이 본성의 가능성은 개별 현실 인간의 삶에서는 '心‧氣‧身'의 '삼망'(三妄) 속에서 발현된다. 우리 인간의 본분과 우주의 나아갈 길이란 삼망을 삼진의 '性‧命‧精'으로 변환시키는 일(三眞歸一)이며, 그 삼진의 각각의 능력인 '큰 덕'(大德)과 '큰 지혜'(大慧), '큰 힘'(大力)을 이루는 일이라고 한다. 현실의 삶에서 삼망이 자신을 드러내는 '感‧息‧觸'(느낌, 호흡, 감촉)의 세 가지 길(三途)을 '지감'(止感)과 '조식'(調息), '금촉'(禁觸)의 방식으로 수련하고 조절하여 이 일을 이루는 것인데, 이것은 결국 "본성과 소통"(通性)하고, "운명을 인수"(知命)하며, "정기를 보존"(保精)하는 일을 통해서 1) 큰 자유와 2) 삶의 소명에 대한 지각과 3) 공동체적 윤리적 행동이 하나로 일치된 삶(會三之一)으로 나가는 것이다.[68] 이것이 최상의 도덕이며, 이 길은 단순히 개인적인 '신인'(神人)을 향한 구도의 길이 아니라 그 구도가 민족의 자주성을 이루어주며, 전 우주를 포괄하는 보편적 대덕의 문명을 향한 깊은 연대성의 추구에로 나가는 것이라는 사실을 대종교는 크게 강조한다.

'중광'한 지 마흔 해라고 밝히는 해에 발간된『역해종경사부합편譯解倧經四部合編』의『회삼경會三經』도 잘 밝히는 바이지만, 한국의 대종교가 유교 지성인들에 의해서 발현된 것이긴 해도 전통의 유교와 비교해 볼 때 대종교의 '삼일'의 원리(大倧之理 三一而已)는 인간 이해에서도 그 고유한 특성을 드러낸다. 즉 유가가 강조하는 하늘(天)과 이성(理)보다는 인간(性)과 마음(心/感)이, 지식(知)보다는 덕(德/慧)이

---

68 尹世復,『譯解倧經四部合編』; 이규성, 같은 책, 256-263 참조.

강조되고, 우리 몸의 구체성이 훨씬 중시되어서 감각(觸)과 호흡(息), 정기(精)가 강조되고, 의지(命)가 중요시되는 것을 볼 수 있다. 이것은 대종교가 훨씬 더 긴밀하게 초월성과 구체성, 정신과 몸, 지성과 감성, 하늘과 부모, 신과 인간 등이 불이적(不二的)이고, 묘합적이며, 역동적인 방식으로 서로 연결되어 있는 한국적 사고의 특성이 드러난 것이라고 여긴다.[69] 그래서 인격성과 실천성의 행위에로의 연결이 과감하고 힘이 있는 바, 민족 독립과 자주의 상실 앞에서 대종교의 세 명의 리더들, 나철, 이기, 서일(白圃 徐一, 1881-1921)이 모두 자결로 생을 마감한 것이 지적되었다.[70]

그런 의미에서 인간 내면의 핵으로서 내재되어 있는 하늘 '씨앗'(性)에 대한 깊은 자각과 현실에서의 과제와 명에 대한 뚜렷한 인지(命)와 그것을 용기 있게 실천하는 몸의 실천력(精)의 삼일의 대종교가 한국 자주와 독립 운동에 지대한 역할을 한 것은 당연하다. 한국독립운동지혈사를 쓴 백암 박은식, 위당 정인보(鄭寅普, 1892-1950), 상해 임시정부 초대의장 석오 이동녕(李東寧, 1869-1940), 단재 신채호(申采浩, 1880-1936), 대종교의 정신에 따라 한글의 존귀성을 밝힌 주시경(周時經, 1876-1914)도 있고, 생사를 초극하며 독립운동을 치열하게 이끌었던 대종교 리더들에 의해서 1918년 김교헌(金敎獻, 1868-1923), 윤세복(尹世復, 1881-1960) 등 39인이 참여한 가운데 대종교

---

69 崔英成, "牧隱 李穡의 歷史意識과 民族意識",「牧隱學術大會 - 牧隱 思想의 再照明」(2018.10.5. 목은연구회/한국철학인문문화연구소, 성균관대학교), 24. 최근에 발표된 이 논문에서 최영성 교수는 고려말 유학자 목은 이색의 시에 '천부경'이 언급된 것을 밝히면서 목은의 사상이『단군세기』의 저자로 알려지는 행촌 이암(杏村 李嵒, 1297-1364)의 영향을 많이 받은 것으로 추측하고 있다.

70 이규성, 같은 책, 246.

본사에서 '무오독립선언'(戊午獨立宣言)이 나와서 3.1운동의 기폭제가 되었다. 또한 종사의 자격을 사양하고 '대한독립단'의 총재로서 무력 저항운동을 이끌었던 백포 서일의 활동으로 1920년 홍범도(洪範圖, 1868-1943)의 봉오동대첩과 김좌진(金佐鎭, 1889-1930)의 청산리대 첩이 가능했다고 전한다.[71] 백범 김구(白凡 金九, 1876- 1949)는 말할 것도 없고, 이시영(李始榮, 1868-1953), 여운형(呂運亨, 1886-1947)이 『천부경』에 대한 찬을 썼다고 하고, 그가 유일하게 번역한 책이 『천부경』인 다석 유영모(柳永模, 1890-1981)와 그 제자 함석헌(咸錫憲, 1901-1989)이 펼친 씨알사상도 대종교의 정신적 계승임이 지적되었다.[72]

V. 3.1운동 정신과 오늘의 우리

이상과 같이 긴 탐색을 거쳐서 어떻게 3.1독립운동의 정신이 나오게 되었고, 그 가운데서 종교적, 정신적 토대와 근간이 되는 유교, 기독교, 동학, 대종교가 어떻게 서로 관계되며 연관되어서 각각의 역할과 일을 수행하였는지를 큰 맥락 속에서 살펴보았다. 먼저 보통 3.1운동과는 관련 없다고 여겨지는 유교가 그 이전의 세찬 의병운동의 정신적 근거였고, 이후 동학, 기독교, 대종교의 등장과 응전에 한 결같은 '공의'(公義)의 원리로서 출발점이 됨을 말했다. 3.1운동의 직접적인 수행자였던 동학과 기독교, 불교 중에서는 기독교를 중심으

---

71 이찬구, 『천부경과 동학』 (모시는사람들, 2007), 594.
72 이규성, 같은 책, 255.

로 그의 급진적인 聖의 평범화의 특성 속에서 탈신분제적 평등과 민주, 민권 의식으로 한국 사회와 평민들의 삶을 근본적으로 변화시켜서 3.1운동의 주체로 역할하게 했음을 밝혔다. 이어서 대종교의 민족종교 운동을 통해서는 민족의식에서도 주체의식과 주인의식이 크게 신장되었지만, 그러한 민족의 시조와 기원을 돌아보는 일은 단지 민족적 자주성과 독립성을 치열하게 찾는 일로 그친 것이 아니라 동시에 범인류적 보편성과 우주적 하나됨을 향한 구체적이고 실천적인 지향의 특성을 가진다는 것을 밝혔다.

3.1운동을 주도하던 대표자 그룹에 유교 측의 인사가 들어가지 못한 것을 본 유림의 지도자들은 곽종석(郭鍾錫, 1846-1919)과 김창숙(金昌淑, 1879-1962), 김복한(金福漢, 1860-1924) 등이 주도하여 1919년 프랑스 파리에서 개최된 파리강화회의에 대표단을 파견하여 한국 독립을 위한 세계의 도움을 요청하는 청원서('파리장서'巴里長書)를 보냈다. 보통 제일차 유림단 사건 등으로 불리는 이 사건에 이어서 제이차 유림단 사건은 1924년부터 다음 해까지 김창숙을 중심으로 만주의 독립군 기지 건설에 따른 군자금 모집 사건을 말하는데, 여기서 국내와 국외를 넘나들며 자신의 장남까지 동원하여 비밀리에 군자금 모금을 주도하던 김창숙이 있다. 그의 삶은 을사늑약 소식에 큰 울분을 토했던 매천 황현(黃玹, 1855-1910)에 뒤이어 유교의 "마지막 선비"로 칭해지면서 치열한 항일투쟁에 이어 해방 후 이승만, 박정희 시대의 민주화와 민족통일을 위한 투쟁까지 계속 이어져서 그 공의를 향한 치열함과 강직함, 저항과 순도(殉道)의 희생정신은 후세대로 하여금 말을 잊게 한다.[73] 제2차 유림단 사건에서 역할을 했던 큰아들 환기는 일경의 고문으로 출옥 후 곧 사망했고, 이어서

둘째 아들 찬기도 1943년 임시정부가 있는 중경으로 밀파되어 독립 전선에서 사망하였다고 한다. 그러한 고통과 헌신의 과정에서 쓰인 다음의 시는 유교적 公을 위한 절의와 순도의 정신이 어느 정도인지를 잘 보여준다.

〈잠 안 오는 밤에〉

나그네 회포
울울鬱鬱한데
누굴 향해서 펼쳐 볼고
책상 위에 책을 잡고
펼쳤다 덮었다 한다.

아내는 천리 밖에서
유리流離에 시달리고
아들놈은 두 해가 넘도록
고문拷問에 울부짖네.

어지러운 시대에
이 한 몸 편안함이
급하다 하겠는가
곤궁한 길에

---

73 김순석, 같은 책, 147; 김삼웅 지음, 『심산 김창숙 평전』 (시대의창, 2006), 20.

의리 그르칠까

오히려 두렵구나.

한밤에 등잔 불 돋우고

누웠다 일어났다 하며

떨어지는 눈물

금할 수 없네.[74]

　유교의 김창숙에 이어서 기독교계에서 언술하고 싶은 사람은, 만약 기독교계를 대표하는 그가 없었다면 3.1독립운동선언이 가능하지 않았을 것이라는 말을 듣고, 3.1운동으로 3년 4개월의 옥고를 치르며 민족대표 33인 가운데 가장 늦게 출옥한 이승훈 선생이다. 나는 그의 삶에서 기독교 정신의 한 뛰어난 결실을 본다. 그는 가난한 평민의 아들로 태어나 일찍 부모를 여의고 학업 대신에 상점의 사환과 점원 등으로 어렵게 살면서 자수성가해서 인생의 큰 전환을 기독교 신앙을 통해 이루었다. 그후 평생 겸허하게 자신을 '심부름꾼'으로 낮추고 비우면서 민족과 민중을 위한 헌신과 섬김의 삶을 일관되게 살았다. 그는 사후 자신의 시신까지도 그가 세운 오산학교 학생들의 학습을 위해서 이용하라는 유언을 남겼다고 한다. 그의 다음 말은 어떻게 기존 조선 유교의 신분과 학식을 뛰어넘어 진실한 민중의 언어(한글)를 통해서 한 뛰어난 자존과 자립, 자기헌신의 인격이 출현될 수 있는지를 보여준다.

---

74 『김창숙문존』, 김삼웅, 같은 책, 274에서 재인용.

나는 감옥에 들어간 후에 이천 칠백여 페이지나 되는 구약을 열 번이나 읽었고 신약전서를 사십 독을 하였소. 그 외 기독교에 관한 서적 읽은 것이 칠만 페이지는 될 터이니 내가 평생에 처음 되는 공부를 하였소. 장래 나의 할 일은 나의 몸을 온전히 하나님에게 바쳐서 교회를 위하여 일하는 것이오. 그러나 나의 일할 교회는 일반 세상 목사나 장로들의 교회가 아니오. 나는 하나님이 이제부터 조선민족에게 복을 내리시려는 그 뜻을 받아서 동포의 교육과 산업을 발달시키려고 하오.[75]

앞에서 이미 대종교의 세 지도자들이 모두 자결로써 생을 마감하였다는 이야기를 했다. 대종교를 중광하기 전부터 나철과 더불어 을사오적을 처단할 비밀결사대를 구성하는 등 이미 여러 가지 방식으로 구국운동을 함께 해왔던 해학 이기(李沂)는 자신의 학문론과 교육론을 겸하는 정치사상을 펼치면서 어떻게 하면 도탄에 빠져서 기울어가고 죽어가는 나라와 민중들을 구체적으로 구할 수 있을까를 치열하게 찾았다. 그는 "천하의 천하로서 일인의 천하가 아니다"(天下之天下, 非一人之天下)라는 만민이 주인이 되는 인민주권의 '공화지치'(共和之治)의 이상을 크게 품었는데, 이규성 교수는 그러한 해학의 민권론이 바로 그의 집안에서 소장되어 내려온 대종교의 문헌(태백진훈, 삼일신고, 천부경, 참전계경)과 연관되어 있음을 밝힌다. 오늘 대종교 경전에 들어있는 『참전계경參佺戒經』의 한 구절을 살펴보면 다음의 구절을 만난다.

---

75 1922년 7월 22일 동아일보 기사. 金基錫, 『南崗 李昇薰』 (한국학술정보, 2005), 236 참조. 박재순, 같은 책, 54 재인용.

기쁨을 추구하는 것은 인간의 천성(天性)이 원래 타인을 사랑하여 베푸는 것을 기뻐하는 것이다. 인간이 천성에 반하여 타인을 사랑하지 않으면, 외롭게 되고, 베푸는 것을 기뻐하지 않으면 천하게 된다. 간절함을 안다는 것은 타인의 간난(艱難)을 자기가 당한 것처럼 아는 것이다. 타인에게 위급한 간난이 있을 때, 방략을 간구하는 것은 힘에 있지 않고 타인을 자기처럼 사랑하는(愛人如己) 데에 있다. 궁휼의 마음이 발현되는 것은 자애의 마음이 친소도 없고 선악도 없이(無親疎, 無善惡) 오로지 불상함을 본 즉시 발현된다는 것이다. 그러므로 맹수가 달려들어도, 오히려 그를 구한다.[76]

맹수가 달려들어도 타인의 간난을 구하기 위해서 행동하는 것이 자연스러운 것이라는 인간 성품(性)에 대한 큰 믿음을 가지고 있던 그는 당시 유학자들이 "치세에는 나가고, 난세에는 후퇴하여 산림에 족적을 의탁하는" 말만 유가이지 그 진정한 정신은 잃어버린 매우 이기적인 처사라고 세차게 비판했다. 그렇게 어려운 시국에 자신의 평화만 추구하다가 마침내는 망국의 상황을 방관하게 된다고 통탄하는 것이다. 그러한 "비양심적 학술의 폐단"을 비판하면서 그는 유가가 그렇게 비판하는 묵가의 겸애설이 가지는 하층민을 위한 평등 정신과 공익 정신도 높이 평가하고, 장자의 무소유도 깊게 해석한다. 이러한 해학 이기 사상의 연구에 따르면 그는 나라를 구할 여러 방도의 개혁을 구상했지만 그중에서 제일 시급하고 중요한 일로 '토지제도'의 개혁으로 보았다고 한다.[77] 그는 전통의 토지제도와 그동

---

76 「참전계경參佺戒經」, 『大倧敎經典』, 210-211. 이규성, 같은 책, 223에서 재인용.
77 이규성, 같은 책, 236.

안의 여러 개혁 시도들을 살피면서 자신의 제안으로서 '토지 공전제'를 주창했는데, 이것은 토지의 사적 매매를 금하고 국가가 토지를 매수하여 점차로 토지 사유제를 소멸시키는 방법을 말한다. 그는 당시 "토지가 국가의 소유가 아닌 지 오래되었다. 비록 사세를 허용할 수밖에 없었지만 그것을 공세보다 많게 하지 않아야 명분과 말이 제대로 올바르게 되어 신민들이 반드시 따르지 않을 수 없게 될 것이다"라고 하면서 당시 전국의 토지가 부자 집에 집중되고, 민중들이 지주들에게 뺏기는 지세가 그 소출의 반이 되어서 1년 내 농사를 지어도 밥 한 그릇도 제대로 먹지 못하는 현실을 개탄했다. 그래서 그는 이 토지 공전제를 민족과 국가의 명운이 걸린 "생사가 걸린 기회"(死生之機)로 보면서 조선 후기 농민항쟁의 문제를 실질적으로 해결할 수 있는 정치와 교화의 방책을 여러 가지로 모색한 것이다.[78]

해학 이기는 인간의 원래 마음(性)은 '생(生)의 원리'(理)로서 우주의 무한한 생명원리이고, 이 생명의 원리를 구체적으로 사회적 선으로 구현해 내는 '성(成)의 원리'(氣)로서의 의지(命)와 힘(精)도 보유하고 있음을 밝힌다. 그러므로 천하를 나누고 독식하지 않는 것이야말로 참으로 자연스러운 삶의 방식이고 요절과 장수를 뛰어넘는 참된 자유의 삶인 것을 역설한다.

천하의 사물은 모두 나의 소유가 아니다(부천하지물, 거비오유). 내가 그것을 소유하고(留) 되돌리지(環) 않으면, 그것을 도적이라 한다. 선왕의 법은 소유법을 가장 엄하게 했다. … 납과 수은을 다려서 장수(오래 사는

---

78 같은 책, 237.

것)를 기대하는 것은 자연의 조화를 도둑질하는 것이요, 지위를 유지하고 총애를 굳히며, 그 탐애에 안주하는 것은 조정을 도둑질하는 것이고, 금전과 곡식을 축적하고 상품을 전매하여 이윤을 남기는 자는 백성을 도둑질하는 것이다. 사치한 옷을 입고 미식을 먹고 가득 찰 때까지 탐식하는 것은 자손을 도둑질하는 것이다. 그런데도 자기 소유라고 하여 반드시 보존하고자 하면, 사려가 있는 곳에 우환이 따르는 법이다. 결국은 그의 의지(志氣)를 억압하고 구금하게 된다. … 세상에 혹 달관한 군자가 있어 옆에서 그것을 보면, 어찌 큰 슬픔이라 하지 않겠는가?[79]

오늘 우리 시대의 독립과 자주, 인권과 자존 그리고 그것을 통한 진정한 하나됨의 큰 공동체적 삶을 일구기 위해서도 참으로 긴요한 안목과 방식을 가르쳐주는 해학 이기의 이러한 구체적이고 실질적인 사상은 이후 대종교 『역해종경사부합편譯解倧經四部合編』에 들어있는 『회삼경會三經』 저자인 백포 서일에게서 다시 치열하고 웅장한 모습으로 표현된다. 그는 1911년 북간도로 건너가서 명동학교(明東中學校)를 세워 교육운동으로 항일투쟁을 했고, 나철의 대종교를 만나 깊이 감화받으면서 민족의 정신적 자립과 자존을 위해 교리연구와 포교, 수도에 힘쓴 그는 대종교 세 번째 종사로서 교통(敎通)의 전달자로 부름을 받지만, 그 수락을 미루고서 독립군 양성과 무력항쟁을 위해 김좌진 등과 함께 군정부(軍政府)를 만들고 '대한독립군단'(북로군정서北路軍政署)의 총재가 되어서 청산리대첩(1920)을 이끌었다. 서일은 '아'(我)와 '대동'(大同)의 물음을 치열하게 밀고나가서 자존(自

---

79 이기, 「留遷堂記」, 『李海鶴遺書』 권8. 이규성, 같은 책, 235에서 재인용.

尊)의 '독아'(獨我)와 자애(自愛)의 '위아'(爲我), 자겸(自謙)의 '무아'(無我)의 원리를 포괄하는 '삼아론'(三我論)을 펼쳤는데, "우주와 인간은 하나의 원리를 공유한다"(天人一理)는 진실의 자각 아래 한얼대도의 큰 하나됨(대동)을 지향하면서 사익으로 공익을 해치는 것에 대해서는 자신을 무로 만들 때까지 대항하고 저항해야 함을 역설했다.[80] 이러한 정신의 사람들이 연합하여 참여하면서 1919년 3.1운동의 기폭제가 된 '무오독립선언'(대한독립선언서, 1918)이 나왔다는 것은 이미 언급했다.

VI. 마무리하는 말: 3.1정신의 정리로서의 독립선언서와 21세기 동북아 평화

주지하다시피 3.1독립선언서는 '일원화(一元化)·대중화(大衆化)·비폭력(非暴力)'의 원칙을 강조하는 천도교 손병희의 이름을 필두로 천도교, 기독교, 불교의 민족대표 33인이 선포한 선언서였다. 이 기미 독립선언서가 나오기 전후로 당시 국내외에서는 놀랍게도 여러 주체들에 의해서 유사한 이름의 독립선언서들이 광범위하게 출현한 것이 알려지고 있다. 나는 이 독립선언서들 속에 지금까지 우리가 살펴본 유교, 기독교, 천도교, 대종교 등의 핵심 이상과 사상들이 여러 모양으로 서로 연결되고 중첩되어서 복합적으로 표현되어 있다고 생각한다. 그리고 그 표현들 속에는 오늘 21세기 3.1운동 백주년

---

80 이규성, 같은 책, 275-281.

을 맞이하고 있는 우리가 놓인 상황과 처지를 위해서도 긴요한 가르침과 안내가 들어있고, 거기서부터 우리의 나아갈 방향을 탐색 수 있다고 생각한다. 왜냐하면 오늘 우리가 놓인 상황이란 앞의 시작하는 말에서도 여러 가지로 언급했듯이 일제식민지 시절의 잔재인 남북 분단의 현실이 아직도 걷어지지 않은 상황이고, 그런 상황에서 야기된 강대국들의 억압과 압제, 불의가 여전히 현재 진행형이기 때문이다. 나는 그 선언서들을 보면서 어떻게 당시 그 후미지고, 억압받고, 압제당하던 가난한 식민지 나라의 사람들이 그렇게 웅장한 선언을 하고, 치밀한 논리와 이치로 최고의 평등사상과 인권의식, 전인류 공동체를 포괄하는 인류애를 설파하고, 이웃의 잘못을 용서하며, 바로 자신이 처한 동아시아의 처지와 상황을 통찰력 있게 파악하면서 평화와 공존, 번영을 위한 대안을 제시할 수 있었는지를 보면서 크게 감탄한다.

3.1독립선언서는 먼저 조선이 독립국임과 조선인들이 자주민임을 선언한다. 곧 이어서 바로 '세계만방'과 '인류평등의 대의'를 말하고, '세계개조'라는 큰 전개에 함께하고 있음을 선언한다. 자신이 지금 놓여있는 처지는 이 '세계문화의 대조류'에 역행되는 것이며, 그래서 '인류통성'과 '시대양심'을 불러일으키고, '정의'와 '인도'(人道)를 상기시킨다. 그러나 이러한 선언이 일본의 신뢰 없음과 죄과를 책하는 것을 목적으로 하는 것이 아니라 오히려 스스로를 책려(策勵)하고 가다듬어서 스스로가 다시 서려고 하는 일이라고 밝힌다. '자기건설'을 목적하는 것이지 '타의 파괴'가 의도가 아니며, 결코 '일시적 감정'으로 일본을 탓하고 배척하려는 것이 아니라 일본의 그와 같은 침략주의가 얼마나 '부자연'스럽고, '불합리'한 것임을 지적하여 일본

으로 하여금 다시 본래로 돌아오게 하려는 것임을 강조한다. 그러면서 강압으로 이루어진 양국병합을 계속 위압과 불평등과 거짓으로 강화하고 지속하려는 일이 얼마나 부질없는 일이며, 만약 그렇게 계속 한다면 일본도 내세우는 '동양의 영구한 평화'란 결코 보장될 수 없고, 또 그 동양 평화와 안위의 핵심관건이 되는 4억 중국인들을 자극해서 동양 전체를 비운에 빠뜨리는 일이 된다고 지적한다. 그래서 조선독립은 오히려 일본으로 하여금 잘못된 길에서 벗어나서 동양의 안정을 위한 참된 지지가 되게 하고, 중국으로 하여금 불안에서 벗어나게 하며, 그 동양 평화를 한 축으로 삼는 '세계 평화', '인류 행복'을 위한 계단이 되게 하는 것이고, 그리하여 그 일은 결코 '감정상의 문제'가 아님을 천명한다.

박은식의 『한국독립운동지혈사』에는 기미 독립선언서 다음으로 3.1운동에 민족대표 48인으로 참여했던 임규(林圭, 18670-1948)가 일본 정부와 의회 등에 한국인의 독립의지와 선언을 알리기 위해서 전달했던 '통고일본서'(通告日本書)가 실려 있다. 그런데 거기 서술되고 선언된 병합의 문제점과 그 오류, 일본의 잘못이 무엇이고, 지난 10년간의 시간이 어떠했으며, 왜 병합이 지속될 수 없는지, 그것으로 동양 평화가 어떻게 깨어지고, 한반도가 세계 평화에 어떤 의미가 있는지 등을 분석하는 내용은 오늘 21세기의 동북아의 현실과 한반도의 상황을 너무도 잘 예견한 것이어서 놀라지 않을 수 없다.[81]

지난 병합을 "강제와 기만에 의한 한 조각의 公文書"라는 말을 하고, 일본이 어떻게 "이전의 약속을 헌신짝처럼 버렸고", "일본은 걸

---

81 박은식, 『한국독립운동지혈사』 (상), 182-196.

핏하면 우리를 현대문명에 뒤떨어졌다고 하"는데, 그것은 "다만 지리상의 관계"나 "시세" 그리고 "오로지 백성들이 실의하게끔 가혹히 다룬데 책임이 있는 것"이라고 조목조목 반박한다. 기미 독립서와 유사한 동양 평화론을 역설하는데, "설사 일본이 한국을 영원히 장악한다 할지라도, 그에 따른 이익이 중화민족의 마음을 잃는 손해를 보상할 수는 없으리라"고 판단하고, 그렇게 한국병합을 통해서 동양 전체를 분열시키고 상호 반목시켜서 "필경에는 다 함께 백인종의 횡포 아래 쓰러지게 된다면 일본은 실제로 그 과오의 책임을 져야 한다"고 밝힌다. 오늘날 동아시아의 상황을 살펴볼 때 일본은 미국의 준식민지가 되어 있고, 남한도 분단되어 미국의 속국처럼 되었고, 중국이나 북한도 지금 미국 트럼프 대통령의 횡포에 휘둘리는 것을 볼 때 이 예견이 탁월하며, 오늘의 동북아 정세에 바로 일본의 책임이 지대하다는 것을 잘 보여준다. 통고문은 그러한 상황을 "무서운 정세"로 표현하고, "한국으로 하여금 동양 평화의 안전판이 되게도 하고 분화구가 되게도 할 것"이라고 예견하고, 만약 독립을 허하지 않으면 한국은 "과격한 사상의 소굴이 되고", "생존과 존영을 위하여 마침내는 어떤 수단이든 감행"하려는 것은 당연한 귀결이라고 지적한다.

여기서 다시 한반도의 이데올로기 분열과 남북분단이 그로부터 야기된 것임을 말할 수 있겠다. 통고문은 일본의 병합 후 '동화'를 말하지만 결코 그렇게 될 수 없는 이유를 거의 열 가지 정도까지 든다. 대륙성과 섬나라의 차이, 사회의 기초로서 유교와 불교의 차이, 역사로써 5천 년의 기초와 "몇 천 년에 불과"한 차이, 언어면에서의 현격한 차이, 문학과 포용력에서의 차이, "의식은 한국 문화의 우월과 일본의 저열하기가 본래부터 정평이 있다"는 표현까지 하고, "신문화의 과정에 있어서는 비록 우리 한인이 조금 뒤떨어졌더라도 표현의 수준이 이미 월등히 높으니" 결코 동화가 가능하지 않다는 것이다. 그리고 덧붙여서 양국 사이에는 이미 수천 년간 계속된 서로 간의 원망과 미움이 있어서 "현재와 미래에 다만 경제적 이해의 충돌이 있을 뿐이다"라고 말하는데, 오늘 여전히 계속되는 한일 간의 갈등과 문재인 정부 판문점 선언 이후에도 미국의 간섭으로 남북이 쉽게 다가가지 못하고, 거기서 일본의 역할이 결코 긍정적이지 않은 것을 보면서 이 예견대로 지금의 상황이 유사하고, 우리의 현재 처지가 여전히 매우 어려운 것을 잘 볼 수 있다. 그러나 통고문은 "5천 년 역사를 가진 국가가 쉽사리 타인에게 멸망되고, 2천만 문화민족이 용이하게 이민족에게 동화된 사실이 과연 역사상에 나타난 실례가 있는가"라고 물으면서 "태양이 일본을 향하여 서쪽에서 뜨지 않음을 어찌하랴"라고 언설한다. 그러면서 또한 "비록 미국 대통령이 제창한 국제연맹의 보장이 없더라도" 세계 대세의 변환을 막을 수 없다는 것을 지적하며 "2천만 마음의 힘이 다 무기이다"라는 것을 내세운다. "시대는 이미 바뀌었으며 한인은 벌써 자각하였도다"라는 것이 그 통고문의 마지막 말이다. 나는 이것은 깊은 자립과 자존, 독립과 민주의 의식을 표현한 것이라고 여긴다.

그리하여 나도 본 성찰의 마지막 언어로서 지금까지 앞에서 중층적으로 살펴본 대로 수천 년의 역사 속에서 다듬어진 1) '공의'를 위한 깊은 우환의식과 헌신, 2) '하늘이 나를 낳았으니 자족할 뿐이다'라는 우리 모두가 하늘과 직접 맞닿아 있음을 아는 민권과 민주의 자주의식과 더불어서 3) 어떤 어려운 상황이라 하더라도 인내하고 자신을 수련하며 널리 인간을 이롭게 하는 홍익의식과 전 우주공동체를 향한 사랑과 평화의 '호생'(好生)과 '대동'(大同)의 의지를 놓지 않는 신인(神人/信人)의식으로 우리 앞에 놓인 이 난국을 극복해 나가자고 청한다. 자기 집안에 이미 있는 보물을 보지 못하고 밖으로 나가서 거지처럼 온갖 것을 찾아 헤매고 구걸하는 형세를 그만두고 무엇이 참으로 실질적이고 구체적이며 큰 하나됨의 정신으로 우리를 하나 되게 하고 복되게 하는지를 탐구하는 정신의 모형을 3.1정신은 이미 잘 보여주었다고 생각한다.

한국 여성신학자 박순경 통일신학의 세계문명사적 함의와 聖·性·誠의 여성신학*

I. 시작하는 말: 박순경 통일신학의 삼위일체적 구조

2019년 한 해 동안 대한민국은 3.1운동 백주년을 여러 차원에서

---

* 이 글은 지난 6월 8일 한국여성신학회가 주관한 2019년 하계학술세미나 '원초 박순경의 삶과 신학: 기독교, 민족, 통일을 말하다'에서 발표한 글이다. 한국 여성신학자로서 한반도 통일담론의 장에서 이 정도의 깊이와 진정성 그리고 지속성으로써 통일신학을 전개시켜온 분이 있지 않지만 사실 그의 통일신학은 그렇게 많이 회자되지 않는다. 심지어는 여성신학자들 사이에서도 거의 그래왔다. 그래서 그녀가 처음 신학을 시작한 감리교 신학대학의 조직신학 교수 김정숙 여성신학회 회장의 발의로 올해 그녀의 신학을 본격적으로 다루어보기로 한 것이다. 이미 부산 피난 시절부터 그녀를 알았고, 이화여대 기독교학과의 오랜 동료로서 함께 시간을 보내오신 서광선 교수님과 그녀의 노후에 학문적 제자로서, 또한 딸처럼 또 다른 대안적 가족의 삶을 살고 있는 김애영 교수(한신대 명예교수)의 발제에 이어서 본 글이 발표되었다. 박순경 선생의 통일신학은 한 여성신학자의 어설픈 마르크시즘 연구가 아니라 조직신학자이면서도 역사신학의 뛰어난 문제의식과 관점을 가지고, 그와 더불어 어떻게든 한민족 시원의 역사에까지 가닿으려는 장기간에 대한 전망과 포괄적 세계인식으로 어떻게 한국 개신교 신앙이 좁은 사회주의 포비아적 근본주의와 서구신학 종속성을 벗어날 수 있는지를 밝힌다. 거기에 더해서 대안적인 여성신학적 전망을 보태서 한국 신학을 한 차원 높게 끌어올린다. 오늘 90세를 훌쩍 넘기신 연세에도 불구하고 여전히 치열하게 저술하고 연구하시는 선생의 일관된 목표를 나는 나름의 주체적인 '한국적 신학'의 재구성에 있다고 본다.

기념하며 보냈다. 그러면서 여전히 감춰져 있었고, 드러나지 않던 근현대사의 많은 일들이 밝혀지면서 그 시간들이 얼마나 치열한 격동과 투쟁, 갈등의 시간이었는지를 더욱 알아 갔다. 대한민국 독립에 끼친 공로를 인정받아 수여된 최고훈장인 대한민국장 제1호를 받은 사람이 이승만 대통령이라고 한다. 하지만 그는 해방 후 남한의 대통령으로서 일제하 친일 경찰들을 다시 끌어들였고, '보도연맹(保導聯盟)사건'과 같은 일을 일으켜서 많은 독립운동가들을 '빨갱이'로 몰아 숨지게 했으며, 그의 친미정책과 반공주의는 이후 대한민국과 한반도의 삶에 또 다른 식민과 비참, 갈등과 분열을 일으키는 결정타가 되었다. 한동안 촛불혁명 정부인 문재인 정부 하에서도 지난 시간 대표적인 공안검사였던 황교안 의원이 제일 야당의 당수가 되어서 자신이 잡아들여 가혹하게 고문하고 간첩으로 조작했던 피해자들을 다시 호통치는 일이 계속되었다. 그런 모습이 바로 2020년 4월의 총선 전까지 대한민국의 여전한 현실이었는데, 여기서 황교안 대표는 한국 침례교회의 전도사로서 역할하기도 했다는 것은 주지의 사실이다.

한국 여성신학자 박순경의 통일신학은 바로 이러한 불의한 현실에 대한 일침이고 항거이다. 그것은 2020년까지도 여전히 지속되는 갈등과 분열, 식민과 불의한 현실로부터의 해방과 새로운 건국의 길을 찾는 고통의 행군이라고 할 수 있다. 그녀의 이 행군은 1945년 일제로부터의 해방 이후 지금까지 이어진 반세기 이상의 긴 길이었고, 거기서 그녀의 제1의 화두는 '민족', '한민족'이었다. 즉 어떻게 근현대 서구적 제국주의의 희생자였던 한민족이 '하나님'의 새로운 구원사적 메시지로서 세계사적 의미를 얻을 수 있겠는가 하는 것이다.

이 일에서 그녀에게 제일 시급하고 긴급한 일은 한반도의 '통일'이었다. 일제로부터의 해방과 더불어 남북으로 나눠진 한반도의 현실을 보면서 그녀는 자신이 믿고 공부하게 된 기독교 신앙과 신학의 '하나님'과 '구원'과 '성령'의 역사가 자기 민족의 현실과 어떻게 관계되는지를 끊임없이 물었다. 특히 미국 유학(1956-1965년)을 거쳐서 1970년대 유럽으로 서구 신학의 근황을 연구하러 가서는 "나의 신학적 태도의 전환기"라고 스스로 말할 정도로 그때까지 칼 바르트 등 서구 신학자 연구가 그녀 신학의 주된 관심사였다면 그로부터는 "한국 민족에로의 신학적 주제의 전환"이 크게 일어나서 특별히 민족분단의 현실이 최고의 관심사가 되었다고 한다.[1]

박순경의 통일신학은 참으로 통전적이다. 그녀는 자신이 이미 1946년 감리교신학교에서 신학공부를 시작할 때부터 막연하게나마 느꼈다고 하는 민족, 사회주의 민족운동, 기독교의 관계를 깊이 천착하고자 했고, 그래서 유럽에서 돌아와서 민족사 연구를 심화시켰고, 마르크스주의와 사회주의 연구를 밀고 나갔으며, 기독교 구원사의 의미를 특히 이스라엘 민족의 출애굽 경험과 '계약'에 집중하면서 한민족의 역사와 운명, 미래의 나아갈 길에 적용하며 매우 통합학문적으로 진척시켰다. 그녀 공부의 양과 폭이 얼마나 크고 깊은지를 이번 글을 준비하면서 알게 되어서 참으로 감탄을 금치 못했고, 그 노고와 수고에 감사와 찬탄이 저절로 나왔다. 이 모든 추구와 노력은 20세기 민족 식민화와 분단의 현실에 직면해서 "한국신학에로의 전환기회"를 거쳐서 '민족신학', '통일신학'을 수립하고자 하는 행보

---

[1] 박순경, "나의 신학 수업", 『하나님 나라와 民族의 未來』(대한기독교출판사, 1983), 22.

였다.[2] 그리고 여기에 더해서 그녀는 '여성신학'이라는 이름 아래서 새롭게 이 모든 민족과 민중, 사회주의와 통일의 물음들을 통전적으로 연결시켜서 박순경의 '한국적 여성신학'의 틀을 보여주었다. 지난 2014년 이제 중년여성들이 된 제자들로부터 '내 나이가 어때서'라는 춤과 노래로 맘껏 축하를 받은 그녀의 저술 『삼위일체 하나님과 시간 - 제1권 구약편』은 다시 한번 그녀 신학이 무엇을 추구하고, 그 추구의 길에서 어떻게 항상 다시 '원초'(原初)를 중시하면서 근본과 기초를 추구하는지를 보여주었다. 가장 최근의 저서인 이 책에서 박순경 통일신학은 특히 구약 창세기의 창조설화와 관련해서 한민족(동이족)의 원류 이해를 더욱 긴밀히 연결하면서 그녀의 민족신학과 통일신학이 고정된 것이 아니라 계속 전진하고 전개되고 있음을 드러내 준다.[3] 재미있는 사실은 그녀의 호 '원초'(原草)는 '본디 풀'이라는 인간과 세계의 지극한 무상성과 상대성을 뜻하는 것이라고 하지만, 나에게는 오히려 그 뜻은 다르지만 한글 발음은 같은 '근본'과 '기초'라는 의미의 '원초'(原初)로 읽혀져도 손색이 없다고 여겨졌다. 그만큼 그녀의 신학은 가장 서로 상반되는 것 같은 두 영역과 의미, 예를 들어 하나님과 세상, 초월과 내재, 기독교와 유물론 등을 '불이적'(不二的)으로 하나로 엮으려고 시도인 것을 드러내는 의미라고 하겠다.

한국 토착화신학으로서의 박순경 통일신학: 지금까지 박순경 통

---

2 박순경, 『통일신학의 미래』(사계절, 1997), 27.

3 3.1운동 백주년을 맞이해서 '변선환아키브' 주관으로 펴낸 『3.1정신과 '以後'기독교』에서 박순경 통일신학을 탐구한 신혜진 박사는 이러한 사실을 지적했다. 그리고 박 선생님의 통일신학에 관한 핵심 저서 『통일신학의 여정, 1992』이 그 제목으로 잘 말해주고 있다. 이 제목은 그의 제자 김애영 교수로부터 연원한 것이라고 선생님은 밝히고 있다. 신혜진, "한반도 평화와 통일신학-박순경 통일신학의 활성화를 위한 비판적 검토", 변선환 아키브 편, 『3.1정신과 '以後'기독교』, (모시는 사람들, 2019), 260.

일신학과의 대화와 그 연구는 주로 정치신학이나 민중신학의 측면에서 이루어져 왔다. 박순경 선생님 스스로도 하나님과 세상의 질적 구분을 강조하는 신정통주의 신학의 입장에서 윤성범이나 유동식의 신학, 변선환의 종교신학을 세차게 비판하며 토착화신학이 "반공기독교의 반민족적 상황"에 안주하며 "추상적이고 비역사적인" 모습을 보인다고 지적해 왔다.[4] 하지만 나는 이번 박순경 통일신학을 우선적으로 '토착화 신학'의 한 과업으로 여기면서 수행해 왔다는 것을 먼저 밝히고자 한다. 왜냐하면 나에게 있어서 토착화신학이란 어떻게 하면 기독교 복음의 메시지를 우리 한반도 삶의 증진을 위해서 가져올 수 있을까 하는 물음이고, 그래서 그 일을 위해서 지금 우리 현실에서 통일과 평화의 일이 가장 긴요하다고 생각됨으로 통일과 평화의 일을 토착화 신학의 핵심 과제로 보기 때문이다. 또한 거기에 더해서 이러한 한반도의 통일과 평화를 위해서는, 특히 그 도상에서 오늘날 점점 더 심각해지는 남남갈등에 있어서 주도적 역할을 하는 반공기독교, 보수기독교의 폐쇄된 서구와 미국 중심주의를 넘어서기 위해서는 한반도와 동아시아 고유의 사상 전통과 대화하지 않을 수 없다고 보기 때문이다. 그러므로 지금까지의 좁은 의미에서의 토착화 신학적 작업은 한국 신학이 피할 수 없는 주제라고 보는 것이다. 그리고 나는 이 일에서 비록 선생이 지금까지 개별적인 한국 토착화 신학에 대해서 부정적인 입장과 언급을 함에도 불구하고 그 통일신학 안에 나름대로 유사한 시도와 관점들이 다분히 들어있다고 본다. 이번 본인의 연구를 통해서 그러한 측면들이 더욱 드러

---

4 같은 책, 23.

나기를 희망한다.

지속적으로 스스로 강조하시듯이 박순경 선생의 통일신학은 좁은 의미의 민족주의에 머무는 것이 아니다. 온 시간과 공간을 포괄하는 '하나님', 또는 '하나님 나라' 의식이 그녀 신학의 토대이자 지향점이 되므로 그 민족신학은 결국 세계신학에로 향하고, 그렇게 전 세계를 향한 의미로 한국신학이 확장될 때만 존재 의미가 있다고 역설한다. 이것은 박순경 신학의 성령론적 전개를 말하고, 박순경의 여성신학은 이 영역에 자리한다고 본다. 이상의 개론적 탐색을 통해서 박순경 통일신학이 크게 세 영역으로 그룹화 될 수 있다고 보고, 본 연구를 그 구조 안에서 살피고자 한다. 그 세 영역과 주제란 첫째, 그녀 신학의 하나님 나라 의식과 민족, 한민족 이해, 둘째, 예수 그리스도의 구원론적 의미와 민중, 민중신학과의 대화, 마지막으로 성령 이해와 여성신학, 세계신학적 의미이다. 지금으로서는 그녀 신학의 결론적인 종합이라고 할 수 있는 2014년의 저서 『삼위일체 하나님과 시간』이라는 제목이 잘 지시하는 대로 박순경 통일신학은 삼위일체적 신학 일반을 모두 포괄하고, 본 논문은 그 탐구의 깊이에 대한 우려에도 불구하고 그와 같은 전체를 함께 살펴보고자 한다. 그러면서 聖·性·誠이라고 하는 한반도의 토착적 유교 전통으로부터 가져와서 기독교 신학에서의 하나님/그리스도/성령을 또 '다르게' 지시해 보려는 언어를 가지는 본인의 한국적 聖·性·誠의 여성신학으로부터 어떠한 비판적 성찰을 보낼 수 있는지를 살펴보고자 한다. 이러한 본인의 모든 신학적 작업도 선생님의 통일신학처럼 그렇게 한반도의 평화와 통일, 더 나아가서 그로부터 한국신학이 어떻게 세계문명사적 의미를 얻을 수 있겠는지를 탐색하는 하나의 고투라고 감히 말씀드리고자 하는 의미에서이다.

II. 박순경 통일신학의 하나님, 하나님 나라 이해와 민족

1. 박순경 신학의 출발점으로서의 존재사건

8.15해방을 맞이할 무렵부터 부모님의 별세와 병마 그리고 민족 해방 사건에 직면해서 신학을 공부하기로 결심한 박순경은 1946년 감신에 들어간다. 그러나 인생과 신앙에 대한 회의로 여전히 어려움을 겪는 가운데 "사상적 훈련"을 위해서 1948년 서울대 철학과에 입학했다고 하고, 그러한 회의와 번민 속에서 고민하던 중 그녀는 1949년 한 놀라운 신앙의 경험을 한다. 즉 그것은 어느 날 길을 걷다가 "다 이루었다"(요 19:30)라고 하는 예수의 십자가상의 마지막 언어가 확연히 떠오르면서 그의 죽음과 부활 사건이 바로 "나의 실존뿐만 아니라 온 역사의 종말적 의미"로 깊게 깨달은 것을 말한다.[5] 그의 고백에 따르면 이 "엄청난 직관"의 체험은 결코 "나의 주관적인 소리도 아니요 철학적 사상 훈련의 결과도 아니었다." 이러한 순간의 깨달음을 얻고 그녀는 "이제 다 살았다"라고 거리에서 뛰고 소리치고 싶을 만큼 기쁨을 주체할 수 없었고, 바로 그러한 이해에 근거해서 자신의 존재가 있기까지 계셨던 부모님의 존재의 의미가 이해되고, 아브라함과 모세 선지자 등의 전 구약의 의미와 예정이 모두 자신을

---

[5] 박순경, "나의 신학 수업", 『하나님 나라와 民族의 未來』, 14.

위해서 그리된 것으로 깨달아졌다고 밝힌다. 이것은 '지금여기'의 한 존재에게로 우주 만물의 모든 존재의 의미가 수렴되는 깊은 '존재사건'을 경험한 것을 말한다. 그녀는 이 경험을 통해서 "시간과 역사 안에서 (일어난) 한 궁극적 종말적 사건"에 대한 깨달음을 얻었고, 그로 인해 지금까지 시간과 역사에서 무의미하고 죄와 죽음을 피할 수 없다고 느끼던 존재가 "재포착"(Recapitulation)되었다고 언술한다.[6] 바로 이 사건을 겪고서 바르트의 『로마서 주석Der Roemerbrief』(1922년 판)을 이해할 수 있었고, 나중에 박사학위 논문, 칼 바르트의 예정론과 역사이해의 계기도 얻었다고 고백한다.

나는 박순경 선생의 이 고백과 경험을 그리하여 한 사상가에게서의 정신적 재생과도 같은 큰 '존재사건'으로 표기하고자 한다. 그것은 일종적 신학적 재탄생으로서 여기서부터 출발하여 그녀 신학의 방향이 정해지고, 토대와 기초가 놓인 것을 말한다. 지금까지 박순경 신학에 대한 연구가 이 특별한 '시작점'(the starting point)에 대해서 별로 주목하지 않았지만 나는 이 경험이야말로 그녀 사상에 있어서의 흔들리지 않는 기초라고 본다. 즉 '계시의 직접성의 경험'을 말하는 것이고, 그래서 이 경험에서 얻어진 "온 역사에 의미를 부여하는 예정의 촛대"와 "시간과 역사 안에 한 성취점"이 있다는 확신과 깨달음이 앞으로 이어질 그녀의 모든 신학적 탐구의 기준점이 되는 것을 알 수 있다.

---

6 같은 책, 14.

2. 구약의 구원사와 동이족(東夷族)의 창조이야기

이렇게 지금 여기의 시간과 공간 안에서 하나님의 강력한 계시사건을 경험한 박순경에게 있어서 이 시간과 공간 전체가 하나님 나라가 되어야 하고, 역시 그 안에 있는 한민족의 역사가 하나님의 섭리 안에서 진행되어야 한다는 것은 자연스럽고 당연한 일이다. 구체적인 역사의 사건 속에서 행위 하시는 하나님을 경험하고 신학 공부를 시작할 때부터 민족문제를 의식했고, 항일민족운동과 해방시점부터 민족분단을 의식할 때마다 거듭 거듭 기독교의 반공이데올로기를 문제로 여겼다는 박순경에게[7] "한민족 전체"의 역사와 시간이 세상의 창조자이고 구원자가 되시는 하나님의 구원사 안에 포괄되는 것을 신학적으로 해명하는 일이 긴요하게 된 것이다.

그것은 그녀에게 '한민족'이 신학의 "주체와 주제"가 된 것을 말한다.[8] 여기서 그녀는 한국에서 이루어졌던 기독교 복음선교가 알게 모르게 복음을 서양문명과 동일시했다는 사실에 주목하면서 그러한 왜곡과 서양 민족주의적 교만을 털어내고 한민족이 신학의 주체로 서는 일이야말로 바로 서양 민족들에게도 새로운 신학의 지평을 여는 일이라고 역설한다. 그렇게 되려면 하나님의 전 구원사 안에서 한민족의 위치와 역할(命)이 밝혀져야 하고, 그 가능성이 그에 의하면 "구약과 신약에 암시되어 있"기 때문에 그녀는 "민족들의 성서적 근거와 신학적 해석"을 시도한다.[9] 그것은 민족들의 기원을 다루는

---

7 박순경, 『통일신학의 여정』 (한울, 1992), 12.
8 같은 책, 14.
9 같은 책, 17.

문제를 살펴보고, 거기서 이스라엘 민족의 특수성과 또한 그 이스라엘 민족과 한민족의 관계, 오늘 20세기로 들어서면서 민족 분단의 현실을 겪는 한국 역사의 이해 등을 추구하는 매우 통합학문적이고, 특별히 역사신학적인 관점을 첨예화시키는 작업이다.

여기서 그녀가 주목하는 개념이 '계약(berith) 개념이고, '계약신앙' 사고이다. 위에서 몇 차례 언급했듯이 일관되게 이어지는 그녀 신학의 핵심 탐구인 '시간' 탐구에서 민족의 기원과 시원을 살피는 그녀에 따르면 타민족과 구별되는 이스라엘 민족의 특수한 의미가 구약 전체의 중심적 주제이다. 하지만, 창세기 10장의 노아 이야기도 그렇고 모든 민족들의 통일성이 창조신앙과 하나의 혈통이라는 개념 안에 내포되어 있다고 한다.[10] 그러나 우리가 알다시피 창세기 11장의 바벨탑 설화는 그 민족들을 하나님 스스로가 나누어지게 한 사건으로서 이 의미를 박순경은 하나님과 같아지려는 피조물의 그릇된 시도를 하나님이 용납하지 않은 원(原)사건으로 보면서 이 하나님과 세상의 이원성, 하나님의 초월성과 피조물의 상대성과 조건성에 대한 분명한 구별을 끝까지 밀고 나간다.

나중으로 갈수록 점점 더 한민족의 『천부경天符經』이나 『삼일신고三一神誥』 등의 창조설화를 하나님 나라 이해와 시간 이해에 적극적으로 끌어들이지만 그녀가 끝까지 담지 하고자 하는 것이 이 하나님의 초월성과 주체성에 대한 강조이다.[11] 앞에서 살펴본 대로 그녀 사고의 기원에 놓여진 '다 이루었다'라는 성서 언어와 함께 체험한 강력한 '존재사건'이 그녀로 하여금 어떠한 경우에도 하나님의 초월성

---

10 같은 책, 18.
11 박순경, 『삼위일체 하나님과 시간 - 제1권 구약편』 (신앙과지성사, 2014), 680-710.

을 훼손하는 듯한 시도는 용납하지 못하도록 했고, 그래서 그녀는 "형이상학적이든 역사적이든 범신론적 일원론에 그러한 근원적인 문제가 들어 있다"라고 지적하면서 한민족 고유의 사상에서도 그러한 범신론적 일원론의 문제점을 보고 있는 것이다.[12]

그녀에 따르면 바벨탑 사건이란 이 "원시적 일원론"이 깨어진 사건이고, 그러나 거기서부터 다시 "민족의 신적 기원과 통일정신"이 하나님 스스로가 주체가 되어서 새롭게 회복되고 시작된 사건이 일어나는데, 그것이 아브라함 사건이라는 것이다. 창세기 12장부터 본격적으로 등장하는 아브라함의 이야기를 박순경은 수메르족 우르 지역의 아브라함 가족이 그 고향을 떠나서 가나안 땅으로 이주하면서 바로 야웨 하나님과 새로운 '계약'을 맺고, 아브라함이 인류 '계약신앙'의 원조상으로서 모든 민족들의 시조라는 이상을 담고 있는 이야기로 이해한다.[13] 이렇게 해서 이후로 이어지는 모세의 출애굽 사건이나 십계명 등 '야웨의 백성'으로서의 이스라엘 민족의 특수성이 성립되고, 여기서 가장 핵심은 '야웨신앙', 야웨 하나님의 의로운 주체성에 대한 신앙에 근거해서 '계약사회'가 이루어진 것이고, 그것이 이스라엘이라고 하는 한 특수한 선택받은 민족에 의해서 시작되었다고 이해한다.

하지만 이렇게 야웨의 백성으로서의 이스라엘 민족공동체가 당시 위대한 고대 애굽 문명에 대한 "반립"(反立)으로서 계약신앙과 계약 공동체의 전통을 시작했지만, BC 11세기 초 다윗 왕조로부터 시작해서 타 민족국가들과 같이 왕권국가의 체제가 확립되고, 급기야

---

12 박순경, 『통일신학의 여정』, 20.
13 같은 책, 21장.

북이스라엘과 남유다로 나라가 갈라지고, 결국 BC 6세기 초 남유다 왕국의 멸망에 이르자 그러한 이스라엘 민족의 역사적 특수성이 그치는 것으로 지적된다. 즉 온 민족들의 근원으로 고백되는 한 분 창조자 하나님과의 계약이 이스라엘 민족에 의해서 시작되고 증언되었지만, 결국 예레미야 등의 대예언자 그룹에 의해서 그러한 특수한 민족사로서의 경지가 초월되고, 제이 이사야 등에서는 바벨론 포로와 귀환 등을 겪은 이스라엘 민족의 고난 체험이 세계 민족들에게 한 분 하나님의 의와 구원을 증언하는 계기로 재해석되는 등 세계 보편사의 지평을 얻어갔다는 것이다.[14] 박순경의 한민족 신학과 통일신학이 접목되는 지점이 바로 이 지점이다.

어떻게 보면 박순경의 이러한 구약과 하나님 나라 이해는 우리가 보통 알고 있는 일반적인 기독교 신학에서의 이해와 그렇게 크게 다르지 않다. 하지만 그럼에도 그 안에 한국 여성신학자로서의 고유함과 기여가 놓여있는데, 특히 그녀의 고대 수메르(Sumer) 문명 이해와 그와 연관된 한민족 원류로서의 동이족(東夷族) 이해와 관련해서이다. 그녀는 옥스퍼드 대학교수였던 C.J. Ball 교수가 메소포타미아 수메르족의 상형문자와 중국 고대의 상형문자의 긴밀한 유사성을 지적한 연구(1913)와 20세기 중국의 임어당(林語堂, 1895-1976)이나 안동준(安東濬), 임승국(林承國), 안호상(安浩相) 등의 국내 학자들이 그 중국문자의 원류가 동북방의 동이족이고, 수메르족은 동북방으로부터 근동에로 이동해 간 동이족 계보의 한 지류라는 주창을 받아들인다.[15] 다시 말하면 이것은 심지어 그녀가 비판하는 토착화 신

---

14 같은 책, 27.
15 같은 책, 19, 40.

학자 윤성범의 단군신화 이해보다도 더 급진적으로 한민족의 원류성을 주창하는 것으로서 한민족의 단군설화(三神一體)가 기독교(삼위일체)의 영향을 받은 것이 아니라 오히려 그 반대를 말할 수 있는 근거로 제시하는 것이다. 그런데 사실 이 글을 쓰는 나도 평소 한국 토착화 신학으로부터 거리가 멀다고 생각해온 박순경 선생에게서 이러한 반전이 있을 수 있다는 생각을 하지 못했다. 그래서 2018년에 한반도 통일과 평화를 논하는 자리에서 그 유사한 질문을 던졌고, 2019년 3.1운동 백주년을 맞이하여 한국 종교개혁의 길에 대한 탐색에서 기독교 신앙의 미래를 위해 이러한 발상의 전환을 요구한 바 있다.16 그것은 지금까지의 신학에서 서구 기독교 창조설화가 가졌던 세계 창조 이야기의 독점적 지위를 흔드는 것이기 때문에 매우 전복적이라고 하지 않을 수 없고, 나는 박순경 통일신학 안에 그러한 전복성을 보면서 이러한 '불이성'(不二性)과 전복성이 그녀 신학의 제일의 특성이라고 여긴다.

그녀는 최근 저서 『삼위일체 하나님과 시간 - 제1권 구약편』에서 한국 대종교의 『삼일신고』나 여전히 위서(僞書)논란이 많은 『환단고기桓檀古記』도 언급하면서 동이족의 '환국'을 신석기 시대 BC 7000여 년 전에 '실재'했던 '인류 최초의 나라'로 자리매김한다. 그러면서 그로부터 그 조상이 메소포타미아 수메르 문명권(BC 4000년경)의 셈족 아카디아(Akkadia)계에 속한다고 하는 아브라함 이야기도 새롭게 보고자 한다. 또한 BC 1250년경의 출애굽의 이스라엘 하나님

16 〈한반도 평화 프로세스와 한국교회 - 평화신학과 발선(發善), 생평마당 2018년 가을포럼〉 (2018.11.27.)에서 행한 한완상의 발제에 대한 본인의 논평을 보라. 이은선, "3.1운동 정신의 통합학문적 이해와 기독교 신앙의 미래", 『3.1운동 백주년과 한국 종교개혁』, 3.1운동백주년종교개혁연대 편 (모시는사람들, 2019), 445.

이해란 인류가 모두 함께 하나님의 백성이고, 같이 신적 기원을 가진다는 동이족 환국의 환인 천제의식을 다시 한번 근본적으로 변혁한 이야기라고 이해한다. 즉 인류 최조의 동이족 환국의 민족과 나라의식은 인류 최초로 여러 씨족들과 부족들을 통합시켜서 민족을 대두하게 했지만, 이후 이스라엘의 계약신앙과 출애굽 신앙의 구원사와 해방사는 창조자 하나님의 타협할 수 없는 초월성과 타자성을 강조하면서 동이족 환국도 포함해서 고대 동방-근동의 신적인 제왕 개념을 다시 한번 극복한 것이라고 한다.[17] 그래서 박순경은 그 둘 사이의 "반립"을 말하고, "환국의 신관은 문제"라고 선언한다. 왜냐하면 그 신관은 "죄악을 자행하는 왕국들과 세계를 심판하고 변혁하게 하는 창조자-구원자 하나님의 초월성이 간과되었기 때문"이라는 것이다.[18]

이렇게 둘 사이의 차이와 구별, 그녀의 말로 '반립'을 말하지만, 박순경의 통일신학과 민족신학은 어떻게든 바로 이 둘을 서로 관계시키려는 작업이고, 앞으로의 한민족의 신학이 이 둘을 연결시켜서 제삼의 '다른' 신학을 이루어내는 일이야말로 세계사적, 문명사적 의미를 가진다고 역설한다. 그녀는 이 관계에서의 두 주체는 단지 관념이나 허구적 신화의 것이 아니라 "역사적 실체"(실재성)라고 명하고, 그러나 그 의미는 결코 세계사 일반에서는 밝혀지지 않고 그녀 신학적 언어로 "묵시론적 종말론", '종말적 구원사'의 "역사신앙"에서 파악될 수 있는 것이라고 본다.[19] 이러한 신앙과 신념으로 그녀는 말하

---

17 박순경, 『삼위일체 하나님과 시간』, 694.

18 같은 책, 684.

19 같은 책, 694, 697, 702.

기를, "이 양대 역사적 실체들이 오늘의 우리 남북의 분단 상황을 넘어서는 통일문제에 대한 해답을 위해서 어떠한 의미를 가지는가? … 통일문제에 대한 해답은 민족분단에 결부된 민족 개념의 새로운 정립과 이념 문제 해결을 필요로 한다"고[20] 강술한다.

3. 하나님 나라와 한반도의 항일민족운동

그러나 후기의 이와 같은 전개에도 불구하고 1980년대 통일신학에서 그녀는 아직 민족 개념, 특히 한민족의 시원과 관련한 물음에서 스스로가 정립되어 있지 못했다고 고백한다. 70년대 유럽에서 마르크스 역사혁명론 연구에 몰두한 후 귀국하여 한국사 연구에서 그와 같은 물음에 대한 답을 얻으려고 노력했으나, 대부분의 국사연구에서의 민족 개념이 서구 근현대사의 식민지배 국가들이 마련해 놓은 서구적 민족국가 개념에서 가져온 것을 쓰는 것을 보고 매우 놀랐다고 한다. 이런 근본적인 물음 속에서 당시 박순경 통일신학은 우선 우리 민족적 시원에 관한 질문은 "보류"해 두고서, 먼저 1920년대의 항일독립 운동의 역사부터 주목하면서 전개된 것이다.

박순경에 따르면 근대적 의미에서의 한민족의 주체성 의식은 우선 '항일민족운동'과 결부해서 고찰되어야 한다. 특히 그녀에게 긴밀한 과제인 민족통일과 관련해서 그 분단의 첫 요인이 바로 일본을 비롯한 서구 제국주의와 자본주의적 식민세력의 침략이라고 보기 때문이다. 그리고 더 근접하게는 해방 후 우리의 분단은 미국과 소

---

[20] 같은 책, 695.

련 분단 상황의 일환이고, 거기에 더해서 일제 때부터 자본주의적 미국에 편승한 기독교가 정신적으로 밑받침했다고 분석한다.[21] 그녀는 우리의 항일민족운동이 3.1운동을 계기로 범민족과 민중, 여성의 운동으로 확대되었다는 것을 인정하고, 이 운동을 계기로 "민중여성이 곧 민족"인 '민족민중여성'의 삼차원적 민족 주체성이 대두되었다고 파악한다. 그리고 그러한 통합성의 민족 주체성 대두는 한 민족사에 있어서 "혁명적"일 뿐 아니라 부르주아자유주의적 정서에서는 설명되지 않는 세계사적으로도 큰 의의를 가지는 사건이라고 역설한다.[22]

하지만 3.1운동에 대한 이러한 평가에도 불구하고, 그녀는 1984년 6월 기독교대한감리회 100주년 기념 국제대회를 위해서 쓴 놀라운 글 "한국 민족과 기독교의 문제 - 민족분단을 넘어서는 길"에서 "3.1운동의 한계점"을 말한다. 거기서 그녀는 근대 서구 기독교 선교와 전래가 소극적이든 적극적이든 서구 자본주의와 식민주의의 침략이데올로기와 긴밀히 연결되어 있음을 지적한다. 그러면서 한국 기독교가 영미 기독교 선교의 부르주아 자본주의와 '자유주의'(liberalism)에 경도되어 있어서 3.1운동 이후 1920년대에 들어서면서 민족해방전선이 필요로 한 항일민족운동에서 사회혁명 운동을 섭렵하지 못하면서 우리 민족의 분단이 시작된 것이라고 밝힌다. 그래서 3.1운동의 한계문제는 민족분단의 상황에서부터 밝혀져야 하고,[23] 그렇게 한국에서의 분단 상황은 1920년대 초부터라고 역설한다.[24]

---

21 박순경, "한국 민족과 기독교의 문제", 『민족통일과 기독교』 (한길사, 1986), 45-46.

22 박순경, "통일신학의 정초를 위하여", 『통일신학의 여정』, 70.

23 박순경, "한국 민족과 기독교의 문제", 『민족통일과 기독교』, 41.

그녀는 특히 중일전쟁 이후부터 가속화된 친일에로의 기독교의 전환과 민족의식의 상실은 정교분리 등의 자유주의적 기독교 선교 정책과 친일선교사들에 의해서 준비되어져 왔고, "기독교인들의 반공정신이 민족해방과 사회혁신에 대한 지성과 잠재력을 약화시켰고 변질시켰다"고 지적한다.[25] 그녀에 따르면 우리 항일민족운동 민족주의의 첫 번째 한계는 당시 세계사적 상황이 불가피하기도 했지만 그것이 미국 등의 서양 자본주의와 식민주의 세력과 긴밀히 연결되어 있다는 것이고, 사회주의 민족운동에 직면해서 그 한계가 더욱 드러났다고 분석한다.[26] 하지만 만약 상황이 그렇지 않았고 시대의 요청이었던 사회주의의 사회변혁 의지를 잘 통합했다면 한국 민족주의는 "서양의 부르주와 민족주의를 넘어서는 것으로서, 오늘의 제삼세계 민족들의 서양에의 예속상황을 극복할 수 있는 가능성을 예비했었을 것이며, 무엇보다도 우리의 민족분단을 넘어설 수 있는 잠재력을 마련해줄 수 있었을 것"이라며 매우 안타까워한다.[27] 즉 이때부터 이루어내지 못한 좌우 연합의 좌절이 우리 분단의 뿌리이고, 거기에 서구와 미국 자본주의와 부르주아적 자유주의에 경도된 기독교가 큰 역할을 했다는 것이 그녀의 시각이다.

그럼에도 불구하고 그녀는 이것만이 다가 아니고 당시에도 국내 기독교 측에서도 기독교와 사회주의 · 공산주의의 종합을 역설한 그룹이 있었고,[28] 단재 신채호나 특히 해방 직후 여운형, 김규식, 김구

---

24 같은 책, 47.

25 같은 책, 44-45.

26 같은 책, 48.

27 같은 책, 45.

28 박순경은 여기서 대표적으로 평북 용천 출신으로 조선기독교청년연합회(YMCA)학생부 간사

등의 통일노선이 좁은 민족주의를 넘어선 좌우 연합의 "제삼의 길"을 암시해준다고 밝힌다.[29] 박순경은 자신의 대안이기도 한 이러한 제삼의 길을 밝히기 위해서 다시 민족주의와 기독교 복음 사이의 불이성(不二性)에 대한 관점을 더욱 분명히 드러낸다. 그녀에 따르면 우리의 민족 운동이 추구하는 주체성은 궁극적으로 "자유"를 의미하는데, 그것은 궁극적으로는 "하나님의 영이 이 땅에서 역사하신다는 신앙 없이는 원칙적으로 성립할 수 없다"[30]라고 한다. 하지만 여기서 그 하나님의 영을 전하는 기독교 복음이 서구 자본주의와 서양문화의 담보물이나 담지자로 여겨져서 민족을 망각하는 친일이나 보수적 우익기독교가 되었다는 것이다. 결국 박순경은 한민족의 역사를 하나님 나라의 '구원사'로 해석하기를 원하는 것이다. 그것은 제1세계와 제2·3세계, 서양과 동양, 기독교와 민족, 우익과 좌익의 구분을 '종말론'적으로 뛰어넘는 제삼의 "중립의 길"이다. 그녀에 따르면, 한민족이 지금까지 항일항쟁운동으로 그렇게 고생하고, 전쟁에 시달리고, 남북통일의 고난의 길을 걸어온 것이 이제 세계사적 의미를 얻으려면 바로 과거 긴긴 역사적 과정에서 얻어진 "민족적 동일성"에 기초하면서 '자유'와 '화해'의 새 주체성을 향한 제삼의 길로 나아가야 한다.[31] 그녀의 다음 말을 그래서 우리는 그 명징한 결론적 선

를 맡았던 이대위(李大偉, 1896-?)을 여러 차례 언급한다. 같은 책, 41; 박순경, "통일신학의 정초를 위하여", 『통일신학의 여정』, 73.

[29] 박순경, "한국 민족과 기독교의 문제", 『민족통일과 기독교』, 49. 올해 3.1운동 백주년을 맞이해서 우리가 지금까지 사회주의자로만 주로 알았던 몽양 여운형이 신학 공부를 한 기독교 전도사이기도 했으며 일관되게 좌우 연합의 민족주의를 강조한 세계적 사상가였음이 새롭게 부각되고 있다. 이정배, "몽양 여운형의 좌우합작론 속의 토착적 기독교성", 변선환아키브 편, 같은 책, 116-147.

[30] 박순경, "통일신학의 정초를 위하여", 『통일신학의 여정』, 75.

포로 듣는 것이다.

그러한 종말적인 제3의 길은 궁극적으로 화해의 길이다. 그러나 이 화해
는 주어진 세계의 지배구조를 극복함이 없이, 지배자의 속죄함이 없이,
피지배민족의 실제적인 해방이 없이 성취될 수 없다. 남북한의 화해의 길
은 민족적 동일성에 기초하되, 그러나 민족 내에서의 사회평등 없이 성취
되지 못한다. 또 남북한의 화해의 길이 어떤 의미로 어떤 조건으로 열리
든 간에 그것이 피지배민족들과 민중을 자유롭게 하는 길로서의 표본이
되어야 하리라. 그렇게 할 때에 피억압민족으로서의 항일민족운동의 세
계사적 의미가 되살아나게 되고, 분단 상황에서의 모든 죄악이 속죄되고,
민족사의 모든 고난이 세계사적 의미를 가지게 되고, 하나님의 구원과 그
의 나라의 의에 참여하게 되리라, 그의 나라의 도래와 성취에 대한 신앙
은 세계로 하여금 주어진 체제에 있어서의 기득권에 고착하지 못하게 하
는, 즉 자유롭게 하는 능력이다."[32]

III. 박순경 통일신학의 그리스도 이해와 민중

1. 박순경의 민중신학 비판과 부활 이해

앞에서 들었듯이 박순경은 "민중과 여성이 민족이다"라고 했다.
그런 박순경 통일신학에서 예수 그리스도 사건은 하나님 나라의 보

---

[31] "한국 민족과 기독교의 문제", 『민족통일과 기독교』, 51.
[32] 같은 책, 51-52.

편성과 역사성을 결정적으로 확증한 궁극의 사건이고, 한민족의 삶과 역사가 그 하나님 나라의 보편성 안에 포괄되는 신적 근거이다. 박순경에 따르면, 마르크스주의 유물론과 무신론에서 "기독교 전통에 내포된 추상적인 영성에 대한 가장 철저한 비판"이 이루어졌다.[33] 그리고 그 마르크스주의가 "역사상 가장 획기적인 변혁이론"이라고 한다.[34] 그래서 그의 통일신학은 마르크스주의와의 대화를 한 핵심 과제로 삼는 것이고, 이것은 곧 한국의 민중신학, 북한 주체사상과의 대화로 이어진다.

한국의 대표적인 민중신학자 안병무와의 논변에서 역사적 예수와 케리그마의 관계문제를 논하는 박순경은 바르트의 시각으로 불트만 신학에 근거한 안병무의 예수와 민중 이해를 세차게 비판한다. 그녀는 안병무 등의 한국 민중신학자들이 신약성서의 갈릴리 예수 운동과 그의 십자가와 부활을 '사건'과 '케리그마'로 이해하는 것을 넘어서 철저히 그 "객관적 사실"(das objective Faktum)성을 탈각해버렸다고 지적한다. 그렇게 해서 예수의 민중운동과 20세기 한국에서의 민중운동, 더 나아가서는 예수와 민중을 동일화("합류")시키고, 특히 예수의 부활사건을 철저히 민중들의 봉기나 환호, 분노 등으로 환원시키면서 부활을 한갓 인간의 환상이나 상징, 암호 등으로 축소시켰다는 것이다. 그렇게 될 경우 거기서 동일화된 신은 그녀에 따르면 결코 민중운동이나 역사변혁의 원천도, 종말적 동력도 되지 못한다.[35] 이렇게 해서 우리는 박순경 통일신학에서 하나님의 초월성

---

33 박순경, "통일신학의 정초를 위하여", 『통일신학의 여정』, 78.

34 박순경, 『통일신학의 미래』, 33.

35 박순경, "민족통일과 민중신학의 문제 - 새로운 민중신학 전개를 위하여", 『통일신학의 미래』,

이 가장 집약적으로 강조된 곳이 예수의 '부활' 이해라는 것을 알게 된다. 즉 이스라엘이라고 하는 한 특수한 민족사가 세계 인류사로 보편화되는 사건이 '예수사건'이라면, 그래서 한민족의 역사도 당연히 그 하나님의 보편적 구원사에 포괄된다고 한다면, 그 예수사건의 핵심을 부활사건이라고 보기 때문에 그녀의 통일신학은 이 부활의 해석에 집중하는 것이다.

박순경은 칼 바르트와 더불어 자아나 인간주관이 아닌 하나님이라는 절대 타자적 주체를 인식관계의 출발점으로 삼기 때문에 한국 민중신학이 불트만도 넘어서서 20세기 한국 민중이나 민중운동을 출발점으로 삼아서 예수사건과 부활을 이해하는 것을 받아들일 수가 없었다. 그것은 "70년대 인권민주화운동이 예수사건의 해석원리가 된다는 말"이고, 그와 같은 일은 한국 민중신학이 발판으로 삼는 20세기 케리그마 신학도 이미 비판한 19세기 예수학파의 문제, 즉 예수사건을 19세기 부르주아 서양인의 종교도덕적 관점으로 해석해 내는 오류에 유사하게 빠지는 것이라고 비판한다.[36] 그녀에 따르면 한국의 민중신학은 전통교회의 권위지배 구조에 대한 비판을 "무차별적으로 성서적 케리그마에까지 적용해서는 안"되고, 오히려 초대교회의 부활 케리그마는 그 당시의 민중과 민중운동을 넘어서 "신적 그리스도론의 차원에 집중"한 것이므로 "그러한 케리그마가 민중해방의 새로운 미래를 열어 주는 영원한 동력으로서 해석되어야 한다."[37] 또한 그녀는 바울이 고린도전서 15장 3-8절의 부활전승에서

68.

36 같은 글, 60.

37 같은 글, 66.

500여 명의 부활현현 증인을 말하고 자신도 그 증인에 넣은 것은 바로 그가 "살아 계신 예수 그리스도를 만났다는 것"을 말하는 것이지 한국의 민중신학이 주장하는 대로 "민중전승을 억누른 것"이 아니라고 역설한다. "그(바울)가 만난 예수 그리스도는 부활한 분이요 역사의 예수와 동일한 분으로서 고백된 것"이고, 그의 사도직은 바로 그러한 회심사건에서 주어진 것이라는 주장이다. 그리하여 박순경은 "바울의 회심사건에서의 부활현현의 시간성은 우리가 계산하는 시간의 한정성을 초월하면서도 시간성 안에서 일어나는 역사적 사건이다"라고 언명한다.[38] 그녀의 이해에 따르면, 안병무나 서남동이 성서의 '몸의 부활'을 민중이 갈망하는 메시아 왕국에 대한 "신앙의 상징"이거나 "이 세계의 불의와 억압에 항거하여 역사의 새 시대에 다시 부활 환생한다는 민중의 의지이며 갈망"이라고 보는 것은 "예수 그리스도 자신의 부활 즉 부활 주체를 탈락시키는 것이다."[39] 그래서 여기서는 예수의 부활이 오히려 민중사를 설명하는 "술어"가 되고, 그 예수와 더불어 하나님도 한 술어로서 "인간의 관념 이외의 다른 것으로 생각될 수 없게 되어 버린다"[40]고 비판한다. 바로 이러한 세찬 비판과 더불어 나온 박순경의 강력한 대안이 "생명의 주재자 의로운 하나님만이… 십자가 사건에서부터 새 창조, 새 생명에로의 사건의 주체이며", "부활한 자 예수 그리스도는 그 신적 주체성에 참여한다"라는 것이다.[41] 그녀는 자신도 부활증인들의 범주가 교회의 선

---

38 같은 글, 63,

39 같은 글, 65.

40 같은 책, 62.

41 같은 책, 65.

164 | 동북아 평화와 聖·性·誠의 여성신학

포과정에서 "해석학적 성격"을 가지고 있다는 것을 인정하지만, 그럼에도 불구하고 부활사건이 "비역사적이라고 규정되어 버릴 수 없다"고 강변한다.[42]

2. 민족운동과 민중운동의 불이성(不二性)

이상처럼 간략하게 살펴본 한국 민중신학 1세대와 더불어 치열하게 행한 박순경의 부활 논쟁은 많은 생각거리를 준다. 특히 오늘날 점점 더 우리 '몸'이 문제시되었고, '물'(物)이 강조되는 상황에서 그녀처럼 예수 부활에서 그 케리그마성과 역사성을 동시에 담보하려는 고투는 깊은 의미를 함축한다. 한편으로 그러한 부활이해는 한국 민중교회의 현실에서 보았듯이 민중신학과 민중교회의 한계를 지시해 준 것이기도 하지만, 그러나 또 한편으로는 특별히 본인처럼 오늘날의 다원적 상황과 한반도 주체성을 더욱 숙지하면서 전통 기독교 신학의 경직성과 폐쇄성, 보수성을 넘어서고자 하는 사람(聖·性·誠의 한국 여성신학)에게는 그녀의 부활 이해가 다시 우리의 대화를 가로막는 지점임을 본다. 박순경 부활 이해에서도 잘 드러난 대로 그녀의 민중신학 이해에서의 핵심 축은 예수 그리스도의 초월성과 역사성을 '불이적'(不二的)으로 담보하려는 것이다. 이 원리에 근거해서 그녀는 민중신학의 다음 세대인 강원돈의 "물(物)의 신학"을 적극적으로 평가하지만, 그러나 동시에 비판하기도 하고, 또한 전통 그리스도론적 '삼위일체론'을 탈각시키는 박재순의 민중신학이 삼

---

[42] 같은 글, 63, 66.

위일체론을 오해한 데서 오는 것이라고 비판한다. 그녀에 따르면 삼위일체론은 시간과 역사가 결여된 형이상학적 사변이 아니라 바로 그 시간과 영원이 삼위일체 하나님에서 통일되어 있으며, 그 통일성이 바로 부활사건의 시간성이라는 강조와 설명이다.[43]

　이러한 이해 가운데서 박순경 통일신학의 민중 이해에서의 또 다른 축은 '민족'과의 관계에 대한 것이다. 그래서 그녀는 같은 글에서 지금까지 살펴본 대로 민중신학자들과 구체적인 신학 주제를 가지고 논변하기 이전에 먼저 "민중의 민족사적 고찰"과 "민족민중주체의 통일"이라는 제목으로 자신의 '민족주의 민중신학'의 기본 관점을 밝힌다. 그녀는 자신이 70년대 인권 민주화운동, 특히 기독교적 맥락에서의 '민중개념'이 서구 부르주아 자본주의적 한계를 넘지 못한다고 늘 지적해 온 것을 밝히고, 그 원인이 한민족 근현대사의 민족사적 맥락, 특히 1920년대 태동한 사회주의적 항일 민족운동사를 살피지 못해서라고 밝혀온 것을 강조한다.[44] 그녀에 따르면 1920년대 이래의 항일민족운동에서의 좌우연합전선들은 "민족개념의 변화"를 가져왔고, 민족해방과 동시에 세계변혁의 주체로서의 민족개념을 암시했다.[45] 그리고 그 개념은 8.15 이래 또 4.19 직후의 통일운동, 80년대 이후의 통일운동에서 이어져오고 있다고 한다. 그러한 이해에 따르면 70년대 이후의 한국 민중신학은 오히려 이 점에서 충실하지 못했고, 마르크스주의 이해에서도 한계를 드러낸다. 민중신학자 중에서도 서남동이 민족사적 민중전통을 찾아내려 한 것은 주

---

43 같은 글, 71.
44 박순경, "민족신학·통일신학·여성신학의 총괄적 재론", 같은 책, 31, 38.
45 박순경, "민족통일과 민중신학의 문제", 『통일신학의 미래』, 40.

목할 만하지만, 그가 일관되게 민중을 프롤레타리아 계급과 구별하려 했고, 예를 들어 3.1 독립선언문의 '2천만 민중'이라는 표현과 관련하여 거기서의 민중을 미국 링컨 대통령이 말한 'Government by the people, for the people, of the people'에서의 people과 등가화시킨 것 등은 바로 그러한 표시라는 것이다. 1980년 4월에 서남동이 쓴 글에서 민중이 공산주의적 '인민' 개념에 내포되어 있다고 하면서도 양자를 구별하면서 "민중신학은 마르크스주의를 비판하며 사회혁명만이 인간의 전부가 아니고, 개인과 영혼의 가치가 사회주의 밖에 있다"고 말한 것 등은 그의 민중개념이 서양의 "부르주아 자본주의적 민주주의 개념의 한계"를 넘어서지 못한 예라고 박순경은 밝힌다. 그러면서 "반공기독교를 운명적으로 전제하고 있었기 때문에" 그러한 신학은 "통일에의 길을 예비하지 못했다"는 것이다.[46] 즉 박순경의 시각에서는 서남동 등의 민중신학자들이 더욱 과감하고 용기 있게 마르크시즘을 끌어안지 못했고, 당시 한국 사회와 교회의 상황이 기독교의 마르크시즘 비판이나 극복보다도 "반공기독교의 극복"이 더욱 절실했는데도, 70년대의 민중신학은 거기에까지 미치지 못했다는 날카로운 지적인 것이다.[47]

박순경은 이렇게 참으로 급진적으로 민중과 민족, 마르크시즘과 기독교 등의 관계를 연결시키면서 거기서 한국 민족과 민중 개념의 세계사적 의의와 독창성, 세계 문명사적 의미를 발견하려고 고투했다. 나 자신도 유사하게 2019년 3.1운동 백주년을 맞이해서 3.1운동 정신뿐 아니라 그 이후의 우리 항일독립운동이 어떻게 민족과 민중

---

[46] 같은 글, 42, 44.
[47] 같은 글, 45.

의 의식과 더불어 '세계대동'의 큰 이상을 포괄하면서 세계사 변혁의 주체의식으로 더욱 성장했는지를 밝혔는데,[48] 박순경 통일신학은 그렇게 한국적 민중의식은 특히 근현대 항일민족항쟁의 긴 경험에서 얻어진 민족의식과 더불어 성찰되어야 하며, 그 불이적(不二的) 통합에서 세계사적 의미가 드러난다고 보는 것이다. 그녀에 따르면 "민족은 민중의 모체이다." 그 둘은 항상 붙어있을 수밖에 없고 또 붙어 있어야 한다. 그래서 민중현실을 도외시한 민족은 "한갓 과거적 의식에 불과한 비역사성을 의미"하거나 "예속적 자본주의 시장에서 구차하게 빌어먹고 연명하는 비역사성"을 보일 따름이다.[49] 박순경은 프롤레타리아 독재가 실패했다고 해도 그 이론이 제기한 자본주의 세계의 문제가 해소된 것은 아니다. 그러면서 다시 안병무의 '물질'과 '계급'에 대한 인식이 그 자본주의체제에 대한 비판적 시각에도 불구하고 여전히 미온적이라고 지적한다. 그녀에 시각에서는 기독교의 사랑이나 성서에서의 물질의 공개념 같은 것들이 오늘 구체적으로 마르크스에 의해서 매개되고 재표현 되지 않았다면 충분하지 않고, 한민족의 1920년대 이래의 민족사는 그 양쪽을 모두 포괄한 통일과 참된 자주성 확립을 위한 큰 잠재력을 지니고 있다는 것이 그녀의 민족민주 주체성에 대한 통찰이다. 그녀는 이러한 입장

---

48 이은선, "3.1운동 정신에서의 유교(대종교)와 기독교 - 21세기 동북아 평화를 위한 의미와 시사", 변선환아키브 편, 같은 책, 38 이하; 이은선, "3.1운동 정신의 통합학문적 이해와 기독교 신앙의 미래", 3.1운동백주년 종교개혁연대 편, 같은 책, 431 이하. 이 글들에서 본인은 특히 나철 등이 중광한 한국 대종교를 한국 유교 문명으로부터의 창조적인 자생적 열매로 보면서 어떻게 그 정신 속에 세계대동의 큰 이상이 포괄되어 있고, 그것이 3.1운동을 비롯하여 특히 1920년대 이후의 항일독립운동을 이끌었음을 밝혔다. 박순경 통일신학은 한두 군데 이 대종교에 대한 언급도 하지만, 주로 러시아로부터의 마르크스주의와 사회주의에 주목하면서 항일 의식에서의 민족민주의식의 합작과 세계사적 의식을 강조한다.

49 박순경, "민족통일과 민중신학의 문제", 『통일신학의 미래』, 47.

에서 70년대의 인권민주화운동의 한계를 지적하고, 80년대 소장파의 민중신학이 그것을 어느 정도 극복했다고 보지만 여전히 충분치 않다고 여긴다. 그런 민중신학과 연계된 80년대의 NCC 활동에 대해서 박순경은 그 활동이 충분히 반공기독교의 문제를 들추어내지 못했고, 재야해외동포의 통일운동을 포섭하지 못하면서 오히려 배타적이기까지 했다고 비판한다. 그런 맥락에서 이즈음의 시기에 NCC에서 나온 '민족의 통일과 평화에 대한 한국기독교회 선언', 소위 '88선언'에 대해서 그녀의 개인적인 구체적 언급이 눈에 띄지 않는 것을 보면 그녀는 당시 한국 기독교계의 민족과 기독교와 사회주의의 관계설정이 그렇게 마음에 들지 않았고, 그래서 여전히 미흡하다고 여겨서 적극적으로 함께하지 않은 것으로 보인다.

그녀는 분명히 통일신학은 "우선 반공기독교에 대한 비판 작업"이라고 언명한다. 그리고 반공기독교가 주장하는 한반도의 '흡수통일'이 얼마나 큰 민족적 혼란을 가져오고, 또 동시에 세계 문명사적으로도 큰 손실인지를 모른다고 탄식한다. 그녀는 지적하기를, "세계사적 맥락에서 볼 때 그것은 한반도 전체를 미·일과 같은 지배세력들에게 예속시키는 결과"를 가져올 것이고, "세계의 불의를 몰각하는 반민족적 반복음적 처사"이다.[50] 그녀에 따르면 NCC가 미약하게나마 흡수통일에 반대하는 입장을 표명한 바 있으나, 정확히 그 문제점을 제시하지 않았고, 한국 기독교계의 통일의식이 대체로 흡수통일을 바라고 있기도 하다고 지적한다. 하지만 "그러한 기독교적 추세는 근현대사의 민족·민중해방과 변혁이라는 주제에 위배되는

---

50 박순경, "통일신학의 정립 과정에서", 같은 책, 30.

반역사적인 것"이고, "남북연합이든 연방제이든 그것이 북 흡수통일을 지향한다면 그것은 근현대사의 민족·민중의 경험, 고난, 희생, 유혈의 역사를 헛되게 만드는 것"이라고 분명한 어조로 비판하면서 왜 우리가 흡수통일을 용납해서는 안 되는지의 이유를 밝힌다.[51] 유사한 맥락에서 그녀는 80년대 통일운동에서 NL(National Liberation) 운동과 PD(People's Democratic Revolution)의 대립은 아주 잘못된 것이며, "PD 없는 NL이란 공허한 소리이고 NL 없는 PD란 도대체 실현될 수 없다"고 일갈한다.[52] 하지만 그럼에도 불구하고 1990년대 그녀의 입장은, 당시 동유럽의 변화와 구소련 해체, 경제군사적 대국 일본과 또 점점 더 세계 헤게모니로 등장하는 중국의 세계상황을 보면서 "상대적으로 NL이 우선"해야 한다는 입장을 밝힌다. 한반도 주변의 상황이 남과 북이 하나 되고 협력해서 어떻게든 민족자주성을 재확립하는 일이 제일 시급히 요청된다는 관점을 견지한 것이다.

3. 70-80년대 민주화 운동과 한국교회의 통일운동 그리고 북한 주체사상

이렇게 박순경에게 있어서 민족주체성과 자주성을 세우는 일은 그녀 신학의 핵심관건이고, 민족민중의 통합적 주체성을 세우는 일이 그 방향으로 가는 가장 적실한 길이었다. 같은 시각에서 그녀는 북한의 '주체사상'도 해석해내고, 단순히 좁은 의미의 기독교 통일운동이 아닌 '범민련'(조국통일범민족연합)의 통일운동을 강조한다. 심지

---

51 같은 글, 54.
52 박순경, "민족신학·통일신학·여성신학의 총괄적 재론", 같은 책, 31, 32.

어 그녀는 자신이 비역사적이고 추상적인 신학이라고 세차게 비판한 토착화신학이 중요한 주제로 삼는 유불선이나 무속, 동학이나 대종교와 같은 한민족의 종교사상들과도 대화하면서 민족적 주체력을 키워야 한다고 역설한다.[53] 이렇게 얻어진 민족적 주체성과 민족민중의 주체성은 세계사에서 고유한 것이고, 유럽이나 남미를 능가하면서 앞으로서의 인류 문명사에서 세계변혁을 이끌어갈 고유한 것이라고 보기 때문이다.[54]

박순경에 따르면 1919년 3.1운동은 범민족민중운동의 도화선이 되었고, 서양 근대의 민족주의를 능가하는 세계사적 의의를 가진다. 그러나 그 이후의 우익 민족운동은 서양의 부르주아 개인주의, 자본주의의 영향권 내로 합류해 들어가서 민족운동 본래의 해방운동의 의의를 상실해 갔다.[55] 그녀는 8.15해방이 미군·연합군의 승리의 '선물'이라는 "착각"을 기독교 측이 오랫동안 이어왔고, 38선이 우연히 설정된 것이 아니라 일본 제국주의와 식민주의, 미국의 지배 권력의 표출이라는 것을 강조하면서 6.25전쟁에 대한 브루스 커밍스의 대안적 입장이나 존 할러데이의 언술, "남한은 1950년 6월 북한으로부터 침략받은 것이 아니라, 1945년 이래 미제로부터 침략받았다"라는 말을 인용한다.[56] 미국은 임시정부 수립을 위한 미소공동위원회가 결렬되자 1947년 8월에 조선 문제를 UN에 이관시켜서 여운형이나 김구 등 민족지사들의 좌우연합의 자주적 통일국가 수립을 위한 노

---

53 박순경, "통일신학의 정초를 위하여", 『통일신학의 여정』, 87.
54 박순경, "한민족과 신학", 같은 책, 55.
55 같은 글, 54.
56 박순경, "민주통일운동의 역사적 조명: 1945년부터 1980년까지를 중심으로", 같은 책, 104.

력을 좌절시켰고, 6.25 전란 중인 1951년 9월 8일 미·일 평화조약을 체결함으로써 미·일 군사체제를 시작하여 오늘의 경제·군사 대국 일본을 가능케 했다고 그녀는 밝힌다.[57] 하지만 그러는 동안 제주 4.3사건이나 6.25 동란 중의 희생과 참상, 1960년 4.19혁명과 80년대의 광주 "민족·민주화운동" 속에서도 한민족 민주통일운동의 맥이 어렵게 이어져 왔다고 강조한다. 여기서 그녀는 특별히 5.18광주항쟁을 크게 의미화하는데, 즉 그녀에 따르면 5.18항쟁은 "한-미연합의 군사작전에 의해서 저질러진 범죄"로서 "한·미연합군사행동"이었기 때문에 단순히 '민중항쟁'이라고만 할 수 없는 "민족분단의 멍에를 짊어진 민족 민중 민주 항쟁"이다. 그러므로 그것은 민민통일운동에로 연계될 수밖에 없었고, 그를 이어받은 80년대 운동은 그래서 "통일과 민주화라는 이중적인 과제"를 내포하고 있으며, 5월 항쟁은 바로 8.15해방정국의 좌우합작운동을 비롯한 그 이래의 통일운동의 맥을 살려낸, 그래서 "민민통일운동의 전통을 이어 준 분수령"이라고 역설한다.[58]

이러한 박순경의 한국 현대사 이해에 따르면, 기독교 측의 민족·민주의식은 그러나 이에 반해서 지속적으로 친미부르주아 민주주의의 성격에 머물러 있었다. 그래서 앞에서도 지적했지만 70년 후반기의 민중신학도 박정희 파쇼정권 아래서의 민중의 인권침해 상황을 고발하기는 했지만 국제자본주의 아래서의 민족모순을 짊어지고 있는 민중의 계급모순을 인식하지 못했다. 그래서 "민족통일과 민중해방의 불가분성"을 아직 충분히 파악하지 못했다는 것이다.[59] 박순경

---

[57] 같은 글, 105.
[58] 박순경, "민족민주통일운동의 초석, 5.18민중항쟁", 『통일신학의 미래』, 388-389.

은 이러한 맥락에서 서양기독교 선교 외에 바로 8.15 해방이 한국 기독교로 하여금 "복음을 미국의 자본주의 반공주의와 혼동하게 한 역사적 계기"로 작용했다는 분석을 내어놓는다. 그러면서 일본인 고부로 나오끼가 『한국의 비극』이라는 책에서 8.15해방은 "한인의 환상이었다. … 일본의 첩 생활 36년 지내다가 8.15를 계기로 미국의 식모로 자격이 바뀌었을 뿐이다"라고 했다는 말을 그대로 인용하면서 한국 기독교가 "미국의 식모살이, 즉 신식민주의적 예속을 하나님의 은혜로 여겨온 것"이라고 세찬 비판을 내어놓는다.[60] 그런데 오늘 2019년에 이르러서도 이러한 비판과 평가가 전혀 과장이 아닌 것이 2018년 남북 정상 간의 판문점선언이 나온 이후에도 한반도의 평화와 통일의지는 미국의 간섭과 주장에 의해서 간단히 무로 돌아갈 수 있다는 것을 우리가 처절히 경험하고 있고, 5.18광주항쟁에 대한 감추어졌던 진실이 당시 전두환 세력과 미국이 어떻게 연결되어 있었는지를 점점 드러내주고 있기 때문이다. 오늘 제일 야당인 자유한국당(미래통합당) 대부분의 국회의원들과 한국의 대다수 보수기독교인들은 흡수통일을 노골적으로 지지한다. 오늘의 NCC 계통 통일운동도 박순경의 시각에서 볼 때 일종의 흡수통일이었던 독일통일 탐구에 경도되어 있고, 21세기의 통일담론을 찾아가는 일에서도 여전히 서구 신학 중심으로 일이 진행되고 있다. 토착화신학이나 박순경 통일신학이 이루어놓은 민족담론이 오늘의 통일논의에서도 언급되는 일이 거의 없고, 오히려 경원시된다는 것이 토착화 여성신학자로서 나 자신이 최근 몇 년간 에큐메니컬 통일운동 그룹에서 경험한 바이

---

59 같은 글, 109.
60 박순경, "기독교와 민족통일의 전망", 같은 책, 120.

다. 박순경의 관점에 따르면 독일은 연방제통일의 길을 선택했어야 한다. 그러나 그럼에도 불구하고 독일의 사회주의는 사라지지 않았다고 보는데, 한반도의 연방제 통일방안은 오늘날 세계역사의 새로운 방향을 함축하고 있다는 것이 그녀의 믿음이고,[61] 그녀가 북한의 '주체사상'을 자리매김하는 것도 바로 이러한 맥락에서이다.

박순경은 북한의 주체사상을 단순히 서구적 마르크스주의의 산물로 보지 않는다. 그것은 일제하에서의 항일투쟁을 배경으로 하고, 6.25의 잿더미를 딛고서 이후 미국 자본주의 중심의 국제사회에서 오랜 고립과 억압 속에서도 민족적 자주성을 지키려는 고투 속에서 나온 것으로 민족과 민족사의 배경을 가지는 것으로 인식해야 한다고 강조한다. 이에 더해서 이 주체사상과 특히 거기서의 '인간개조' 사상이 기독교의 예언자적 선포와 예수의 하나님 나라와 새사람과 새나라의 이상이라는 성서적 주제에 "접근"해 있다고 주장한다. 그러므로 우리가 특히 성서의 부활에 대한 이해를 하나의 추상적 관념으로 이해하지 않는 한 이러한 구체적인 역사에서부터의 인간개조 사상을 배제해서는 안 된다고 언술한다.[62] 그녀는 북한 주체사상에서 제일 많이 비판받는 수령론에 대해서도 그것을 가톨릭교회의 교황제와 유사한 것으로 풀어내면서 분열을 거듭하는 개신교에 비해서 가톨릭의 교황이 교회의 통일성과 보편성을 더 유지시키는 근거가 되는 바, 북한 사회 수령의 유일성과 독재성은 그와 유사하게 북한 사회의 자주성 유지를 위해서 특수한 역사적 상황에서 형성된 것이라고 설명한다.[63] 그녀가 1991년 9월 국가보안법 위반으로 구속기

---

61 박순경, "통일신학: 조국통일과 하나님나라", 같은 책, 99.
62 박순경, "기독교와 민족통일의 전망", 같은 책, 128.

소되고 수감까지 되도록 하는데 한 주요 요인이 된 이 주체사상에 대한 성찰은 점점 더 전개되어 그녀의 책 『삼위일체 하나님과 시간』의 결론에서는 북한 주체사상이 바로 '영원한 우리 민족'이라는 민족 개념의 응축이라고 밝히고, 그것은 결코 단순히 마르크스-레닌주의에서만 해명될 수 없는 "김일성 주석을 비롯한 항일혁명 투쟁의 선열들의 민족해방 쟁취와 사회주의 체제 설정에 입각해서 획득된 실로 역사 혁명적 개념"이라고 웅변한다.[64] 그러므로 인간개조론이 "현실적 과정에서 거듭 실패한다고 해도 종말론적 인간혁명 개념으로서 지탱되어야 할 것"이고, 수령론이 "궁극적으로 하나님에게 양도될 수밖에 없으나" 그것이 "민족의 자주성을 대표하고 견지해 온" 이상 그 "역사적 수행의 의미"를 무효화해서는 안 된다고 설득한다. 그녀에 따르면 민족의 자주성 전개는 바로 남북 공동 민족 전체의 과제이므로 주체사상을 남한 자체의 민족모순을 극복해나가는 수단으로 쓸 수 있고, 그것을 남북이 함께 "민족사상"으로서 정립하고 전개시키자고 촉구한다.[65] 이에 대해 앞으로 더 많은 논의가 있어야겠지만, 이렇게 지금까지의 어느 통일신학자, 통일운동가와 이론가에게서 볼 수 없는 큰 포괄과 선취의 이상을 가지고 있는 것이 박순경 통일신학이고, 그녀의 민족 자주성에 대한 큰 포부이며, 세계문명사적 의미를 뚜렷이 간파하고 있는 것이다.

---

63 같은 글, 128-129.
64 박순경, 『삼위일체 하나님과 시간』, 704-705.
65 박순경, "기독교와 민족통일의 전망", 같은 책, 128, 130-131.

IV. 박순경 통일신학의 靈 이해와 여성(세계)

1. 한국여신학자협의회와 박순경의 여성신학

1980년에 창립되어 올해 40주년을 맞이하는 한국여신학자협의
회는 1989년 참으로 의미 깊은 자료집을 냈다. 그것은 당시 김윤옥
공동대표의 머리말과 더불어 1987년부터 3년간에 걸쳐서 '민족통일'
을 주제로 해서 '한국 여성신학 정립'을 위해 여신협이 집중 활동한
것을 한 권의 책으로 남긴 것을 말한다.[66] 당시 이 회의 총무는 유춘
자였는데,[67] 이들 한국 여성신학 초기 개척자들인 열성적인 활동가들
은 바로 1988년 한국교회협의회 남성 신학자 주도의 '88선언'(1988.2.29)
에 대해서 즉각 응답하면서 여성들만의 고유한 "민족통일과 평화에
관한 한국여신학자 선언"(1988.3.30)을 발표한 것이다.[68]

박순경은 이와 같은 여신협의 초대회장으로서 1980년부터 여성

---

[66] 한국여신학자협의회, 『한국여성신학과 민족통일 - 제4,5,6차 여성신학정립협의회 보고서』, 1989.

[67] 감리교신학대학 출신의 평신도 여성신학자 유춘자 총무는 초기 여신협과 한국 여성신학의 정
립을 위해서 큰 공헌을 했다. 1988년 초기 여신협 총무로서 8년간에 걸친 혼신을 다한 활동은
여신협뿐 아니라 한국 여성운동 전반을 위한 귀한 물적, 정신적 토대를 마련하는 것이었으며,
나중에 감리교여성지도력개발원의 창립도 가능하게 했다. 그러한 가운데 레티 러셀이 조직
한 Asian Feminist Collegium Group이 마련한 여성신학박사학위 과정에서 그녀는 자신의 활
동과 연구에서 얻어진 통찰로 한국여성해방신학의 영성에 관한 생생한 논문(Liberation
Spirituality of Communal Transforma- tion of Korean Feminist Theology)을 제출했다.

[68] 오늘 한국 신학계에서 남성 주도의 한국교회협의회 '88선언'은 계속 회자되고 의미화되지만
여성들이 선포한 "분단은 가부장적 지배문화의 결과이다"라는 당당한 항명으로 시작하는 '한
국여신학자 선언'은 거의 잊혀졌고, 여성들에 의해서조차 잘 언급되지 않는다. 하지만 오늘
21세기 한반도 통일논의에서 여성들의 주체적이고 책임적인 참여와 인도가 더욱 요청되는
상황에서 그러한 여성신학 선구자들의 업적을 우리는 큰 유산으로 다시 새겨야 할 것이다.

신학을 본격적으로 다루기 시작했고, 1988년부터는 민족·민중·여성을 통합적으로 "한국 신학으로서의 통일신학의 주제로서 특징화"하기 시작했다고 밝힌다.[69] 즉 그녀에게서의 통일신학은 이후로 여성신학을 포괄하는 것을 말하며, 그 역으로 말하면 여성신학적 시각을 가져오지 않는다면 참다운 한국 통일신학, 한국 민중신학이 될 수 없다고 이해하는 것을 말한다. 그녀의 관점에 따르면 해방신학이든 민중신학이든 그것이 여성신학적 문제제기와 요청을 받아들이지 않는다면 세계의 지배구조를 근본적으로 파헤칠 수 없다. 왜냐하면 여성들이야말로 그 지배구조의 가장 밑바닥에 놓여있지만, 그럼에도 불구하고 한국의 민중신학도 마찬가지이고 오늘의 통일신학에서도 신학은 거의 남성들에 의해서 대변되고 있어서 그 남성 지배의식과 구조가 은폐되면서 지속되기 때문이다.[70] 또한 이 성(性)과 젠더의 불평등과 억압 문제는 여전히 세계 보편의 문제이며, 그러한 억압적 구조가 의식적으로 문제화되지 않고는 저절로 해결되지 않기 때문에 남자든 여자든, '제1세계'의 사람이든 '제3세계'의 사람이든 마치 "서양 기독교가 제3세계의 신음소리를 통해서 성령의 음성을 들어야 하듯이, 모든 남성은 여성의 소리를 들어야 할 것이다"라고 밝힌다.[71]

하지만 박순경은 자신의 여성신학 성찰을 시작하면서 일반적인 여성신학적 입장과는 달리 먼저 여성들의 이론적 성찰적 삶의 중요성을 강조한다. 보통 여성들의 인식방식과 세계 관계의 방식으로

69 박순경, "통일신학의 정초를 위하여", 『통일신학의 여정』, 62.
70 박순경, "제3세계와 신학", 『통일신학의 여정』, 288-289.
71 같은 글, 289.

'체험'과 '경험', '실천', '직관' 등이 강조되지만 박순경은 그것만으로는 부족하다는 것을 말한다. 그녀에 따르면, 사람들이 '이제는 이론이 아니라 실천이다! 실천이다!' 하지만, 그것이 설사 올바른 실천이라 하더라도 그 실천의 역사적이고 신학적인 의의가 분명하게 규명되지 않는다면 그로부터 해방적인 결과를 불러오기 어렵다. 그러므로 보다 정치한 이론적 정초작업이 함께 가야 한다는 것이 그녀의 시각인데, 그래서 어느 신학이든 "신학적 정초작업은 이론이라고 해서 도외시되는 풍조"가 된다면 그것은 사실상 "자기기만이거나 자기은폐"가 될 수 있다고 일갈한다.[72] 또한 박순경은 강조하기를, 남성신학과 여성신학이 나란히 병립하는 것이 아니라 원칙적으로 그 둘이 '신학'으로 하나이어야 하지만 특수한 역사적 사회적 상황에서 그 구별이 탄생한 것이라고 한다. 그래서 여성신학이 신학 전통에서의 가부장적 요인들을 극복하는 일에 주력하지만, 전통 신학에 함축된 진리들을 다양하게 새롭게 되살려내고 재해석하면서 신학의 모든 주제들을 다루는 "신학의 통일성"을 지향해야 한다고 밝힌다.[73]

---

72 같은 글, 262.

73 박순경, "한국 민족과 여성신학의 과제", 『민족통일과 기독교』, 218. 이러한 여성신학의 방법론과 인식론에 대한 성찰은 여성신학의 가장 기초적인 물음으로서 90년대 초 '한국여성신학회'의 태동에서도 이 주제를 가지고 첫 번째 학술 세미나를 열었다. 나는 박순경의 이러한 시각에 매우 찬동하는 입장으로서 당시 "여성신학에서의 여성의 경험에 대한 해석학적 이해"라는 제목의 발표를 통해서 여성인식의 독특성을 말하면서도 동시에 전통과의 해석학적 순환을 강조했다. 한국여성신학회가 엮어낸 '여성신학사상' 제1집이 바로 그 결과물이다. 한국여성신학회 연구지 제1집, 『한국 여성의 경험』 (대한기독교서회, 1993); 이은선, 『포스트모던 시대의 한국 여성신학』 (분도출판사, 1997), 157-182.

2. 성령론으로서의 박순경 여성신학과 그리스도론 그리고 마리아론

하지만 이러한 박순경 여성신학에서의 전거도 그의 민중신학 이해에서와 마찬가지로 삼위일체 하나님의 초월성과 그 하나님의 "유일회적"(once-for-all) 성육신 사건인 예수 그리스도 사건이다.[74] 그래서 그녀의 초기 여성신학적 성찰에서는 이 유일회성에 대한 집중으로 메리 데일리나 로즈마리 류터 등의 서구 여성신학자들이 하나님을 '아버지'로 부르거나 '주님'으로서 예수 그리스도를 말하고, '아들'로서의 그리스도성을 지시하는 것을 비판하고 탈각시키는 시도를 단호히 거부한다. 박순경에 따르면 거기서 쓰인 칭호들은 비록 그것들이 세계의 가부장적 의식들과 결부되어 있다고 해도 결코 "삭제될 수도 없고 또 그렇게 되어서도 안 된다."[75] 그녀에 의하면 그것은 성서적 증언의 "일회적인 역사성"을 보유하고 있기 때문이며, 그래서 오히려 그럼에도 불구하고 그 칭호가 어떻게 "초가부장적 의미"로서 본래적으로 하나님의 역사에로의 육화와 그 인격적 구원의 메시지를 전하는 것인가에 주목해야 한다는 것이다.[76] 하지만 이러한 전통적 그리스도론에 대한 집중으로 그녀의 여성신학이 지금까지 한국 여성신학자들에게 경원시되어온 것도 사실이다. 그녀는 마르크시즘 이해에서는 그 마르크시즘과의 적극적인 대화를 위해서 '유물론' 대신에 거기서 '유'(唯)자를 빼고 '물질론'으로 칭하자고 제안하지만,

---

[74] 박순경, "제3세계와 신학", 『통일신학의 여정』, 270-273.

[75] 박순경, 『韓國民族과 女性神學의 課題』, 현대신서 130 (대한기독교서회, 1983), 43.

[76] 박순경, "제3세계와 신학", 『통일신학의 여정』, 273.

그리스도론에서는 남성 예수의 '유일회적' 육화를 고수하고자 한다. 왜냐하면 그녀의 관찰에 따르면 바르트가 이미 지적한 대로 19세기의 자연신학이나 히틀러의 나치주의 예에서도 보듯이, 자신들의 '자연'을 근거로 해서 하나님과 기독교를 독점하려는 오류 때문이라고 한다. 그리하여 "예수 그리스도에서의 그의 특수 계시가 자연과 역사 일반에서의 계시행위를 판별하게 하는 척도"인 것이라고 강조한다.[77]

그러나 그럼에도 불구하고 나 본인은 박순경 여성신학이 점점 더 성령론적으로 전개되어 가면서 이러한 그리스도론적 집중이 변해간다고 판단한다. 그녀 스스로가 밝히기를, 통일신학, 한민족의 신학, 민중신학, 남미의 해방신학, 여성신학과 같은 주제들은 "신학의 세계성 문제들을 주제로 한다는 점에서 성령론의 차원에 직결되어야" 한다고 밝힌다.[78] 이것은 여성신학의 차원에서 그녀의 통일신학이 더욱 더 보편적인 세계 문제로 확장되는 것을 말하고, 세계 안에서 역사하시는 구원적 영(靈)의 관점에서 여성이라는 성(性)을 매우 포괄적으로 이해하는 것을 말한다. 그리하여 그녀는 하나님 '아버지'에 대한 호칭과 '아들' 예수의 그리스도성에 대한 유일회성을 결코 포기해서는 안 된다고 하면서도 동시에 삼위일체 하나님은 "성령의 차원에서, 새 피조물의 탄생의 어머니의 표상"으로 재해석될 수 있다고 말하고,[79] 거기서 더 나아가서 '어머니' 이미지는 "남자와

---

77 박순경, "통일신학의 정립과정에서:「통일신학의 여정」을 위한 홍근수 목사의 비평에 대하여", 『통일신학의 미래』, 215.
78 박순경, "통일신학의 정초를 위하여", 『통일신학의 여정』, 76-77.
79 박순경, "제3세계 여성과 신학", 같은 책, 268.

여자를 포괄하는 총체적 칭호가 아닌가'라고 반문하면서 그 어머니 칭호도 '하나님 어머니'라는 차원에서 사용되어야 한다고 밝힌다.[80]

박순경은 로마서 8장 18-27절을 자신의 성령론적 여성신학 정초를 위해서 가져온다. 그러면서 여기서 '모든 피조물들'이 나타나기를 간절히 대망하는 '아들들'이라는 표현은 "남성 언어이기는 하나, 결코 옛 세계의 가부장적 남성 지배를 의미하지 않는 것"이라고 밝히고, 여기서 드러나는 "묵시적 종말론"에 대한 비전이 특히 "몸들의 구원"(23절)을 말하는 것에 주목한다. 신음하고 진통하는 피조물은 바로 "몸의 고난을 겪고 있기 때문"이고, "몸들의 구원은 종말적으로… 물질의 잘못된 세계질서 혹은 법의 변혁의 필연성을 함축하고 있다"고 해석한다.[81] "성령이 역사 내적 역사하심은 바로 몸과 물질의 질서의 구원을 의미"하고, 거기서 성령의 역사하심이 여인의 해산과 신음과 진통에 비유되고 있다는 점에서 여성이 피억압 상황에서 새 인간성의 탄생을 위한 역사 내의 성령의 활동을 표시하는 데 "더 적합한 표징"이라고 언급한다. 또한 "남성도 그 안에서 성령의 역사하심에 힘입어 여성 인간성으로서 해석되어야 한다"고 밝히면서[82] 그녀의 급진적인 여성신학적 성찰을 드러낸다.

이렇게 크게 통합하면서 기초와 토대를 중시하는 열려진 시각에서 박순경은 개신교 여성신학자이지만 가톨릭 전통의 '성모 마리아' 이상을 매우 의미 있게 받아들인다. "새 피조물의 탄생의 중재자, 마리아"라고 하고, "교회의 어머니, 마리아", "눌린 자, 가난한 자의 해

---

80 박순경, "통일신학과 여성교회", 『통일신학의 미래』, 262.
81 박순경, "제3세계 여성과 신학", 『통일신학의 여정』, 265.
82 같은 글, 269.

방자, 마리아"라는 표현들을 쓰면서 특히 '교회론'의 입장에서 개신
교회에서의 마리아론의 의미를 밝히고자 한다. 즉 그녀에 따르면 가
톨릭교회 전통에서는 마리아를 신(하나님이신 예수)의 어머니로서
"교회의 인격"으로서는 받아들였지만 그 가부장적 질서 속에서 마리
아의 "여성 인격"은 탈각시켜버렸다. 그에 반해 개신교 교회에서는
마리아가 교회의 어머니, 성령의 표징으로서 "교회의 인격"이라는
것을 망각하여 자신들이 강조하는 예수 그리스도 아들됨의 의미가
너무 편파적으로 "남성적 성격과 기능에로 치우쳐 버렸다"고 하면서
두 교회의 공과 화를 대비적으로 분석한다.[83] 80년대 박순경의 여성
신학은 개신교에서의 마리아 의미화가 특히 삼위일체 이해와 그리
스도론에 근거해서 이루어져야 함을 강조한다. 그녀에게 성령은 새
인간성의 탄생의 어머니이고, 마리아는 그 새 인간성의 탄생을 고대
하는 몸의 현실로서 교회의 어머니이다. 거기서 성령은 하나님과 그
리스도가 '어머니'가 되시기도 하다는 것을 제시해주며, 마리아는 교
회의 어머니로서 새 인간성을 대표한다고 이해하기 때문에 마리아
는 "모든 여성들의 중재자요 변호자"라는 것이다.[84] 하지만 여기서
'중재자'라는 표현에서도 잘 드러나듯이 박순경은 마리아가 '하나
님'(예수로 오신 신)의 어머니이긴 하지만, 결코 '예수'와 동격으로 이
해되어서는 안 된다는 것을 다시 강조한다. 그리하여 남미의 여성해
방신학자들이 특히 성모 마리아에 집중하면서 남성 중심의 남미 해
방신학을 비판하는 것은 좋게 보지만, 자칫하면 거기서도 다시 19세
기 역사적 예수 연구가 가졌던 오류에 빠지게 되는 위험이 있다고

---

83 같은 글, 275-277.
84 같은 글, 278.

지적한다. 즉 "예수의 유일회적 종말적 의미는 해소되고 일반화되어 버린다"는 것이다.[85]

이렇게 박순경에게 있어서 예수의 어머니 마리아는 신을 낳았지만 결코 그 아들처럼 신이 될 수 없고, 그래서 "새 인간성 자체는 아니"고, 새 인간성을 낳는 '어머니'일 뿐이며, 그런 맥락에서 마리아(의 영)은 "하나님의 영 예수 그리스도의 영과 구별"된다고 분명히 밝힌다.[86] 박순경 여성신학이 성령을 새 피조물의 탄생의 어머니로 보면서 성령론적으로 정초 되어있다 해도 그 어머니의 영도 다시 아들과 아버지의 영에 의해서 먼저 '중재'되어야 한다고 보는 것이다. 그녀에게는 여성신학적 성찰보다도 더 중요한 것이 하나님의 초월성과 예수 그리스도의 유일회성을 지키는 것이었다.

3. 박순경 여성신학과 토착화신학 그리고 민족

그렇지만 앞에서 언급한 대로 박순경 신학에 있어서 시간이 가면서 이러한 전통 그리스도론에 대한 집중은 점점 더 느슨해지는 것으로 보인다. 그 주된 이유를 나는 민중과 한민족의 역사와 분단 상황에 대한 보다 강도 높은 관심 때문이 아닌가 생각한다. 그녀는 이미 "민족이 민중이라는 것", "민중의 문제가 바로 민족의 문제라는 것"을 말했다. 그리고 강하게 언술하기를, "피억압 민족의 여성은 남성 대 여성의 권리 주장에 머물러 있을 수 없다"라고 하면서 한국 여성신학이 서구 여성신학과는 달리 어떠한 여성신학을 지향해야 하

---

85 같은 글, 279-282.
86 같은 글, 283.

는지를 분명히 했다.[87] 박순경에 따르면 여성신학이 요청하는 여성의 권리와 자유는 "여성만의 특권을 위해서가 아니다."[88] 한국 여성신학이 그렇게 "통합된 한민족"을 주제로 삼아야 하는 것은 만약 그렇지 않을 경우 한민족 해방의 의의와 방향을 부각시킬 수 없고, 그럴 때 "분단 주역들에게 예속된 핵무기 볼모로서 동족끼리 적대할 수밖에 없"으며, 그 해방의 "세계사적 사명의 의의"가 상실되기 때문이다. 그래서 박순경은 한국 여성신학은 "(미국 여성들의) 관점의 반복이 한국 여성신학은 아니다"라고 하면서 한국 여성신학은 "우선 한민족의 핵심문제에로 수렴"되어야 하고, 한국에서 여성신학을 대변하는 여성들은 "우선 한민족의 통합을 위한 문제 설정에로 수렴되어야 한다"고 강변한다.[89]

그러한 맥락에서 박순경은 가톨릭교회 제이 바티칸 공의회는 받아들이지 않은, 마리아가 '교회의 어머니'라는 것을 더욱 더 적극적으로 해석해서 신부가 있다면 수녀들도 '신모'라고 불러야 하고, 교황이 꼭 남성이어야 할 필요는 없고, '평신도들'도 다른 의미에서 교회의 아들과 딸로서 '교회의 어머니들'이라고 언급한다.[90] 박순경은 사실 자신이 성모 마리아의 의미를 재발견하기 시작한 것은 한국 개신교 초대교회에서 헌신한 전도 부인들을 교회의 어머니들로 생각하기 시작하면서부터라고 고백한다. 그러면서 거기서 더 나아가서 자신의 육친의 어머니, 교회와 상관없을 뿐 아니라 배척까지 했던

---

87 박순경, "통일신학의 정초를 위하여", 『통일신학의 여정』, 75.
88 박순경, "제3세계와 신학", 같은 책, 289.
89 같은 글, 290.
90 박순경, "통일신학과 여성교회", 『통일신학의 미래』, 260.

어머니도 "그럼에도 불구하고" 교회의 어머니로서 되살아나서 매우 "감읍했다"고 하는 놀라운 고백을 하는데, 왜냐하면 자신의 육친의 어머니는 '민족'의 어머니로서 "우리 민족의 어머니는 예수 그리스도를 통하여 마리아에게서 구원의 의미를 획득하게 된다"고 생각했기 때문이라고 밝힌다.[91] 이렇게 마리아라는 신의 어머니 상징을 통해서 민족과 세계와 타자에 대해서 더욱 널리 열리고 포괄할 수 있는 가능성을 얻는 박순경은 그래서 "어머니라는 칭호가 아버지라는 칭호보다 더 근원적으로 교회의 인간성에 부합하는 상징성을 갖는다"라고 언설한다. 물론 여기서 그녀가 자신의 어머니를 민족을 매개로 하여 교회의 어머니로 생각한 것이 종전의 타협할 수 없는 그리스도 중심주의(80년대의 여성신학)와 어떻게 다른 길이었는지는 확실히 드러나지 않지만, 90년대의 그녀의 생각은 분명한 차이를 보인다고 나는 생각한다.

1995년의 또 다른 글에서 그녀는 자신이 불교에 심취할 수 있는 가정적 배경과 성향을 가지고 있으며, "절당의 수많은 불상들 보살들이 다 나 이외의 다른 무엇이라고 생각한 적이 없다"는 또 한번의 놀라운 고백을 한다. 그러나 "예수 그리스도를 제쳐 놓을 수가 없"기 때문에 "삼위일체 하나님에 대하여 생각하고 또 생각"하여서 자신의 신학을 구성한 것이고, 그래서 자신은 기독교인이며 불교인은 아니지만 "역사적 과정에서는 종교들이 다원적으로 개별화될 수밖에 없"다는 것을 인정한다고 밝힌다. 그러면서 그녀 자신에게 제일 문제되는 것은 "기독교를 포함해서 종교들이 신이니 불성이니 영성인 하면

---

91 같은 글, 260-261.

서 추상적 영성에 매몰되어 이것들이 처해 있는 민족사회와 분단문제를 외면하거나 오판하고 역사적 세계사적 책임을 이행하지 못한다는 점이다"라고 분명하게 밝힌다.[92] 즉 그녀에게도 '정론'(ortho-doxy)보다는 '정행'(orthopraxis)이 더 중요한 관건이라는 것이며, 그것이 특히 민족분단과 관련한 "비역사성 문제"라고 보는 것이므로 그녀가 토착화 신학과 종교신학에 대해서 제일 문제시 하는 것이 바로 이 우려 때문인 것을 확실히 드러냈다.[93] 이것은 박순경 여성신학이 앞으로 토착화신학과 더욱 가깝게 대화할 수 있는 가능성을 열어놓는 것이라고 나는 이해한다.

이렇게 박순경의 통일신학과 민족·민중·여성 주체의 여성신학은 여성신학적 의의를 궁극적으로 한민족의 민족사적 시각에서 고찰하는 것을 알 수 있다. 그녀는 다른 여성학자들로부터 어떤 세찬 비판을 받아도 "민족적 과제 앞에서는 (여성의 독자적 운동과 주체성 강조보다는) 결의와 헌신이 주도한다"는 것을 잊지 말아야 한다고 강조한다. 통일운동 단체들이 다 연합해도 역부족이기 때문에 "분리주의적 여성통일운동은 있어서는 안 되며 또 분리주의가 페미니스트 원칙론처럼 주장되어서는 안 된다"고 강변한다.[94] 가부장 사회에서 여성들을 옭아매 왔던 여러 '모성신화'에 대한 페미니스트 비판에도 불구하고 박순경은 어머니는 가부장 남성 이데올로기 이전에 또는 그것을 넘어서 "남성과 여성을 포괄하는 인류관계 혹은 사회성의 정신적 근원에 뿌리박고 있다"고 역설한다. 그러면서 그 어머니의 칭호

---

92 같은 글, "통일신학의 정립 과정에서", 같은 책, 155.

93 같은 글, 154.

94 박순경, "통일신학과 여성교회", 『통일신학의 미래』, 273.

를 좁은 가족의 한계로부터 해방시켜서 "역사의 어머니, 민족의 어머니로 보편화시켜야 한다"고 주창한다.[95] 어머니는 여성을 그 생리적 출산여부에 관계없이 "포괄적으로 표식하는 칭호"라는 것이 그녀의 인식이고, 조국과 조상이라는 말이 이제 모국과 민족의 어머니라는 말로 상대화되고 보완되어야 한다는 것이며, 인류 민족의 시원을 "원시 모신상들 혹은 여신상들에게서 찾아 헤매서는 안"되고 역사에서 찾아야 한다고 강조한다. 그렇게 해서 "유관순 처녀"나 "정신대처녀"가 우리의 "구세주 같은 어머니들"이 되는 것이므로 "민족의 어머니는 남성지배 이데올로기의 신비화가 아니라 민족사의 과거, 현재, 미래를 포괄하는 인류 관계성의 시원을 의미한다"고 박순경 통일신학과 여성신학은 강조한다. "민족의 어머니는 통일모국과 통일민족공동체의 산출을 미래 목표로 삼고 역사 현장에서 투쟁하고 노동하는 여성들을 총칭하는 상징"이라는 것이다.[96] 그녀의 다음과 같은 언술에서 한국 여성신학이 어떠해야 하는가를 다시 한번 분명히 밝힌다:

> 한국 여성신학이 제기하는 여성의 자유와 권리는 여성만을 위한 것이 아니라, 어머니 한민족의 명맥과 운명을 짊어지고 세계에서의 민족의 자유와 권리 그리고 민중의 자유와 권리를 대변해야 하며, 그럼으로써 민족, 민중의 어머니 됨의 의미를 획득하고 한민족의 역사적 영성의 의미를 성취하게 되리라, 여성신학은 원시 여신들, 무신들, 영혼들의 여성적 의미에 몰입하고 과거에로 퇴행해서는 안 된다. 오히려 통일과 새역사 창출을

---

95 같은 글, 275.
96 같은 글, 276.

위하여 그러한 과거적 영성의 상징들이 오늘과 내일의 역사의 신명(神明)으로 동원되어야 할 것이다. 민중과 여성은 민족의 구성원들이다. 한민족은 민중과 여성의 어머니이다. 한민족은 한국신학의 주체요, 한국신학은 한국 여성신학이고 한국 여성신학은 한국신학이다.[97]

V. 聖·性·誠의 여성신학 관점에서 본 박순경 통일신학과 세계(진실)

1. 박순경 통일신학과 그리스도 케리그마

이상에서처럼 앞에서 길어진 탐색을 거쳐 박순경 통일신학의 전체적 구조를 살펴보았다. 그것은 그녀 신학의 시작점이자 핵심관건이고 목표가 되는 민족의 분단과 피압박의 상태를 어떻게 넘어서는가의 문제이고, 그 모든 수난과 고통의 과정에서 겪은 민족적, 민중적, 여성적 체험들을 어떻게 한민족과 한반도만이 아니라 세계문명사적 의미로 확대 해석해낼 수 있을까의 물음이었다. 그녀는 진정으로 우리 민족이 그녀가 젊은 시절 사고의 출발점에서 만난 이스라엘 하나님의 구원의 역사를 통해서 거듭나고, 그 구원사적 계약을 이어받아서 세계를 위해서 새 하늘과 새 땅, 새로운 공동체를 이루는 약속의 공동체가 되기를 소망한 것이다.

그러나 오늘 2020년 우리의 현실을 어떠한가? 그녀가 그토록 비

---

97 박순경, "한국 여성신학의 영성", 『통일신학의 여정』, 345.

판적으로 지적한 미국 부르주아 자본주의와 개인주의가 온 사회적 삶을 뒤덮고 있고, 거기서 교회도 예외가 아니라서 오늘 한국교회의 물질주의적 타락은 더 이상 따로 말할 필요도 없게 되었다. 그러한 교회들이 주동이 되어서 반공기독교의 선봉장이 되어 미국기와 이스라엘까지 들고서 거리에 나와 타도 북한을 외치면서 한반도 통일과 평화를 위한 프로세스를 반대하니 참으로 안타깝고 앞이 잘 보이지 않는다. 또한 그녀가 일찍이 1980년 광주민주항쟁을 의미지우면서 그 한 배후로 지목한 미국 제국주의적 지배는 트럼프 정부에 들어서서는 지금까지 그래도 지켜왔던 세계 민주주의의 수호자라는 체면도 내려놓고 전방위적으로 한반도의 삶을 옭죄어 온다. 거기서의 자주성과 주체성, 독립성의 훼손은 말할 수 없고, 한반도의 군사적 긴장과 분단 상황의 유지를 위해서 지불해야 하는 군사적, 경제적 부담으로 민중들 삶은 더욱 더 피폐화되고 있다.

1988년 3월30일 한국여성들의 고유한 '88선언'을 선포한바 있는 한국여신학자협의회 주관의 민족통일에 관한 여성신학정립협의회에서 여성민중목회자 조화순은 "우리가 계속 당하면서 사는 이유 중의 하나가 분단 때문이라고 조금만 이유를 설명해 주면 금방 확산되어가는 경험을 하게 됩니다"라고 언술하며 "이제 이 통일의 문제까지도 저 아래로 내려가서 밑바닥의 문제로부터 위로 치받쳐 올라오는" 방식으로 여성들이 앞장서자고 촉구하였다.[98] 또한 이후 2000년대에 들어서서 한국여성신학회가 '민족'의 문제를 주제로 삼아서 한국 여성신학을 성찰한『민족과 여성신학』에서 최영실은 한국교회에

---

[98] 조화순, "민족통일은 여성의 발로부터 -제5차 한국여성신학 정립협의회 개회예배 말씀", 한국여신학자협의회,『한국여성신학과 민족통일 - 제4,5,6차 여성신학정립협의회 보고서』, 143.

서 인습적으로 해석해 온 예수 산상수훈의 이야기가 어떻게 여성들과 민중들의 의식을 오히려 비주체적으로 만들고 불평등과 불의를 심화시키는 의식으로 오용되어왔는지를 분명히 밝혀주었다.[99] 이런 한국 여성신학자들의 전통 신학에 대한 전복적인 성찰과 성토에 함께하면서 나는 오늘 한국 교회와 한반도의 현실을 생각할 때 지금까지 살펴본 박순경 통일신학이 어떠해야 할런지를 다시 생각한다. 그러면서 마지막으로 나 본인의 聖·性·誠의 여성신학과 간략하게 연결해 보면서 어떻게 그 통일신학이 오늘의 변화된 상황 속에서는 다시 세상과 교회 밖의 다른 세계를 향해서 더 크게 열려야 하는지를 말해보고자 한다.

내가 보기에 박순경의 신학은 그것이 무르익었던 80-90년대 관점과 그로부터 30여 년이 지난 오늘의 입장도 근본적으로는 변하지 않았으며, 여전히 너무 기독교 중심적이고, 성속이원적이다. 그녀가 기독교 하나님과 그 구원사가 모든 시간과 공간을 포괄하면서 '역사적'이고, 이 세계 안의 구체적 삶과 사건을 통해서 현현된다고 계속 강조하지만, 그래도 여전히 유대-기독교 중심적이고, 남성예수 중심적이며, 인간 중심적인 모습이라는 것이다. 본인은 그러한 박순경 통일신학의 핵심에 '예수 그리스도론'이 자리하고 있고, 그 중에서도 특히 그녀의 '부활' 이해가 있다는 것을 앞에서도 계속 언급했다. 그녀의 신학이 매우 삼위일체론적으로 성령론 중심적이고, 그래서 그 안에 이러한 경색을 피할 가능성을 많이 담지하고 있지만, 그녀가 성속의 종말적 하나됨을 강조할 때 쓰곤 하는 '묵시적 종말론'도 결

---

99 최영실, "산상설교를 통해 본 민족의 분단 극복과 화해의 길", 한국여성신학회 엮음, 『여성신학사상 제6집 민족과 여성신학』 (한들출판사, 2006), 66-86.

국 2000년 전 유대인 청년 '예수'의 '부활'에 대한 고정에서 앞으로 나가지 못한 것이라고 본다. 이것은 그녀가 초기 요한복음의 예수 언어로 체험한 자신의 존재사건('다 이루었다')과 그것을 칼 바르트의 로마서 신학으로 확인한 후 그녀의 영 이해와 부활 이해가 거기에 고착되어서 더 이상 나가지 못하는 것을 말한다. '부활은 명멸(明滅)한다'는 것을 받아들이지 못하는 것이며,[100] 그녀가 "삼위일체적 하나님 신앙은 결코 형이상학이 아니다"라는 것을 반복해서 말해도 그녀 신학이 하나의 형이상학적 실체론으로 굳어버린 것을 의미한다. 그래서 그녀는, 우리가 앞의 탐색에서 여러 모양으로 밝혀보고자 한 대로, 2014년의 저서에서도 한민족의 고대창조설화에 대한 더욱 더 과감한 인정과 끌어들임에도 불구하고 유대 기독교의 하나님과 한민족 신관의 관계를 "반립"(反立)이라는 언어로 정리하고, 새 교회, 새 생명의 창조의 어머니 마리아의 영은 하나님과 예수 그리스도의 영과 '다르다'는 것을 강조하며 예수 그리스도에 대한 집중을 거두지 않는다. 하지만 본인은 이렇게 될 때 그녀의 '한민족'의 신학, 그녀의 '物'에 대한 반복적인 강조, '어머니'와 '여성'에 대한 인정이 과연 어느 정도로 오늘의 현실을 바꿀 수 있는 실제적인 힘이 되겠는가 하는 회의가 든다. 그녀가 그토록 그 '복권'을 위해서 애를 쓴 주체들의 실제가 그렇게 되면 여전히 종속의 상태이고, 결국 한국 신학은 또 하나의 서구 신학에의 종속이고 아류가 아닌가 하는 회의적 생각이 든다는 것이다. 오늘 한국교회와 사회의 현실을 볼 때 그녀가 그처럼 비판했던 서구 자본주의 선교사 신학과 반공기독교 그리고 그 안

---

100 이은선, 한국 페미니스트 그리스도론과 오늘의 기독교", 『한국 생물生物여성영성의 신학 — 종교聖·여성性·정치誠의 한몸 짜기』(모시는사람들, 2011), 82 이하.

에서 서구 중세보다도 더 심각한 남성 성직자들의 현존을 보면서 그
러한 의심이 들고, 박순경 통일신학의 한계와 그 안에도 여전히 남
아있는 전통 기독교신학의 배타성과 독단주의적 속성이 다시 떠오
른다는 의미이다.

   그런데 그와 유사한 한계와 불철저성을 나는 한국의 박순경 신
학에서뿐 아니라 오늘 서구(미국)에서 지금까지의 '전통', 또는 '정통'
신학을 넘어서 그 견고한 폐쇄성을 성령론적으로 더욱 급진적으로
'탈'하려고 한다는 최근의 서구 여성신학에서도 본다. 2019년 봄에
한국에서도 번역 소개된 미국 여성신학자 셸리 램보의『성령과 트
라우마-죽음과 삶 사이, 성토요일의 성령론』이 그러한 예이다. 여기
서 저자는 비서구사상과 생태주의와의 대화로 서구에서 다원주의
신학의 새로운 경지를 열고 있는 드류의 여성신학자 캐더린 캘러
(Catherine Keller)의 여성신학에 많이 기대면서 자신의 신학을 성령론
적으로 보다 확대하기를 원했다. 그 일을 위해서 그녀가 새롭게 집
중하는 것은 죽음의 성금요일과 부활의 성일요일 사이의 중간기인
'성토요일'이다. 그녀가 그러한 성토요일의 신학이 오늘 21세기 우리
시대의 상징이 된 삶과 죽음이 혼재된 '트라우마'의 현실에 보다 적
실하게 답할 수 있다고 보기 때문이다.[101] 하지만 그녀도 그 예수 '부
활' 이해에서 다시 흔들리고, 요한복음 19장 30절의 예수가 신포도주
를 맛보신 후 '이제 다 이루었다' 하시고 '그의 영(spirit/pneuma)을 넘
겨주셨다'라고 한 증언으로부터 그 예수에게서 마지막으로 넘겨받
은 영이 '하느님'의 영인지 '예수'의 숨(영)인지, 아니면 생전에 예수

---

101 셸리 램보/박시형 옮김,『성령과 트라우마-죽음과 삶 사이, 성토요일의 성령론』(한국기독교
   연구소, 2019).

가 자신이 가고 나면 제자들에게 찾아올 것이라고 이야기한 '성령'인
지 등의 구분을 물으면서 여전히 예수 부활의 유일회성과 그 특이성
에 매달리는 모습이다.[102] 나는 이러한 모습이 그녀 신학에도 여전
히 남아있는 그리스도의 배타적 유일회성에 대한 서구적 강조이고,
'영'으로서의 실재 이해가 철저하지 못해서라고 여긴다. 다시 말하면
저자가 캐더린 켈러의 '테홈'(tehom, 심연)이라는 언어를 통해서 창
조와 부활도 직선적이고 일회적인 것보다는 반복되고 지속되는 나
선형의 '되어감의 사건'(continual becoming)로 이해하지만 그러한 이
해를 분명하게 예수부활 사건에까지 적용시키지는 못한다는 것이
다.[103] 그런 이해는 그러나 나 본인의 견해로 보면 기독교 신앙의 보
다 근본적인 보편성을 담보하기 위해서 여성신학이 그렇게 넘고자
하는 전통신학의 '(남성)그리스도우상주의'와 그 그리스도에 의한
'부활의 독점'을 다시 넘지 못하는 모습인 것이다.

한국토착화 여성신학자로서 본인은 그러나 여기서 그러한 일이
결코 유대-기독교 전통 안에만 머물러 있다면 가능하지 않다는 입장
이다. 그 일은 과감히 유대-기독교 전통 밖으로 나가는 일을 감행하
지 않고서는 어렵다는 것이며, 따라서 이 지점에서야말로 인류의 다
른 종교 전통들과의 대화를 통해서 우리 몸의 죽음과 영, 그 이후(以
後)에 관한 '다른' 이야기들을 경청해야 한다는 것을 강조하고자 한
다.[104] 이와 더불어 특히 한국 현대사에서 5.18광주항쟁이나 지난

---

102 같은 책, 229.

103 이은선, "성토요일의 성령론과 여성신학적 조명", 「한국기독교연구소/ 새물결 공동주관, 〈트
　라우마에 대한 신학과 목회 세미나: "죽음과 삶 사이, 성토요일의 성령론"〉 자료집」 (2019. 4.
　15., 감리교신학대학교), 20-26.

104 이은선, "삶의 신학의 한 주제로서의 죽음, 죽음에 대한 종교다원적 성찰", 「삶의 신할 콜로키

2014년의 4.16세월호 참사 등을 겪으면서 대면한 끔찍한 트라우마의 현실에 보다 깊숙이 다가가서 여러 차원의 영의 현현 이야기, 남은 자들의 실존적 변화와 사회적 부활의 이야기들을 경청할 때 우리는 보다 더 부활의 '실제'(reality)에 다가갈 수 있다고 여기는 것이 본인의 聖·性·誠 여성신학의 부활 이해이다.[105]

2. 박순경 통일신학 그리스도론의 한계를 넘어서서 북한 주체사상과 대화하기

박순경은 불트만 등의 비신화화도 한편으로 세차게 비판하면서 예수의 부활사건을 철저히 내면화하거나 또는 정치신학화 하는 것에 반대했다. 하지만 그녀가 특히 받아들일 수 없는 것은 예수 부활의 유일회성을 건드리는 일이다. 그녀에게서 그 일은 생각할 수 없는 더 이상 넘어서서는 안 되는 경계였다. 하지만 그러면서도 그녀는 한편으로 언제든지 민족통일은 한민족 전체에 관계되고, "세계문제 전체에 관계되는 보편적 주제이기도 하다"고 강조하면서 "서양 기독교와 신학 전통을 넘어서는 새로운 사건"이라고 밝힌다.[106] 그녀는 "민족들을 연합시키는 구심점은 무엇인가?"라고 물으면서 그녀의 신학 안에 세계 인류문명사 전체를 포괄하기를 원한다.[107] 물

움 생로병사관혼상제』(대화문화아카데미, 2007), 172-202.

[105] 본 논문에서 이 주제에 대한 성찰들을 모두 살필 수 없지만 다음의 글들이 그 주된 강조를 드러내기를 희망한다; 이은선, "세월호 참사와 우리 희망의 근거: 세월호 1주기, 몸의 끝이 모든 것의 끝인가?"; "부활은 명멸(明滅)한다: 4.16 세월호 2주기의 진실을 통과하는 우리들』『세월호와 한국 여성신학』, 117-128; 129-164.

[106] 박순경, "통일신학의 정초를 위하여", 『통일신학의 여정』, 63, 69.

[107] 같은 글, 81.

론 여기에 대한 답으로 그녀는 유대-기독교의 '창세기'로부터 시작되는 '창조자·구원자 하나님'을 말할 것이고, 그로부터 전개된 예수사건과 그 부활사건의 성령론으로 답할 것이다. 하지만 그녀보다 후세대로 태어나서 오늘 인류 하나됨의 문제가 단지 종교의 일만이 아니라 훨씬 더 다양하고 복합적인 '세속'과 '보편'의 일이기도 하고, 유대-기독교 문명과 나란히 할 수 있는 다른 문명들을 동시에 직접적으로 마주하는 본인에게는 그러한 그녀의 답이 그렇게 설득력 있게 들리지 않는다. 물론 본인도 '신앙'과 '계약'의 의식을 유대-기독교 전통의 기독교 신앙을 통해서 처음 얻었지만, 그것이 곧 다른 종교 전통들을 배제 내지는 '개종'의 형태로 차등화시키는 이유가 되지는 않는다는 것이다.

사실 박순경 통일신학이 제일 관건으로 삼는 북한 주체사상과의 대화를 위해서도 그와 같은 배타주의적이고 단편적인 부활 의식은 변해야 한다. 그녀는 말하기를, "주체사상이 말하는바 '집단의 영생'은 민족에 뿌리박고 있으며, 민족공동체 이상을 가리키며 '하나님 나라'의 도래 없이는 성취될 수 없는 개념"이라고 했다.[108] 하지만 여기서도 드러나듯이 그녀가 제안하는 주체사상과의 대화는 결국 다시 일종의 '선교'가 되어서 그 대화의 진정성을 훼손할 수 있다. 그러나 이에 반해서 최근 재미 통일운동가 최재영 목사가 내놓은 『북녘의 교회를 가다 — 최재영 목사의 이북 교회 제대로 보기』에 보면 그는 평양 시내 한복판에 서 있는 '영생탑'(永生塔)과 관련해서 다른 접근을 하고 있는 것을 볼 수 있다. 즉 영생탑이 기독교의 '부활교리'를

---

[108] 박순경, "기독교와 민족통일의 전망", 같은 책, 135.

복사한 듯이 느껴졌지만, 그는 거기에 "종교적 관점"에서 접근하지 말고, 그 주체사상이 강조하는 인간이해, 다시 말하면 육체를 가진 개인의 생애는 유한하지만 그가 속했던 사회와 집단은 영원하다는 '사회정치적 생명'으로서의 인간관을 표현한 것으로 이해하자고 제안한다.[109] 본인은 주체사상에 대한 이러한 전적인 탈신화화와 세속화에도 문제가 있다고 보지만, 박순경의 신학적 이해가 만약 부활에 대한 다원성의 인정에 있어서 좀 더 열려있다면 주체사상과의 대화도 훨씬 더 그 존재성을 인정하면서 동등하고 평등한 대화를 가능하게 할 수 있다고 보는 것이다. 그것이 그녀가 서구 자본주의적 부르주아 선교를 그렇게 반대한 이유이기도 하다고 지적하고 싶은데, 그런 의미에서라도 박순경 신학의 배타적인 그리스도 중심주의는 보완 내지는 다른 구원론과 더불어 '개종'(改宗)이 아닌 '가종'(加宗)되어야 한다고 여긴다.

미국에서 통일운동 단체를 설립해서 남북 양쪽을 왕래하며 "북측의 종교 실태를 가감 없이 객관적"으로 전달하고자 한다는 위의 저자 최재영 목사는 2015년을 전후해서 약 4년 동안 이북의 교회와 그곳의 여러 종교들의 실행을 돌아본 결과, 남북 분단으로 인한 남쪽 내부사회 갈등의 본질은 "좌우 이념 대립이라기보다는 진실과 거짓의 문제였다"고 지적한다.[110] 즉 진지한 사상과 성찰의 문제라기보다는 왜곡과 거짓과 자기주장이 난무한 증오와 편견의 싸움이었다는 것이다. 그래서 그러한 왜곡을 걷어내고 북쪽의 교회공동체들을 자세히 살펴보면, 그것은 북쪽의 인민들이 오랜 동안 피땀 흘리

---

109 최재영, 『북녘의 교회를 가다 — 최재영 목사의 이북 교회 제대로 보기』 (동연, 2019), 414-415.
110 같은 책, 5.

면서 지켜온 민족정신과 자주정신을 근거로 해서 "주체 문화가 뿌리 내리면서 자연스럽게 토착화되"는 과정에서 일구어진, 참으로 유일한 한민족적 교회라고 한다. 그래서 거기서의 "기독교의 정체성은 주체 문화와 공존하며 민족종교가 되어가는 과정에 있었다"라고 평가한다.[111]

3. 한반도의 민족종교와 주체사상 그리고 북한의 '가정교회'

이것은 대단한 주목이고 발견이라고 생각하는데, 특히 저자는 거기에서 전후 북한 사회에서 자생적으로 생성된 '처소 교회'나 '가정 교회'들을 그 고유한 모습으로 들면서, 목회자를 따로 세우지 않고, 교회당을 별도로 가지지 않으면서 가정에서 소수의 그룹이 모여서 기독교 신앙을 지속해나가는 모습이야말로 한국전쟁을 혹독하게 겪은 주체사상의 북한사회에서 교회가 토착화된 모습이라고 해석해 낸다. 박순경 선생님도 강조하셨지만 6.25전쟁의 파괴와 피해는 20세기 어느 전쟁보다도 커서 300만 명 이상의 인명 살상을 초래했고,[112] 특히 미국이 개입한 북한지역의 피해는 엄청나서 전쟁 시기 미군의 폭격으로 평양엔 단 한 채의 교회당도 남지 않았다고 한다. 그 참혹함을 직접 경험한 북한 주민들은 그래서 미국의 실체를 제국주의로 받아들이면서 철저한 민족주의로 뭉쳤다고 한다.[113] 그리하여 그들은 그리스도인 이전에 조선인이어야 하는 절박한 현실 속에

---

111 같은 책, 6.

112 박순경, "기독교와 민족통일의 전망", 『통일신학의 여정』, 126.

113 최재영, 같은 책, 62.

살아왔고, 철저한 민족주의적인 기독교를 우선적으로 추구하고 강조해서 남한 교회가 '예수와 성공'을 함께 품었다면 북의 교회는 '예수와 민족'을 품고 이어온 것이라고 한다.[114] 남측 교회의 최대 미션이 '선교' 또는 '전도'라면 북측 교회는 그런 맥락에서 '조국통일' 혹은 '민족통일'을 가장 큰 지상과제로 삼고 있는 것이 특징이라는 것이다.[115]

우리가 익히 들었듯이 김일성 주석의 아버지 김형직(金亨稷, 1894-1926)은 평양 숭실학교를 다녔던 독실한 기독교신자였다고 한다. 그는 항일투쟁을 하다가 젊은 나이에 세상을 떠났지만 일찌감치 '지원사상'(志遠思想, 뜻을 원대하게 하라)을 통해서 민족의 자력으로 광복을 이룩하려는 큰 뜻을 품고 있었다. 위의 책 저자 최재영 목사는 이러한 김일성 주석의 아버지도 소개하면서 특히 그가 1913년 숭실학교 친구들과 더불어 평양 '기자묘'(箕子墓) 숲을 방문하여서 조국독립을 위해 헌신할 것을 맹서했던 일을 소개한다.[116] 또한 그 행적으로 한민족의 창조설화인 단군신앙과 관련해서 중요한 산인 황해도 은률군 구월산(九月山)에서의 일도 전해준다. 기독교 측에서 보면 이 은률군에는 장로교 최초의 선교사 언더우드 목사가 전도한 사람들에 의해서 세워진 은률읍 교회당이 있었고, 지금은 '은률군 김형직 혁명사적관'이 되어서 그 교회의 원형이 거의 그대로 보존되어 있다고 하는데, 김일성 주석의 아버지 김형직은 살아생전 이곳 은률교회를 구심점으로 삼아서 교인들과 반일인사들을 규합해서 반일활동을 하

---

114 같은 책, 329.
115 같은 책, 458.
116 같은 책, 120.

고 항일 계몽운동과 독립운동을 전개했다.[117]

이상의 일들을 모두 함께 생각해 보면, 북의 주체사상은 박순경 선생님도 많이 강조하셨듯이 단순한 마르크시즘의 추종이 아니라 한민족의 시원(始原)과도 연관되고, 특히 항일민족항쟁과 깊이 관계 되며 거기에 기독교 신앙도 중요한 역할을 하며 매우 통합적인 안목 에서 형성된 것임을 알 수 있다. 여기서 민족의 시원과 관련한 구월 산은 바로 일제 시기 3.1운동 후 항일항쟁을 가장 치열하게 이끈, '삼 신일체'(三神一體)의 의식으로 전 세계와 우주를 품에 안았던 한국 대 종교(大倧敎)의 창시자인 나철(羅喆 1863-1916)이 민족증흥과 독립, 세계개조를 기원하면서 자결한 곳이기도 하다.[118] 이러한 모든 정황 을 살펴보더라도 박순경 통일신학이 북의 주체사상과 대화하려고 하고, 좁은 서양기독사 위주의 구원사를 넘어서 새 하늘과 새 땅의 하나님 나라 도래의 종말적 의미를 한민족의 역사와 체험으로부터 규정하려고 한 일이 그 안의 한계와 불철저성에도 불구하고 얼마나 큰 의미를 지니는지를 다시 한번 생각해 볼 수 있다. 이 과정에서 박 선생님도 지속적으로 언급하셨지만, 현재도 북한은 6.25전쟁이 정 전된 후 미국과 지속적으로 대립 가운데 있다는 것이며, 그로 인해 야기되는 모든 고통과 고난에도 불구하고 "전 세계 기독교 2천년 역 사에서도 매우 보기 드문 독특한 교회 형태인 가정 교회 제도를 정 착"시켜온 것으로 이해할 수 있다. 그런 북측의 교회에게 그래서 우 리 남측의 교회와 신학은 오히려 감사를 해야 할지 모르겠다. 그런 데도 무조건 북한을 왜곡하고 악마화하면서 오히려 친일과 친미, 친

---

117 같은 책, 128-136.

118 이은선, "3.1운동 정신에서의 유교(대종교)와 기독교", 변선환아키브 편, 같은 책, 40.

이스라엘을 외치는 한국 보수교회의 신앙이 얼마나 근시안적이고, 반민족적이며, 반복음적인가는 그래서 드러날 수밖에 없다.

VI. 聖·性·誠 여성신학의 다원론적 부활 이해와 민족의 화해와 통일 그리고 세계 평화

나는 남한 교회와 사회의 변화와 남북의 진정성 있는 대화를 위해서 우리 신학에서 근본적인 변화가 요청된다고 여긴다. 그리고 그 변화는 남쪽 교회의 반생명적인 보수성과 자신들의 신앙만을 절대화하고 전체주의화하는 것을 내려놓는 일과 가장 긴밀히 연결되어 있다고 본다. 박순경 통일신학은 70-80년대 한국의 민중신학이나 토착화신학과 논쟁하면서 이들이 2000년 전의 예수운동과 20세기의 민중운동을 '비역사적'으로 동일화하거나 예수 케리그마 자체에까지 비신화화를 적용하면서 기독교 신앙의 '기준'과 '척도'(理, 박순경에게는 예수 부활 케리그마)를 손상시킨다고 비판했었다. 하지만 나는 앞에서 여러 가지로 밝힌 대로 오히려 박순경 신학이 그러한 비판을 통해서 확보하려고 한 예수 그리스도 부활과 케리그마에 대한 강조가 다시 그녀에게서도 극단적으로 추상화되고 절대화되었고, 그런 배경에서 오늘 남쪽 교회와 사회의 갈등이 심화되었고, 북과의 대화가 계속 어려운 것이라고 보는 입장이다. 그래서 관건은 바로 그 절대화되고 비역사화된 예수 그리스도성의 독점을 깨는 일인데, 이 일을 나는 또 하나의 '다른' 한국 신학의 추구라고 보면서 그것을 한민족의 다른 종교 전통들과의 대화를 통해서 수행하고자 한다.

그러나 이 과정에서 본인도 '부활'과 '우리 몸의 끝이 모든 것의 끝이 아니다'라는 의식을 박순경 신학이 민중신학에 대한 비판에서 지적한 대로 단지 정치사회적 의미로만 환원해버리려고 하는 것은 아니다. 오히려 박순경 신학이 강조해온 대로 그 묵시적 종말의 의미를 놓치지 않으면서 '몸의 부활' 사건의 진실과 실제가 무엇인가 하는 물음에 계속 천착해 왔다. 그러나 그럼에도 본인이 여기서 밝히고자 하는 것은 그러한 몸의 부활, 기독교가 지금까지 그렇게 강조해온 대로 자신들만이 유일하게 부활의 주를 보유하고 있다는 주장은 받아들이지 않는 것을 말한다. 오히려 다른 종교 전통들도 나름의 방식으로 오늘 우리가 또 다른 '부활 실제'(resurrection reality)로 받아들일 수밖에 없는 진실들을 전하고 있다고 보는데, 예를 들어 삶과 죽음을 '리기'(理氣)의 집산으로 보는 유교가 말하는 '제사감격'(祭祀感激)의 이야기라든가, 『티벳 사자의 서』라는 놀라운 죽음에 대한 성찰서를 낸 티베트불교의 '칠채화신'(七彩化身) 이야기 등을 들 수 있겠다.[119] 이러한 모든 이야기는 이제 우리가 부활을 단지 신화적이고 실존론적으로만 해석할 필요가 없고, 또한 그래서도 안 되지만, 그렇다고 그 실제를 유일하게 기독교 전통에서만의 것으로 보아서는 안 된다는 것을 밝혀준다. 여기서 더 나아가서 우리가 최근 세월호의 참사를 겪으면서는 그 부활의 실제가 참으로 여러 가지 모습으로 더욱더 "평범하게" 확산되어 가는 것을 본다. 생각할 수도 없는 비참한 죽임 속에서 몸의 끝을 경험했지만 그게 다가 아니고 "하늘

---

119 이은선, "삶의 신학의 한 주제로서의 죽음, 죽음에 대한 종교다원적 성찰", 『삶의 신학 콜로기움 생로병사 관혼상제』(대화문화아카데미, 2007), 195-196. 칠채화신이란 죽을 때 자신의 육신을 빛 속으로 흡수시킴으로써 시신이 빛 속에 녹아들어가 완전히 사라져 시신을 남기지 않는 것이라고 한다. 예수의 빈무덤 이야기와 많이 중첩된다.

의 별"이 되어서 여러 모양으로 계속해서 현현하는 아이들, 이들과 더불어 비록 그 사건에서 남은 자들이 되어서 기성 교회는 떠났지만, 아니면 쫓겨났지만, 이제 한국 사회의 어느 누구보다도 강력하고 진정성 있는 정의와 진실, 인간성의 사도가 되어서 한국교회와 사회의 위선과 거짓을 흔들고 있는 세월호 어머니들의 부활, 아주 더디기는 하지만 그들 덕분에 점차로 함께 변해가는 우리 사회의 정치, 경제, 종교 등, 나는 여기서 "부활의 평범성의 확대"와 '부활의 보편성'을 뚜렷이 보는 것이다.[120]

이러한 모든 성찰과 더불어 이제 본인의 聖·性·誠의 여성신학에 대해 간략하게 이야기해 보고자 한다. 그것은 좁은 의미로는 유교와 기독교의 대화에서 나온 것이라 할 수 있지만 거기서의 유교가 주로 지금까지 동아시아에서의 불교와 도교 전통도 함께 포괄하는 '신유교'(新儒敎, Neo-Confucianism) 전통을 말하는 것이므로 매우 포괄적인 의미에서 동서의 종교 전통들이 넓게 함께 포괄된 대화라고 할 수 있다. 여기서 아주 간단히 소개해 보면 지금까지 전통의 기독교 신학에서 핵심 언어였던 '신·신·신'(神·身·信)의 언어를 신유교 한국 고유의 전통적 언어인 '성·성·성'(聖·性·誠)으로 치환 내지는 상호 교환해서 사고하려는 것이다.[121] 그러면서 먼저 하나님 이해의 신론

---

120 이 "부활의 평범성의 확대"라는 말은 본인이 지금까지 聖性誠의 여성신학에서 계속 말해온 "聖의 평범성의 확대"라는 말을 더욱 급진화 시킨 말로 이해할 수 있다. 이것은 聖·性·誠신학의 핵심을 지시하는 언술로 전통 서구 남성신학의 그리스도와 부활의 독점을 깨면서 온 시간과 공간을 하나님 나라로 화하게 하려는 이상의 표현이다. 이은선, "종교문화적 다원성과 한국 여성신학", 한국여성신학회 엮음, 『한국여성신학과 다원주의』, 여성신학사상 제8집.

121 이은선, "유교 문명사회에서의 한국교회와 제2의 종교개혁 그리고 동북아 평화이슈", 『종교개혁 500년, '以後'신학』, 508-525. 이 글은 원래 2017년 5월 독일 베를린에서 열렸던 종교개혁 500주년 기념 독일 교회의 날 행사에서 발표한 글인데, 여기서 본인은 이 두 가지 언어군인 '神身信'과 '聖性誠'을 함께 가져와서 어떻게 루터의 종교개혁 삼대 원리인 '오직 믿음으로', '오직

에서 박순경 통일신학의 기독교적 삼위일체의 하나님보다 훨씬 더 포괄적이고, 보편적이며 간(間)세상적인 방식으로 하나님을 '聖'(太極/無極)으로 표현하면서 박순경 통일신학에서의 유대 기독교적 한계를 넘어서고자 하는 시도를 말한다. 聖·性·誠 여성신학 신론(聖)의 '통합성'을 말하는 것이다.[122]

다음으로 신유교 전통의 '性'이라는 단어가 유교 전통에서 초월(天/理/心)과 내재인 인간영역(地/氣/身)을 매우 불이적(不二的)으로 통합하고 서로 연결하는 의미가 되는 것을 보고서 박순경 통일신학이 마르크스주의나 민중신학과 대화하면서도 그 안에 담지된 세속화와 물질주의화의 위험을 계속 지적하는데, 이 性의 개념은 박순경의 그러한 우려를 넘어서 보다 적실하게 영과 물질, 정신과 몸 사이의 연결을 가능하게 해주는 새로운 그리스도론과 인간론이 될 수 있다고 보는 일이다. 性의 '타자성'을 말하는 것이다. 가장 서로 연결이 되지 않는다고 여겨지는 것을 '불이적'으로 서로 연결시키고 통합하는 특성으로, 즉 지금 여기서 나에게 가장 '타자'로 나타나는 것을 함께 포괄하는 일을 말한다. 오늘의 언어 사용에서 '性'은 지고의 인간 본성을 가리키기도 하지만, 가장 육적이고 비속하다고 여겨지기도 하는 '성'(sex)을 동시에 지시하는 언어로 쓰이는 것이 그 좋은 예라고 할 수 있다.

마지막으로 '誠'은 이미 한국 토착화 신학자인 윤성범의 '誠의 신학'이 시작했고, 원초적으로는 유교『중용』에서 참된 진실성과 성실

은총으로', '오직 성서로'가 다시 동아시아적으로 개혁되고 재구성될 수 있는지를 탐구했다. 이 책의 2장으로 다시 가져왔다.

122 이은선,『한국 여성조직신학 탐구 — 聖性誠의 여성신학』(대한기독교서회, 2004), 37-56.

성, 지속성을 가리키는 '하늘의 도'(天之道)를 誠으로 지목하면서 그 길을 따르는 것이 '인간의 도'(人之道)라고 밝힌 중용적 이상에서 착상한 것이다. 즉 진정한 '성령'의 사람과 부활의 영의 사람은 그러한 진실성과 성실성으로 온 세상이 하나님의 새 하늘과 새 땅으로 화할 때까지 지속적으로 하늘의 도를 지켜가는 것을 말하는 의미에서의 성령론인 것이다. 여기서 본인은 그러한 '誠'의 성령론은 전통의 여느 성령론보다도 더 급진적으로 '부활의 평범성'을 확장시키고, 영의 세계성을 밝힐 수 있다고 본다. 본인은 그것을 한편으로 만물을 낳고, 살리고, 기르는 "천지생물지심"(天地生物之心)의 영성으로 표현해 오기도 했고, '지속성'의 여성영성으로 밝히면서 한국여성조직신학을 구성하려고 한 것들인데,[123] 이번에는 한반도의 통일과 평화, 남북의 화해와 거기서 더 나아가서 동북아의 평화와 세계문명사적 의미를 탐색하고자 하는 한반도 통일여성신학의 영역에서 적용해 보고자 하는 것이다.

이러한 본인의 시도를 촉발시켜 주신 박순경 통일신학은 한국 기독교가 서구와 일본의 제국주의에 편승하고, 미국의 팽창주의와 반공주의와 짝하면서 어떻게 민족 분단과 비주체, 종속의 현실에서 역할을 해왔는지를 끊임없이 비판적으로 지적해 주고 있다. 특히 남한 교회가 자본주의와 맘몬의 노예가 되어서 반공 이데올로기를 양산하고, 숭미와 친일의 반민족적 행보를 보이면서 자신들만의 천국과 안락함에 빠져 하나님의 참된 복음과 영성을 왜곡하고 있는지를 온 힘을 다해 밝혀주고 있다. 오늘 우리 기독인의 역할은, 특히 한국

---

[123] 이은선, "한국 생태여성신학 영성의 세 차원과 생명교육", 같은 책, 167 이하.

여성신학은 그 진지한 고통에 찬 외침과 예언을 깊이 숙지하면서 이 현실을 타개하는 데 힘을 모아 경주해야 할 것이다. 박순경 통일신학이 우리의 여성신학으로 자리하는 한 그 외침을 외면할 수 없을 것이다.

VII. 마무리하는 말: 새로운 의병운동으로서의 통일운동

그러한 생각과 더불어 보낸 지난한 시간이었다. 선생님의 글과 책을 접하면서 그 치밀함과 넓이와 깊이에 크게 놀랐고, 그 모든 것들을 어떻게 한 논문에 담아내면서 그로부터 나의 입장을 드러낼 수 있을지 결코 오를 수 없는 높은 성벽 앞에 가로막혀 기분이었다. 그럼에도 불구하고 시간은 지나갔고, 지금까지 앞에서 살핀 대로 엮어보면서도 계속해서 길을 잃지 않도록 이 모든 말과 글과 책을 통해서 선생님이 전하고자 하는 핵심 메시지가 무엇이었을까를 묻고 또 물었다. 그것이란, 한민족이 식민지를 겪고 전쟁을 겪으면서 분단되어 이렇게 긴 시간을 서로 싸우며 여전히 고통 속에서 아파하고 있는데도 그 원인을 잘 생각해 보지도 않고, 거기서 핵심적으로 부정적인 역할을 한 미국 자본주의와 군사주의를 오히려 우리에게 베풀어진 은혜로 생각하면서 민족끼리는 서로 반목하고 싸우면서 스스로를 학대하고 있다는 것, 그럼에도 한국 반공기독교와 보수교회는 거기에 편승해서 오히려 반목과 갈등을 더하고 있다는 것, 그러므로 이 정황을 속히 알아차려서 이 부정의 경험을 오히려 한민족의 자주와 독립을 넘어서 세계 인류 문명의 나아갈 길을 가리키는 나침반의 실제로 일구어내자는 것, 거기서 가장 약자 중의 약자이며 민중 중의 민중인 여성 민중들이 힘을 모아서 민족과 민중, 性의 세계 문제를 함께 새로운 영의 시각으로 다듬어서 새 하늘과 새 땅을 이루는 데 주체가 되자는 것, 이런 것들이라고 생각한다.

이런 탐색과 성찰의 과정에서 나는 박순경 선생님의 신학이 예전 조선 유교 사회에서 유학자들이 중국의 명나라(1368-1644)가 망하자 조선이 그 도통을 이어받았다고 생각했던 '소중화'(小中華) 의식을 가졌던 것과 유사하다고 생각했다. 당시 조선 유학자들은 자신들이 천하 도의 핵심을 이어받아서 이제 그 정신적 적장자로서 후세에 그것을 전해주고 이어나갈 명을 받았다고 여겼고, 그 가운데 시대의 말기에 서세동점(西勢東漸)의 서구 근대의 물결이 밀려오자 자신들의 道와 理를 지키기 위해서 '위정척사'(衛正斥邪, 바른 것을 지켜내고 사악한 것을 물리침)의 결의와 투지로 밀려오는 변화의 바람을 막아내고자 했다. 하지만 우리도 잘 알다시피 그들은 거기서 그 뜻을 이루지 못했고, 조선은 이웃나라의 식민지가 되었으며, 이후 나라는 분단되었다. 그러나 나는 여기서 그것이 다가 아니고, 끝이 아니었으며, 바로 그 위정척사의 투지와 결사가 이후 세차게 이어진 구한말 '의병활동'의 정신적 지주였고, 그 의병 정신에서 잘 드러난 '公'과 '義'의 정신이 3.1운동의 정신적 지주로서 지금까지 이어져오고 있다고 말하고자 했다.[124] 3.1정신은 박순경 통일신학이 강조하듯이 기독교 신앙이 거기에 더해져서 이후 오늘까지 굽이굽이 한민족 해방운동과 민중민주 항쟁에서 디딤돌의 역할을 했고, 오늘 남북이 공동으로

---

[124] 이은선, "3.1운동 정신에서의 유교(대종교)와 기독교 - 21세기 동북아 평화를 위한 의미와 시사", 『3.1정신과 '以後' 기독교』, 21-29.

한반도의 평화와 통일을 위한 운동에서도 초석이 될 수 있다고 나는 본다. 그런 의미에서 본다면 박순경 통일신학에게 기대되는 역할과 역량은 앞에서처럼 본 논문이 지적한 한계와 제한점에도 불구하고 앞으로도 계속 어떻게 역할을 할 것인지 가늠하기 어려울 것이라고 보며 깊은 감사를 드린다.

본인은 세월호 4주기를 맞이하며 쓴 한 글에서 부활 실제의 진정한 현현은 "목숨을 건 추락"을 가능하게 한다고 썼다. 요한복음 21장 13-18절의 말씀을 따라 시몬 베드로에게 나타나셔서 '네가 나를 사랑하느냐'라고 연거푸 물으시며 그렇다면 내 양을 먹이고, 네가 이제 어디로 가게 될는지, 어떤 방식으로 죽음을 맞이하게 될 것인지 더 이상 네 소관이 아니라고 하신 말씀에서, 진정한 부활은 오히려 자기 주체의 포기, 자기 입장의 내려놓음이고, 자신이 진리라고 여겨오던 주관적 진실을 내려놓고 그 이후에 전혀 예상치 못한 방식으로 다시 더 온전한 모습으로 드러나는 진리의 실제를 받아들이는 용기라고 말했다. 그것은 마치 스스로를 우주의 중심이라고 여겼던 천동설을 내려놓고 겸허히 지동설의 '사실'과 '진실'을 받아들이는 것이 아닐까 생각한다. 하지만 그렇다고 거기서의 주관이 결코 삶의 주인공이 아닌 것이 아니고, 오히려 더욱 더 확장된 넓이와 깊이에서 새로운 진실과 실제의 주인공으로 살아가는 것을 말하는 것이라고 여긴다.[125] 박순경 선생님의 통일신학이 한국교회와 사회의 많은 사람들에게는 바로 그러한 전회와 전복을 요구하는 도전이 되기를 바란다. 그러면서도 나는 거기서 한걸음 더 나아가서 오늘 우리 태양계

---

125 이은선, "세월호 4주기: 부활 以後, 목숨을 건 추락", 〈세월호 참사 4주기 기억예배〉 (2018년 4.12., 광화문 4.16광장).

의 지구에서 예전 동서의 구분은 말할 것도 없고, 인간과 물질, 시간과 공간의 전래된 한계와 경계도 크게 흔들리는 상황에서 그리고 우리 모두가 인간과 포스트휴먼의 경계를 넘어서 함께 블랙홀의 실제를 스스로의 감각으로 직접 볼 수 있게 된 때에서는 그러한 지동설의 기독교 중심주의와 부활의 독점도 내려놓는 것이 자연스럽고 올바르다고 생각한다. 다시 새로운 의미로 재창조된 천동설을 받아들이는 의미이다. 그렇게 더욱 열려진 의식과 부활에 대한 새로운 관점과 함께 추구하는 통일운동이야말로 앞으로의 21세기에 이 한반도와 세계를 위한 참된 열매를 가져오지 않을까 나는 생각한다.

김일성 주석의 아버지 김형직은 민족의 해방과 독립의 길을 민족의 성지 황해도 구월산의 '지원폭포골'에서 얻어진 '지원'(志遠)정신으로 표현했다고 했는데, 이 말을 들으면서 나는 '임중도원'(任重道遠, 임무는 무겁고 갈 길은 멀다)이라는 말씀도 생각났고, 후세의 증언가들이 맹자가 한 일 중에서 가장 위대한 일은 그가 '모든 사람을 선하다'(性善)고 한 것이라고 한 맹자의 '호연지기'(浩然之氣)도 생각났다. 박순경 통일신학은 1945년 해방 직후 3.1운동 이후 우리 민족이 일구어왔던 좌우합작운동의 노력이 그 열매를 맺지 못한 것을 무척 애석하게 생각한다. 당시 우리의 처지는 그 일로 여운형이나 김구 등의 암살을 불러왔고, 2019년 봄 창립 39주년을 맞이해서 한국여신학자협의회에서 '3.1운동 백주년과 허스토리'라는 주제 아래 그 삶과 행적을 재현해 내고자 한 '(서대문 감옥소) 8호실 언니들'의 권애라 (1897-1973) 여사와 같은 뛰어난 여성독립운동가이자 통일운동가를 오랫동안 잊고 지내도록 했다.

그 탐색에 따르면 권애라의 삶은 바로 '민족'과 '민중', '性'의 문제를 모두 안고 있는 모습이었다. 그런 중첩적인 문제들과 씨름하며 그녀는 기독교 신앙과 사회주의 의식의 두 가지 관점을 동시에 돌아보면서 나름의 훌륭한 주체적인 삶을 살다간 여성이었다.[126] 박순경 통일신학은 한국 여성신학에게 이런 여성들과 함께하라고 촉구한다. 그러면서 우리에게 큰 축복이면서 동시에 무거운 민족화해와 통일이라는 임무를 부과하고 있다. 그 임무의 짐을 우리가 함께 나누어지면서 이 역할을 앞서 행한 여성선배들을 더욱 찾아내어서 한반도의 삶뿐 아니라 동북아 평화와 인류 문명의 의미로 풀어내는 일이 앞으로 우리가 담당할 일일 것이다. 그 일을 위해서 지금까지의 우리의 좁은 시각과 한정된 신앙을 민족과 민중, 여성과 세계의 관점에서 어떻게 더욱 '개조'시켜 나가야 할 것인지를 숙고하고 또 숙고할 일이다.

---

[126] 김판임, "한국의 여성독립운동가 권애라와 그의 동지들", 「한국여성신학」 제89호 (2019 여름, 한국여신학자협의회), 13-24.

한말(韓末)의 저항적 유학자
해학 이기(海鶴 李沂)의
신인(神人/眞君) 의식과 동북아 평화*

I. 시작하는 말

2019년 대한민국은 3.1운동 백 주년을 기리면서 이미 많은 축하와 성찰, 앞으로의 나아갈 길에 대한 다짐과 희망을 발설했다. 하지만 해가 다 가기도 전에 온 국민은 다시 나라를 위한 큰 우려 속에 빠져있다. 2018년 4.27 남북정상회담의 성사와 곧 이어진 싱가포르 북미정상회담의 성과로 한반도에는 곧 통일과 평화의 봄이 오는 줄 알고 크게 기뻐했지만 상황은 그렇게 되지 않았고, 사람들은 오히려 이후로 진행된 일련의 과정을 지켜보면서 더욱 확실히 알게 되었다. 오늘 한반도의 현실에서 세계 미제국의 힘이 얼마나 센지, 미국과 중국이 어떻게 세계 헤게모니 싸움을 벌이는지, 그와 함께 이웃 일본도 자신들 과거의 잘못을 반성하기는커녕 인간 보편의 상식과 외

* 2019년 한국종교교육학회 추계학술대회 (2019. 11. 22.) 발표. 「유학연구」 제50집 (2020. 2), 153-208.

교 법도도 무시한 채 여전히 안하무인으로 한반도의 안녕과 번영을 가로막고 있는지를 말한다.

이러한 상황에서 남한 내부의 정국은 지난해 가을 조국(윤석열) 사태를 겪으면서 더할 수 없이 어려워졌다. 그런데 여기서 주목할 것은 그 갈등 속에서 보수우파 그룹이 내거는 시위 현장의 깃발 속에 미국 성조기와 이스라엘 국기, 심지어 일본 국기까지 보이고, 지난해 10월 몇 차례의 광화문 집회에서 드러났듯이 그 보수파를 이끄는 핵심에 한국 극우개신교 기독교가 자리하고 있다는 것이다. 이것은 지금 남한 사회가 어느 정도로 정신적 비주체와 종속, 반독립의 식민성에 빠져있는가를 드러내 준다. 그중에서도 보수 기독교 중에서도 극단적 기독교 계시신앙의 근본주의와 배타주의를 특징으로 하는 전광훈 목사 류에 의해서 주도되는 주창은 마치 17세기 유럽 스피노자(1632-1677) 시대에 그의 조국 네덜란드에서의 칼뱅파 폭력을 연상시킨다. 당시 아직 중세가 온전히 마무리되지 않았고 근대도 시작되지 않은 상황에서 그래도 비교적 넉넉히 종교적, 정치적 자유를 누리고 있던 네덜란드에서 개신교 칼뱅파는 자신들 종교의 독단과 폭력으로 대중들을 선동하여 공화주의를 무너뜨리고, 시대를 뒤로 돌리는 종교와 정치의 불의한 합병을 통해서 다시 중세적 미신과 두려움, 불안으로 사회를 몰아간 것을 말한다.[1]

본 논문은 이러한 상황 인식에서 비롯되었다. 왜 오늘 한민족은 70여 년 전 인류 전쟁사에서 유래가 없을 정도로 많은 민간인 희생

---

[1] 이은선, "졸부와 불신의 한국 사회에서의 종교와 정치 그리고 교육", 『한국 생물生物여성영성의 신학 - 종교聖, 여성性, 정치誠의 한 몸 짜기』 (모시는사람들, 2011), 291 이하; 베네딕트 데 스피노자/ 김호경 옮김, 『신학-정치론』 (책세상, 2006).

을 치르며 전쟁을 겪었는데도, 여전히 그와 연결된 분쟁과 싸움을 그치지 못하고 있고, 거기서 원수와 적이 된 형제와 자매를 해치기 위해서 계속 무기를 사고 외국 군대를 주둔시키며, 그 외국 군대의 요구에 휘둘리면서 주권국의 목소리를 내지 못하고 있는 것일까? 왜 독립국이고 주권국이라고 하면서도 오랜 분단을 마무리하고자 하는 일에서 스스로의 결단과 판단대로 할 수 있는 일이 그처럼 적으며, 그 사이 내부 갈등은 점점 깊어져서 자신들이 함께 세운 대통령을 그렇게 모독하고 무시하는 일이 횡횡하는 것일까? 어찌해서 이렇게 많은 사람들이 쉴 사이 없이 일하고, 노동하고, 미래를 위해서 저축하고, 자식 교육에 모든 것을 쏟아부어도 남한 사회의 빈익빈 부익부는 심화하고, 김용균 청년의 죽음과 같은 비참한 죽음은 반복되며, 2014년에 일어난 세월호 유족들은 진실규명을 외치며 여전히 거리에서 호소해야 하는가? 그래서 혹자는 오늘 검사나 판사들이 퇴직 후에 변호사가 되어 받는 전관예우로 짧은 기간에 벌어들이는 상상 초월의 수입을 들어서 그것은 마치 구한말에 과거제도는 더 이상 작동하지 않고 매관매직과 뇌물, 흥정이 다반사이고, 관료사회가 극도로 부패하여 나라를 팔아먹으면서도 관료들이 오직 자신들의 사적 재산과 부의 축적에만 혈안이 되어 있던 모습과 다르지 않다고 비교한다. 오늘 조국 사태와 관련해서 "기득권층이 조국을 공격하는 이유를 아주 쉽게 설명"하겠다는 한 글에서 밝힌 사태 전개의 논리에 대한 설명이다.[2]

본 논문은 이상과 같은 상황을 목도하면서 구한말 저항적 유학

---

[2] m.sisaplusnews.com/ 2019.10.13. 최동석 인사조직연구소 소장의 페이스북 기사를 나명현 (mheona@hanmail.net)이 전한 글.

자 해학 이기(海鶴 李沂, 1848-1909) 선생의 삶과 사상을 살펴보려는
것이다. 조선말 봉건체제가 크게 흔들리던 때 지금의 전북 김제 호
남 만경에서 고성(固城) 이씨(李氏) 장남으로 태어난 그는 거의 독학
으로 학문을 성취하였고, 28세에 부패한 과거시험을 완전히 포기한
후 62세인 1909년 국권 상실을 비관하여 스스로 호흡을 절식해서 자
진하기까지 온갖 방도로 나라를 구하고자 애썼다. 특히 농촌 현실의
비참과 모순에서 깊은 각인을 받고서 어떻게든 그 비참한 현실을 개
혁하고 사대주의와 부패에 젖어 나라를 위기에 빠뜨린 구학(舊學)의
유학을 혁신하고자 적극적으로 신학(新學)을 찾아 나섰다. 그 가운
데서 10년간 영호남 각처를 주유하며 대구의 천주교 선교사 로베르
(A.P. Robert, 金保祿, 1863-1922)를 찾아 천주교 서적을 빌려 읽으면서
충격을 받아「천주육변天主六辯」을 저술하기도 하고, 이후 1894년 갑
오농민전쟁도 경험하고, 러일전쟁, 을사늑약 등을 겪으면서 정부의
부패한 토지정책에 대안을 제시하는 경세 개혁가로서, 또는 무능한
정부의 외교에 탄핵소를 쓰면서 직접 몸으로 도미하고 도일하여 외
세의 탐욕을 저지하려고 했다. 그것도 실패하자 을사오적을 처단하
기 위한 비밀결사조직을 결성하기도 했지만, 그 모든 노력과 시도가
물거품이 되자 그는 마지막으로 자신의 개혁 이상을 1909년 생애 마
지막 해에 나인영(羅寅永, 홍암 나철, 1863-1916) 등과 더불어 민족시
조 단군 정신을 다시 '중광'하는 단군교(대종교)를 창립하는 민족종교
운동으로 표현하고, 이때 그의 고성 이씨 가계에서 오랫동안 전승되
어 오던 한민족 고기(桓檀古記)의 가르침을 밝힌『진교태백경眞敎太白
經』을 저술한다.3 본 논문은 이상의 생애 이력을 가진 해학 사상 중
에서 특히 구습에 빠진 당시의 유교 구학(舊學)을 혁신하기 위해서

어떻게 천주교 등의 신학(新學)과 대화하였고, 그 과정에서 그가 결론적으로 내세운 민족종교 '대종교'(大倧敎) 내지는 "진교"(眞敎, 참종교)의 어떤 뜻이 참된 구국의 의미로 여겨졌는지를 살피고자 한다. 이러한 탐구의 목적은 21세기 오늘 상황도 유사하게 나라의 독립과 자주가 위기에 처해 있고, 거기서 극우 보수화된 기독교가 적지 않은 역할을 한다고 보기 때문에, 구한말 위기 상황에서 일종의 유교(중국)와 기독교(미국)의 대화가 되면서 그 둘도 마침내는 민족의 참된 자주 의식과 세계 하나 됨의 이상으로 넘어서 극복하고자 한 것이 해학의 사상(진교)이었기 때문에 그로부터 오늘 우리 시대를 위해서 어떤 가르침을 얻을 수 있겠는가를 살피기 위함이다.

II. 개신(改新) 유학자 해학의 천주(天主) 논변과 구국(救國)

해학은 고려 후기 문신 이존비(李尊庇, 1233-1287)와 이암(李嵒, 1297-1364) 등을 배출한 고성(固城) 이씨 사족 가문의 자손이었지만 빈한하게 자랐다. 뛰어난 재능에도 불구하고 일찍 과거시험을 포기하고 전통유학 외의 제가서(諸家書)를 읽고 실학자 유형원(柳馨遠, 1622-1673)과 정약용(丁若鏞, 1762-1836)의 저술을 공부하면서 현실에 대한 뛰어난 참여의식을 키웠다고 한다. 정인보(鄭寅普, 1893-1950) 등은 그리하여 해학을 이들 실학자의 후예로 본다.[4] 해학은 점점 더 몰려오는 서세동점의 기세 속에서 1876년 대흉년을 겪으면서 세상

---

3 박종혁, 『한말격변기 해학 이기의 사상과 문학』 (아세아문화사, 1995), 239.

4 김도형, "해학 이기의 정치사상연구", 「동방학지」 31호 (1982), 148.

을 주유하며 호남의 유학자 시인 매천 황현(黃玹, 1855-1910)을 만났고, 서울에서 이건창(李建昌, 1852-1898)과 김택영(金澤榮, 1850-1927) 등과 교유하여 양명학적 사고와 접하였다.[5] 그는 어떤 지위나 뚜렷한 직책도 없이 오직 자신의 학(學)과 성찰로 나라가 위기에 빠진 것을 알고서 과감한 구국의 길로 나선 저항적 유학자로서 그의 학적, 행위적 실천은 몇 차례의 분명한 전회를 겪은 것으로 관찰된다.[6] 여기서 1891년 그가 44세 때 대구에서 프랑스 선교사 로베르를 방문해서 얻은 천주교 서적을 읽고서 충격을 받고 써 내려간「천주육변天主六辨」에는 동아시아 세계관 속의 한 유교 지성인이 서양 기독교의 근본 원리를 어떻게 이해하고 있는가가 분명히 드러난다. 그 전 세기 성호 이익(李瀷, 1681-1763)의 제자 신후담(愼後聃, 1702-1761)이나 안정복(安鼎福, 1712-1791) 같은 유학자의 천주교 논변으로부터 그렇게 눈에 띄게 사상적으로 전개된 것 같지는 않지만,[7] 여기서 또 다른 관점의 유교 대응을 볼 수 있다.

1. '천주'의 유일성 물음

해학은 글의 첫머리에 우선 예전 맹자가 당시 사회에 제일 위협이 되는 사상으로 들은 양주(楊朱, BC 440-BC 360경)와 묵적(墨翟,

---

5 노평규, "이기의 유학사상과 근대적 인식",「유교사상문화연구」7 (한국유교학회, 1994), 486 이하.

6 박종혁, "해학 이기의 사상적 전이(轉移)의 과정(海鶴研究 其一)",「한국한문학연구」제12집. 박종혁 교수는 해학 사상 연구에서 선구적인 역할을 하였다. 특히 그의 삶과 사상을 크게 네 단계의 발전적 전개로 이해해 줌으로써 해학이 자신 시대의 도전에 대해서 어떻게 차례로 응전해 나갔는지를 밝혀주고 있다. 본인의 이번 연구는 이러한 박종혁의 연구에 빚진 바 크다.

7 김선희,『서학, 조선 유학이 만난 낯선 거울 - 서학의 유입과 조선 후기의 지적 변동』(모시는 사람들, 2018), 135.

BC 479-BC 381경)의 위아(爲我)와 겸애(兼愛) 사상을 거론하면서 그
것이 지금 서양으로부터 천주교가 들어와서 전파하는 것과 같은 것
이라고 지적한다. 그가 우선은 불교의 한 지류로 이해한 천주교가
세상을 온통 이기주의(無君)의 사회로 만들 것이며, 부모를 인정하
지 않고 가족적 삶을 해체시키는(無父) 결과를 불러올 것이라는 염
려를 말한다.[8]

　　이러한 현상을 불러올 수 있는 씨앗을 그는 천주교가 내세우는
'천주'(天主)라는 이름 안에 들어있다고 본다. 천주교는 "천주는 하늘
도 아니며, 땅도 아니며, 理도 아니며, 道도 아니며, 氣도 아니며, 性
도 아니며 인물도 아니며, 귀신도 아니다. 바로 천지의 신과 인간, 만
물을 창조한 큰 주인(大主)이다"라고 하면서 그를 모든 존재 위의 별
도의 존재자로 내세우지만, 해학이 보기에 그러한 주장은 "사람의
신체 밖에서 별도로 사람의 신체를 만든 심성(心性)을 찾고자 하는
것"과 같은 것이다.[9] 해학에 따르면 '본체'와 '형세'(體勢)는 서로 둘로
나누어질 수 없는 것이고, 그러한 서구 천주교의 인식은 "필부조차
도 다소라도 지각이 있는 자는 듣는 것을 허락하지 않는" 것이다.[10]
하지만 이러한 유자의 지적에 대해서 천주교는 밝히기를, 천주는 형
상이 없기 때문에 형상을 가진 것을 눈으로 보듯이 그렇게 볼 수 있
는 것이 아니며, 만약 그처럼 형상이 있어서 볼 수 있다면 그것은 이
미 형상에 한정되어서 "무한무량의 천주"(無限無量之天主)가 될 수 없
는 것이다.[11] 이에 대해서 그러나 해학은 다시 밝히기를, 그것은 노

8 湖南 李沂 著, 『質齋藁』 "歸讀吾書", 3; 박종혁 저, 같은 책, 245.
9 같은 책, 8.
10 같은 책, 10.

가(老家)나 불가(佛家)처럼 "없는 것으로부터 있다"(自無而有者)는 것을 주장하는 것인 바, 그와는 달리 '이일분수'(理一分數)나 '양의'(兩儀)의 태극은 모두 "있는 것으로부터 있다고 하는 것"(自有而有者)을 드러내 주는 유가의 도라고 강조한다. 그래서 기독교가 주장하는 "천주는 시작이 없으면서 스스로 있다"(天主無始自有)는 변을 유학자인 자신은 받아들일 수 없는 것이며, 그 이유는 "있다는 것은 시작"(有則始耳)이라는 뜻이고, "천지개벽 이래로 수천만 년 동안에 처음을 알지 못한다고 한다면 말이 되지만, 처음이 없다고 한다면 안 되기"(謂不知其始則可 謂無其始則不可) 때문이라고 밝힌다.[12]

여기서 간략하게 살펴본 논변들에서 이후 한국 사회에서 전개될 기독교 문명의 명암(明暗)을 모두 볼 수 있다. 먼저 긍정적 차원에서 밝게 보면, 그것은 해학의 논변과는 달리 실제 한국인의 삶에서, 특히 해학이 필부조차도 천주교의 그러한 주장은 받아들이지 않을 것이라 했지만, 실제 삶에서는 이 필부들이 그때까지 전통의 유가나 불가의 언어를 통해서는 어떤 형상을 뛰어넘는 '최고'와 '최대', '최초' 등의 초월적 차원을 잘 그려볼 수 없었지만, 오히려 서구에서 온 "그 설명이 이치에 가깝지 않아서"(其解理不近) "사람들에게 믿음을 주기에 부족한"(不足以所信於人)[13] 기독교 원리를 통해서는 최고와 최초 등에 관한 '궁극' 관념과 의식을 더욱 수월하게 가질 수 있게 되었다는 것이다. 그러면서 그들의 자아의식과 주체와 자립의식도 크게 성장해서, 예를 들어 식민지 10년 만에 일어난 3.1독립운동에서 당시

---

11 같은 책, 6-7.
12 같은 책, 37.
13 같은 책, 10.

인구 1-1.5%에 불과했던 신생 종교 개신교의 필부들(여성들도 포함해서)이 크게 역할을 한 것을 들 수 있다. 그런 의미에서 기독교의 초월의식은 한국인들의 의식과 사고를 놀랍게 신장시킨 것이라고 하지 않을 수 없다.[14] 하지만 그 반대의 결과도 나타나서 이후 전개된 20세기 한국 현대사에서 기독교가 점점 더 한국 사회의 중심세력이 되고 기득권이 되면서 오늘 조국 물음 등과 관련해서 한국 극우 보수 대형교회의 광화문 집회에서 보듯이 그 절대와 최고, 최초에 대한 자의식이 하늘 높은 줄 모르고 올라가서 자신들만의 절대주의와 배타주의, 독선적 특권의식으로 자리 잡게 된 것을 말한다.

우리는 해학의 비판적 논변을 듣고 답으로 보낸 로베르 신부의 편지(答嶺南儒子李沂書)에서 이미 그러한 서구 기독교 절대주의와 배타주의적 자기 독선의 의식을 만나게 된다. 당시는 한국 사회에서 천주 교리가 여전히 많이 생소하고, 그것을 전하는 사람들과 단체가 일반 민중들로부터 물리적 공격을 받기도 하는 상황이었지만, 로베르 신부는 해학의 편지를 받고 보낸 답에서 맨 먼저 말하기를, 해학 그가 감히 누구이기에 "지극히 크고 지극히 깊은 천주의 도리"(至大至奥之天主道理)에 대해서 그러한 강변을 펼치는가 하고 묻는다. 그러면서 "대도"(大道)와 "지덕"(至德), "거룩한 가르침"(聖教)이 처음 흥기할 때는 "악을 편안해 하고 선을 질투하는 무리"(恬惡妬善之徒), "사특함에 익숙하고 바른 것을 훼손하는 부류"(習邪毀正之類)가 일어나지만, 그러나 그런 것이 "도에 무슨 손상이 되겠는가?"(道何傷焉)라고 하면서 아주 무시하는 듯한 답을 보낸다. 로베르 신부는 이어서 천

14 이은선, "3.1운동정신에서의 유교(대종교)와 기독교", 『3.1정신과 '以後'기독교』 (모시는사람들, 2019), 36 이하.

주교가 주장하는 세계 창조자로서의 '천주'(天主) 대신에 해학이 정자(程子)의 "천제"(天帝)라는 말을 가져와서 기독교처럼 천지 밖의 또 다른 창조자나 주재자를 두지 않고, 마치 사람의 신체는 형체이고 심성은 주재로서 사람의 신체와 심성이 합해져야 온전한 사람이 되는 것처럼 형체(天)와 주재(宰) 사이에 나눌 수 없는 불이성(不二性, 理氣不相離)이 있다는 것이 유가의 가르침이라고 설명하자, 그것을 세차게 비판한다. 그러한 대답은 마치 국왕에게 비유하면 대궐은 天과 같고 국왕은 帝와 같은데, 사람들이 대궐을 왕으로 여겨서 그 대궐을 공경하는 것과 같은 어리석은 일이라는 것이다. 신(身)과 심성(心性)이 저절로 합해져서 인간이 되는 것이 아니라 그것을 "명령하는 자"(命者)가 있다는 것을 모르는 처사라는 로베르의 반박을 말한다.[15]

2. 그리스도론(구원론) 물음

이것은 결국 궁극(神/理)과 초월의 외재와 내재에 관한 물음이다. 기독교는 외재성을 강조하면서 그 절대성을 주장하지만, 그 가운데서 다시 이 세상과 관계를 맺기 위해서 '독생자 예수'라는 "천주의 강생"(降生天主)을 말한다. 여기서 성부, 성자, 성령의 "삼위구분"(三位之分)을 가져오는 것을 말하는데, 해학이 그에 대해서 하나님의 유일성을 말했으면서도 다시 한 인간을 데려와 그를 같은 신이라고 주장하는 것은 일관성이 없다고 비판하자, 로베르는 "그 이치가 미묘하

15 로베르(A.P. Robert), "答嶺南儒子李沂書", 46.

고 그 뜻이 심원해서 인간의 총명으로는 미칠 수 없고, 천주가 묵묵히 깨우쳐 주지 않는다면 그 심중을 누군들 만분의 일이라도 엿볼 수 있겠는가?"(非人聰明可能及. 苟非天主黙고其衷 誰能窺其萬一乎哉)16라고 반박하며 그 유명한 '믿음'(信, sola fide)의 변을 가져온다. 또한 로베르는 비판하기를, 유교는 "전적으로 사람을 통해서 확립되었다"(總由人立)고 하면서 해학이 말한 "친소변별"(親疏之辨)의 도, 즉 가까이 있는 부모를 공경하고, 조상을 공경하는 일에 대해서도 오히려 자신들의 십계명 가운데도 부모에게 효도하라는 것이 있고, 제6계에 음란한 짓을 하지 말라는 것도 있다고 밝힌다. 그러면서 그것은 "처와 첩도 오히려 함께 거느릴 수 없다는 것"인데도 유자가 그렇게 하지 않는 것은, 유자가 말하는 친소의 변이란 도(道)의 실제 징험이 없고, 말과 실제가 상응하지 않는 위선일 뿐이라고 지적한다. 당시 아직 처첩제의 잘못에 대한 뚜렷한 의식이 없던 유가에 대해서 그 유가가 자랑하는 친소구별의 가르침도 실상과 증험에서 그렇지 않다는 것을 세차게 비판한 것이다.17 이와 더불어 부모공경의 핵심인 유교 제사에 관해서도 로베르는 논박하기를, 천주교의 영육이원(靈肉二元)과 영혼불멸(靈魂不滅)의 논리에 따라 선한 사람의 영혼은 천당으로 보상하고, 악한 사람의 영은 지옥으로 벌주는 방식이라는 것을 밝히면서, 죽은 사람의 혼은 영원히 인간 세상에 다시 올 수 없는데도 유교가 위폐를 설치하고 절하기 때문에 그것은 "허위"라는 것이다. 또한 천주의 "유일한 존귀한 자"(獨尊)만 제사를 받을 수 있는데 부모 혼에 절하는 것은 "참람"이며, "마귀"의 존재를 인정하는 입

---

16 같은 책, 47.
17 같은 책, 53.

장에서 부모의 혼과 마귀가 "혼잡"될 수 있으므로 금지한다는 것이다.[18]

3. 현실에서의 효험론과 보상의 물음

이와 연결해서 유자들이 제일 받아들이기 힘들어하는 것이 '천당지옥설'이다. 이에 대해서 로베르는 요순과 같은 임금도 상벌이 아니면 임금 노릇을 할 수 없었을 것인데, 만물을 통제하는 권한을 가진 대군으로서 천주가 천당지옥을 두는 것은 비록 그것을 '보지 못해도', 또한 '믿을 수 없어도' "이치로 상고해 보아도 반드시 있음을 알게 된다"고 주장한다(以理考之 可知其必有矣).[19] 여기서 로베르는 지금까지 내세우던 '믿음' 대신에 유자와 마찬가지로 '이치'(理)를 가져오는데, 바로 천주와 영혼의 존재를 받아들인다면 이 천당지옥설은 자연스럽게 그 존재를 받아들일 수밖에 없다는 논리인 것이다. 즉 '믿음'과 '이치'를 동시에 가져와서 기독교 신정론(神正論)을 밝히려는 것이고, 또한 보통 유가들이 맹자의 언어로 많이 이야기하는 "장수와 단명은 다른 게 아니다. 몸을 닦으면서 그것을 기다린다"(天壽不貳修身以俟之)라는 말에 대해서도, 유가 자신들은 어떤 보상을 바라면서 선을 행하는 것이 아니라고 강변하지만, 엄밀히 따지면 이러한 맹자의 말도 사실 바라는 것이 있는 것이라고 반박한다. 이 문제에 관해서 자칫 유가가 빠져드는 "명분만 있고 실리는 없는"(有其名而無其實) 것과는 자신들의 천당지옥설은 아주 다르다는 것이고,[20] 또한

---

18 같은 책, 54 이하.
19 같은 책, 56.

천주의 천당지옥은 금세에서의 선악에 대한 판단뿐 아니라 만약 그 판단이 금세에서만 그친다면 "상이란 끝까지 따져도 기껏 부귀에 불과하며 벌이란 끝까지 따져도 한 번 죽이는 데 불과한 한계가 있기" 때문에 천주교의 천당지옥설이 훨씬 "공정"한 상벌의 보상이 된다는 주장이다.

이상에서 본 것처럼 해학이 당시 유가의 보편언어인 지극히 이성적이고 성찰적인 '리기론'(理氣論)을 들어서 이들 논쟁에서 설득력 있는 답을 주고자 했지만, 그러한 시도는 종종 난파되는 것을 본다. 형체(氣)와 심성(性), 외면적 형체(形體)와 내재적 신혼(神魂)이 참으로 불이적(不相雜 不相離)으로 서로 관계하는 방식(理)이 곧 천제(天帝)이고, 천주인들이 말하는 천주이며, 그래서 유교 신앙인(君子)이 몰두하는 일이란 바로 여기·지금 세상의 편안함과 평천하(平天下/天下爲公)의 일이라는 것을 그들에게 설득시키고자 했지만, 당시 조선의 현실 정황을 보더라도 그리고 논리적 논변에서도 그렇게 설득력을 얻지 못했다. 해학은 당시 천주교를 따르는 사람들 중에 특히 "단순하고 몽매하며 형편이 외롭고 가난한 부녀자나 어린이들"이 많다는 것을 지적한다. 그 이유는 "부귀안락의 복을 살아서 혹 누리지 못한다 해도 죽어서라도 반드시 얻을 수 있을 것"이라는 생각으로 그리하는 것이라고 하고,[21] 그러므로 그들을 계속 박해하지 말고, 오히려 이제는 "배우지 못한 백성들이 졸지에 주살을 당하게 만드는" 일을 피하기 위해서라도 '금하지 않는 것이 금하는 것이다'라는 방식으로 처리한다면 머지않아 입교한 자가 득실을 따져서 곧 후회하고 떠

20 같은 책, 60.
21 李沂, 『質齋藁』, 22-23.

날 것이라고 기대하는 말을 한다.[22]

하지만 당시 현실은 많이 달랐다. 천주교에 뒤이어서 1890년대부터는 개신교까지 들어오면서 기독교 신앙은 조선 인민들의 삶과 사고를 더욱 더 획기적으로 변화시켜 나갔다. 해학도 당시 이미 이러한 정황을 감지하고 있었던 것 같다. 그래서 자신이 "善을 좋아하고 義를 지향하는" 사람이라는 호칭을 듣는 30년 이상 된 유학자이지만 "어찌 동서인의 마음과 이치가 서로 다를 것인가"(豈東西人之心之理互相不同)라고 생각하면서, 또한 '덕에는 고정된 스승이 없고, 선을 위주로 하는 것이 스승이다'(德無常師 主善爲師)라는 옛사람의 말을 기억하면서, "서양의 고상한 사람"(西國之高人)이라는 소문에 로베르 신부에게 와서 배우려고 한다고 고백한다.[23] 해학은 "우리 때에 동서양 성인의 도가 장차 합쳐져 하나가 되려고 한다"(幸而反我時東西聖之道若將合以爲一)는 생각도 하면서 지극히 열린 마음과 공손한 마음으로 먼저 다가가서 배우고자 한 것이다.[24]

그러나 이미 당시에도 해학과 변을 나눈 프랑스 신부의 대응에 기독교가 얼마나 제국주의적이고 전체주의적인 억압의 이야기가 될 수 있는지가 드러난다. 당시 프랑스 신부 로베르의 대응은 이미 그 시기(1891년)에는 이전의 박해 시기도 지났고 프랑스가 하나의 제국주의 세력으로 조선의 중앙 조정과 공적 외교 관계도 수립한 후였기 때문에 매우 고자세의 그것이었다. 그 한 예로 해학이 편지에 "왕이 될 만한 자가 일어나지 않아서 우리 道가 쇠미하였다"라고 쓴 것을

22 같은 책, 26.
23 같은 책, "與法人金教士保祿書附", 29-30.
24 같은 책, 30.

마치 해학이 당시 왕을 인정하지 않고 "君父를 폄하하고 박대"하는 것이라는 해석을 붙여서 "장차 조정에 알려서 그 사실을 상세하게 캐려고 한다"는 말까지 하면서 겁박까지 한다.[25] 또한 로베르 신부의 편지를 보면 해학은 동서의 사고가 근본에서는 서로 같다는 것을 말하는 매우 친화론적인 입장이라면, 로베르는 철저히 천주가 세상의 모든 것을 자신 안에 포괄하는 기독교 포괄주의의 입장을 대변하는 것을 보여준다. 그래서 하늘 아래 땅 위의 수많은 사람이 수없이 다른 이름과 방식으로 궁극자를 부르지만 그 모두는 "유일천주"(有一天主)를 지칭하는 것뿐이라고 강조한다.[26] 또한 "무릇 천하의 현인들이 모두 上帝의 신하"이기 때문에 요, 순, 공자, 맹자도 마찬가지여서 그들이 쓰던 문자를 가져와서 '천주'라고 호칭하는 것이 무슨 잘못인가 하고 해학을 비판한다. 그러한 것을 지적하는 해학이야말로 "우물 안 개구리처럼", "지방의 일개 선비"가 되어서 "눈으로 당장 볼 수 있는 왕조차 모르면서 어찌 볼 수 없는 천주를 알겠는가?"라며 비웃는다. 여기에 대한 해학의 응대는 그래도 겸손하고, 어떻게든 오해를 풀려고 하지만 자신의 이해를 쉽게 거두지는 않는다. 이들의 논변 방식에서 21세기 오늘날까지도 여전히 유지되는 동서 종교 문명의 근본적 차이를 보는 것이다.

해학은 마지막으로 기독교 교리의 핵심을 건드리는데, 즉 그의 기독론적 언급이다. 그는 "서방 국가에서는 사람으로서 천주가 있다"(有人而天主者)고 한다는데, 자신의 유가에서는 요, 순, 우, 탕, 문, 무, 공자 등 "성인의 도덕과 신명이 天과 더불어 하나이지만 天이라

---

25 로베르, 『答嶺南儒子李沂書』, "李碩士旅軒 下", 83.
26 같은 책, 81.

고 하지 않는다"(聖人其德神明亦與天一者也, 然猶不曰天)고 하면서, 그 이유는 "인간으로 인간을 가르쳐서 쉽게 알고 쉽게 실행하게끔 하기 위해서"(以人敎人使其易知而易行耳)라고 밝힌다. 서구 기독교에 대해서 유교 문명의 인본주의적 핵심을 분명하게 드러낸 것이다.[27] 그러면서 기독교(천주교)의 도가 오로지 '유일천주'를 말하며 이 세상의 모든 것뿐 아니라 그 너머 것까지도 자신의 처분 아래 두고자 하는 배타적 독점주의에 경도되어 있는 것을 에둘러서 비판하는 것인데, 이렇게 유가가 '인간'에 머물고자 하고, "마땅히 善으로 함께 귀결되도록 하는 일"(期與同歸於善而已)을 중시여길 따름이라고 한다면,[28] 당시 서세동점의 약육강식의 시대에 누가 힘 있는 지배자가 되고, 누가 식민국이 될 것인지의 답은 이미 나와 있는 것이지 모르겠다. 오늘날 한국 사회에서 이러한 동아시아 고유의 인간성과 포용성은 거의 사라졌고 대신에 서울 광화문의 기독교에서 보듯이 점점 더 전체주의화하고 배타적인 힘의 소리만 크게 들리는데, 그것은 바로 이상에서 살펴본 기독교 '유일천주'의 절대주의와 긴히 연결되어서 나온 것이라 할 수 있다.

III. 해학 개혁유교 '구원론'으로서의 급진적인 사회혁신 운동과 구국

해학은 윗글의 끝머리에 당신들이 이렇게 먼 곳까지 와서 도를

---

27 李沂, 『質齋藁』"與法人金敎士保祿書附", 38.
28 같은 책, 36.

전파하기 위해서 노력하지만 자신에게는 이미 4천여 년이 된 유교 전통 속에서 예악문물이 찬란하게 구비되어 있으므로 "당신의 교에 기대지 않겠다"(無待於貴教矣)고 언술한다. 하지만 그러한 해학의 인식도 이후 점점 더 급박해지는 외세 열강의 동점과 나라의 위기 앞에서 몇 차례의 전환을 겪는다. 그의 생애 연구에 따르면 1894년 갑오농민전쟁(동학농민혁명)이 일어났을 때 해학은 그것을 "국헌(國憲)을 일신할 수 있는 좋은 기회"로 보고서 전주로 전봉준(全琫準, 1854-1985)을 찾아가서 농민해방을 위한 정부 타도를 건의했다고 한다. 그러나 그 뜻은 받아들여지지 않았고, 그러한 가운데서 자신이 오랫동안 고민해온 토지제도와 세금제도의 개혁을 요구하는 「전제망언田制妄言」(1895년)을 저술하여 제출한다. 이 일에서부터 해학은 당시 사회의 급진적인 혁신을 위해서 만방으로 노력하는데, 내우외환에 시달리는 정부와 관료들을 향해서 내정의 개혁안과 자주적인 외교정책을 제시했고, 황현 등의 동료들에게 무너져내리는 민족의 현실을 외면하지 말고 적극적으로 참여해서 길을 찾아내자고 강력히 종용한다. 1904년 한일의정서가 체결되자 한일단체인 보안회(保安會)를 조직하고 반일 군중집회를 열기도 하고, 1905년 8월 러일 강화조약인 포츠머스 회담에서 한국에 대한 중대한 결정이 내려질 것을 예상하고 조정에 대처를 요구하지만 이루어지지 않자, 스스로 오기호(吳基鎬, 1868-1916) 등과 함께 도미를 시도하지만 좌절된다. 다시 나인영, 오기호 등과 더불어 도일해서 일본 왕과 이토 히로부미 등에게 동양 평화를 위해서 한국, 중국, 일본 3국이 함께할 것을 주장하고 한국의 독립을 보장할 것을 역설하고자 했지만 그해 11월 을사늑약이 체결되는 것을 보고서 급히 귀국한다. 이때 모친상을 당하지만 장례를 치루고 곧바로 다시 상경하자 지방 유림들이 혹독하게 비난하자 그는 "국가가 멸망하여 노예가 되면 인륜도 무의미하다"라는 강경한 입장으로 반박한다.[29] 한성사범학교 교관으로 후진양성에 진력하는 한편 1906년경부터는 장지연(張志淵), 윤효정(尹孝定) 등과 함께 대한자강회(大韓自强會)를 조직하고 그 회보와 1907년에 조직한 호남학회의 호남학보(湖南學報) 등을 통해서 언론활동을 통한 국민계몽을 도모하고, 각종 구습 타파를 위한 애국 계몽운동과 교육운동을 펼치면서 1908년 급진적인 사회혁신 프로그램을 담고 있는 "일부벽파론一夫劈破論"을 발표하여 파문을 일으킨다.

1. 구국을 위한 근본 대책으로서의 토지 물음

조선후기 농업사 연구가 김용섭(金容燮) 교수는 해학 이기의 토지개혁론에 주목하면서 해학이 모든 분야에 걸친 개혁 구상에서도 토지개혁을 제일 중요한 문제로 보았다고 지적하였다. 왜냐하면 그가 토지개혁을 통해서 국가의 다른 기구 개혁을 위한 재정을 확보하고, 농가 경제의 안정을 통한 농민의 자립과 자존이야말로 국가 존립의 가장 중요한 토대로 보았기 때문이다.[30] 해학은 그러한 관점에서 '토지공전제'(公田制)를 주창했고, 토지의 사적 매매를 금하면서 국가가 토지를 매수해 나가는 '토지공유제'라는 급진적인 정책을 제안했다. 그것은 당시 해학의 관찰에 따르면, 전국의 토지가 부잣집

---

[29] 박종혁, 같은 책, 238.
[30] 김용섭, 『한국근대농업사연구(2)』 (지식산업사, 2004), 238-265. 이규성, 『한국현대철학사론』 (이화여대출판부, 2015), 236에서 재인용.

(富家)에 집중되어 있고, 자작농의 경우도 근근이 연명하는 처지였으며, 소작농의 경우 지대(地代)가 2분의 1에서 3분의 1이나 되므로 농민들이 일 년 내내 농사를 지어도 밥 한 그릇(一飽)도 못 얻는 비참한 현실로서 "백성은 날로 파산하고, 국가 재정은 날로 비어가는(民日耗而國日虛)" 형국이었기 때문이다.[31] 해학은 세제(稅制)와 전제(田制)를 모두 개혁하고자 했다. 그는 「전제망언」에서 "이 밭이란 얼마 안 되는 땅도 모두 국가의 토지이고, 부자들이 감히 사유화할 수 있는 것이 아니다. 이미 사유화하여 그 수입도 공세보다 6배가 많으니 어찌 신하의 도리라 할 수 있겠는가"라고 하면서 사유 전답의 공전화(公田化)를 강조했다. 그는 말하기를,

『시경』에 '우리 공전(公田)에 비 내리더니 드디어 내 私에도 이르는구나'(詩云雨我公田 遂及我私) 하였다. 소위 私란 公에 상대하는 말이지 실제로 사전(私田)이 있는 것이 아니다. 그 밭가는 것은 천하의 공공의 힘으로 되는 것이고(因天下公共之力), 그 세금은 천하공공의 쓰임을 위한 것이다(爲天下公共之用). 그러므로 공전(公田)이라 하는 것이다. 그러므로 비록 나라의 임금이라도 사사로이 할 수 없다(則雖國君 亦不得以私焉).[32]

라고 하면서 토지의 국유를 주창했다. 그리고 그를 위한 방안으로 먼저 국가가 토지를 사들이는 공매(公賣)를 제안했는데, 모든 지방에 세금의 10-20%를 공매를 위해서 비축해 두었다가 팔고자 하는 민전은 반드시 국가에 팔고 국가가 사는 방식으로 해서 점점 더 사전

---

31 한국고전종합DB 『李海鶴遺書』 권1, "田制妄言" a347-017a; 김도형, 같은 글, 152.
32 『李海鶴遺書』 권1, "田制妄言" a347-017a; 노평규, 같은 글, 491.

을 없애고 국유화하는 방식을 말한다. 또한 토지를 하사하는 사전 (賜田)을 엄하게 금할 것을 요구해서 임금도 어떤 명목이든지 왕자나 공주, 종친이나 공신에게 토지를 하사하지 말고 대신 그 세(稅)를 주는 방식으로 해야 한다고 강조했다. 해학에 따르면, 이렇게 해서 10-20년이 지나서 전답이 모두 공전이 되고, 세액이 관청에 수급되기를 기다린 후 토지를 농민들에게 무상 분배한다면 예전의 정전법 (井田法)의 효과를 볼 수 있다(不過一二十年 吾知天下無私田矣… 則其復 井田).[33] 해학은 이처럼 철두철미 公에 대한 의식을 가지고 토지 공전제와 국유화를 통해서 봉건기 해체 시기의 농민해방을 위해서 농민적 토지소유(農民的 土地所有)를 지향한 것이다.[34]

2. 묵자의 겸애설 수용과 민권의식

철학자 이규성 교수에 따르면, 해학의 이와 같은 토지공유론과 공전제 의식은 그가 그때까지 담지하고 있던 조선 성리학의 좁은 이기론(理氣論)을 넘어서 장자(莊子)의 무소유 자유정신과 묵자 겸애사상의 평등의식을 폭넓게 받아들여 이룬 것이다.[35] 즉 그때까지 해학이 간직해온, 우리가 앞에서 살펴본 「천주육변」에서의 양주와 묵적에 대한 전통적 배타의식이 변화한 것을 말하며, 점점 더 긴박해지는 나라의 위기 상황 앞에서 또 한 번의 사상적 전환을 이룬 것을 지시한다는 것이다. 해학은 자신이 비록 한 "야인"(野人)이지만 구국을

---

33 『李海鶴遺書』 권1, "田制妄言" a347-017a; 김도형, 같은 글, 154.

34 김도형, 같은 글, 160.

35 이규성, 같은 책, 225.

위한 근본적인 대책(治本之術)으로서 나름의 전정(田政) 개혁안을 마련한 것을 밝히며 그 제안이 반향을 얻지 못하자 계속해서 여러 개혁안을 마련한다. 그러는 가운데 러일전쟁이 일어났고, 한일의정서(1904년)가 체결되었으며, 을사늑약(1905년)이 이루어졌다. 여기에 대해서 해학은 「급무팔제의急務八制議」(1902년)를 지어서 나라의 국제(國制)를 입헌군주국으로 바꾸고, 그때까지의 관료제도를 전면적으로 개혁시킬 것 등을 주장하면서 고종의 무능과 대신들의 비행을 비판하는 시를 지어서 필화사건으로 겪기도 했다.[36] 해학은 "천하는 천하 사람의 천하이지 (군주) 한 사람의 천하가 아니다"(乃天下之天下, 非一人之天下)라는[37] 뚜렷한 민권과 인권의식을 가지고 구학문의 폐단을 세차게 비판하면서 새 학문을 받아들일 것을 주창한다. 그는 "병이 들었을 때 약이 효력이 없으면 그 약제를 필히 바꾸어야 한다"[38]는 비유를 들어서 구학문을 극복해 나갈 것을 촉구하였다. 이즈음 그의 양묵(楊墨)에 대한 입장도 변환을 경험하는데, 그가 전통의 유학에서 천하의 이단으로 여겨온 양묵에 대한 새로운 입장을 표명하는 「양묵변楊墨辨」에 보면,

치세에는 나가고 난세에는 후퇴하여 산림에 족적을 의탁하는 자는 말은 유가인데 행동은 양주이다. 너 죽고 나 살자면서 홀로 이익을 향유하는 자는 말도 양주이고 행동도 양주이다. 공적인 것을 빙자하여 사리를 도모

---

36 박종혁, 같은 책, 236 이하의 '해학 이기 연보'가 많은 도움이 되었다.

37 『李海鶴遺書』권2, "急務八制議" 國制第一 a347_028a; 김도형, 같은 글, 163.

38 『李海鶴遺書』권3, "湖南學報論說" 戊申 a347_048c; 夫人身有病而服藥。不得效則必思易劑; 정숭교, "이기(李沂)의 사상에서 '공(公)'의 의미", 「역사와 현실」 29 (1998), 190.

하고서도 명분과 의리를 돌아보지 않는 자는 말은 묵자이고 행동은 양주이다. 그 나머지 열 가운데 팔과 구는 모두 유(儒)도 모르고, 묵(墨)도 모르면서 의식하지 않는 사이에 양(楊)을 행하는 자이다[39]

라는 날카로운 비판을 설토한다. 그만큼 그는 당시의 상황을 맹자 전국(戰國)시대의 이기주의와 사욕이 난무하는 참담한 상황과 유사한 경우로 보면서 당시 말로는 유가를 따른다고 하면서도 자신들이 비판하는 묵가보다도 더 公을 돌보지 않고 양주의 무리들처럼 현실 외면과 자기 욕심을 채우기에 급급한 유자를 향하여 세차게 소리치는 것이다. 그러면서 자신은 "맹자의 中을 헤아리는 길을 따르지 못할 바에야 차라리 묵자가 되고 양주는 되지 않겠다"고 언설하는데,[40] 해학은 그렇게 나라와 인물의 참된 변화와 진정한 구국을 위해서는 계속 새로운 것을 헤아리면서 구습을 혁신해 가기를 원한 것이다.

3. 도끼를 들어 나라를 혁신하라: 해학의 일부벽파론(一斧劈破論)

해학이 당시 을사늑약도 맺어진 상황에서 국권이 사실상 상실된 절박한 상황에 남겨진 자강독립(自强獨立)과 애국계몽의 길로 밝힌 「일부벽파론」은 우선 구학문의 폐단이 무엇인지를 밝힌다. 이제 민족의 장래를 위한 보다 긴 안목으로 "신학문"(新學問)과 "신교육"

---

[39] 『李海鶴遺書』권3, 楊墨辨 a347_047c: 治進亂退, 托跡山林者。儒其言而楊其行者也。爾死我活。獨享功利者。楊其言而楊其行者也。憑公營私。不顧名義者。墨其言而楊其行者也. 其餘十之八九。又皆不知儒不知楊不知墨。而楊其行於無意識之間者也.

[40] 『李海鶴遺書』권3, 楊墨辨 a347_047c, 如不得孟子權中之道。吾寧爲墨而不爲楊也; 이규성, 같은 책, 225 참조.

(新敎育)의 길을 통해서 국민 의식을 깨우려는 그는 우선 구학문의 세 가지 폐단이 무엇인지를 밝힌다. 그 세 가지란 중국에 대한 "사대주의(事大主義), 한문습관(漢文習慣) 그리고 사색당파와 적서(嫡庶)의 구별을 말하는 문호구별(門戶區別)"을 말한다.

먼저 사대주의에 대해서 해학은 "우리나라(我韓)는 단군조선(檀箕)이래로 독립국가였으며 후에 몽고의 지배와 명나라에 의지하는 사대가 있었지만 대명(大明二字)을 거론하던 삼학사의 척화나 송시열의 북벌론도 민심을 격발하고 국권을 회복하기 위해서 그런 것이지 명과 청을 구분하자는 것은 아니었다"고 설명한다. 그러나 후대가 대명의리설(大明義理說)을 만들어 둘을 나누면서 자신들의 세력을 확장하고자 한 것은 참으로 한심한 일이고, 거기서 명나라를 섬기는 것은 옳지만 청나라를 섬기는 것은 옳지 않다고 하는 것은 마치 "이왕에 뺨을 맞을 바에는 은가락지 낀 손에 맞는 게 낫다"는 말과 같은 어리석은 소리로서 '뺨을 맞지 않도록 노력해야지 은가락지 낀 손을 찾아서는 안 된다'는 비유로 사대주의를 혁파할 것을 역설한다.[41] 이와 관련해서 그는 두 번째 구학문의 폐습으로 한문습관의 폐해를 든다. 그 자신이 한문으로 많은 문학작품을 남긴 한학자였지만 그는 우리나라가 불행하게도 중국(支那)에 가까이 있어 예악과 제도를 모두 수입하면서 소중화(小中華)라고 칭하지만, 세계 각국의 인민에서 문자를 모르는 자가 우리나라가 제일 많고 다음이 중국이라고 밝힌다. 그 이유는 천하에 제일 배우기 어려운 것이 한문이기

---

41 『李海鶴遺書』 권3, 湖南學報論說 戊申 a347_048c "一斧劈破論"; 非有擇于明淸之間爾。若以事明爲可。而事淸爲不可。則亦近於俗語所云與其被打頰。寧遭於銀指環手者矣。人當求不被打頰。不當求銀指環手也。先賢之意。固有所在矣。而後生輩。妄造大明義理之說。以立黨議而助己勢。則又可寒心也.

때문이라는 것이다.[42] 해학에 따르면, 한문이 이렇게 문맹자를 많이 배출하면서 소수의 엘리트 양성수단인 과거제도의 폐단으로 전락해서 그로 쓰인 글은 "허문"(虛文)이 되었고, 그 학문도 아무런 열매를 가져오지 못하는 "무실지학"(無實之學)이 되었다고 한다. 그는 학문이 "만약 국가에 공로가 없고 민중(生民)에게 이익을 주지 못한다면 나는 그것이 무슨 학문인지 모르겠다"라고 하면서 다시 한번 공(公)과 실학(實學)에 대한 의식을 분명히 드러낸다.[43] 그에 따르면 기자 이래 세종대왕이 가장 뛰어난 성인으로서 그 폐단을 알고서 국문을 창제했지만 이후 국문은 단지 부녀자들이 소설을 읽는 것 외에는 사용되지 않았다고 하면서 그러한 사실을 애통해한다.[44]

해학은 바로 그러한 연유로 중국 위주의 역사교육을 통해서 중국을 우월시하고 자국을 비난하고 자국의 역사를 모르게 되어서 마침내 "조국정신"(祖國精神)을 잃어버린 것이라고 분석한다.[45] 오늘 미국 등 서구 나라의 영어와의 관계에서도 그대로 재연되고 있는 이러한 폐악과 더불어 해학이 세 번째로 꼽는 적폐가 "문호구별의 폐해"

---

[42] 『李海鶴遺書』권3, 湖南學報論說 戊申 a347_048c "一斧劈破論": 我韓不幸與支那接近。禮樂制度。皆其所輸到。故稱爲小華。肤今六洲列邦。其人之不識字者。惟我韓最多。而支那爲次焉何也。天下之至難學者。漢文是已.

[43] "一斧劈破論": 凡所謂道義指其公益也。功利指其私計也。然天下亦有假道義之名而作私計。用功利之志以成公益者。此又不可不察也。諸公若必以無功於國家。無利於生民而後道義。則吾未知是何學問也.

[44] "一斧劈破論": 其一曰以國文破漢文習慣之弊。於戲我世宗大王。固箕子後首出之聖也。已知其弊之必至於斯。故遂製國文。卽訓民正音。將欲一變民俗。而當時士大夫不能承奉。因循苟且。于今四百年。惟閭巷婦女。讀小說外。鮮有用者; 조상우, "해학 이기의 계몽사상과 해학적(諧謔的) 글쓰기", 「동양고전연구」 제26집 (2007), 15 참조.

[45] "一斧劈破論": 且支那之人。驕傲自大。從古已然。凡諸史籍。必以東夷待我韓。使讀其書者。自少習見以爲固當止知有支那。不知有我韓。遂失其祖國精神。竟隨於今日悲慘。其由之來。亦已久矣; 박종혁, 같은 책, 87 참조.

이다. 이것은 한문 폐습과도 긴밀히 연결되면서 조선 사회를 계급의 불평등과 불의로 몰고간 것이라는 분석이다. 해학은 국권 회복의 필수적인 요소로 "단결"을 드는데, 그 단결을 위해서는 반상(班常)과 문무적서(文武嫡庶), 노소 남북, 장애인 등의 차별을 없애서 당파를 없애고 사민(四民) 사이의 "평등"을 회복해야 한다고 강조한다. 그는 강변하기를, 사람이 태어날 때 "현명함과 어리석음의 차이는 있지만 귀천은 없다"(夫人之始生。止有賢愚而無貴賤 賢者自貴)고 하는데, 사람들이 갑오경장을 통해서 "독립"도 괜찮고 "국문"도 좋지만 유독 이 "평등"만은 허락하지 않는 것은 지배층의 잘못으로 "천하의 대세"를 망각한 큰 폐해라고 일갈한다. 그는 이상의 오래된 구습을 혁파하기 위한 좋은 방안으로 그래서 "교육"을 생각했다. 그것은 참된 구국의 길로서 신학문과 신교육을 통한 국민의 의식을 개혁하려는 것이었는데, 특히 혁파해야 할 세 번째 고질로서 신분 차별을 타파하기 위해서 '공공교육'을 늘릴 것을 강조했다. 사숙을 허용하지 말고 학교에 입학시켜 서로 교제하고 함께 배우는 등의 "보통교육"의 확산을 통해서 오래된 분리와 차별을 고칠 수 있다고 보았기 때문이다.[46]

해학은 오늘 우리가 보아도 놀라울 정도로 신교육의 세세한 부분까지 구체적으로 제안하는데, 학교교육을 소학교, 중학교, 대학교로 나누어서 5.4.4의 교육 연한으로 정하는 문제, "소학은 국문을 쓰고 중학은 한문을 써야 한다"는 것도 제안하고,[47] "가정교육과 학교교육 그리고 사회교육" 중에서 가정교육의 십계칙(十戒則)을 만들고

---

46 "一斧劈破論": 團體之義。必自學校始。… 而學校卽其講究此道此理處也。故自高等中學以下。不許在私塾。而必使入校。所以通其志意。習其交際。齊其趣向。換其智識。而謂之普通。普通二字。涵畜之意。槪可想見矣.

47 "學非學文": 亦嘗言小學用國文。中學用漢文者.

세 분야로 나누어서 구체적으로 설명하면서 망해 가는 조국을 구하기 위해서 진정을 다해 국권회복의 종지를 세워서 신교육운동을 일으키고자 했다. 그는 비참한 민족의 현실을 생각하면 자다가도 베개를 적신다고 하면서 학교를 세워서 교육을 하고 싶어도 돈이 없어 못하는 현실을 매우 안타까워했다.[48]

4. 해학의 국토관과 황무지 개척론, 간도 회복론

이번 해학의 삶과 사상에 대한 연구에서 본인에게 가장 큰 인상을 남긴 것 중의 하나는 그의 국토관이었다. 그는 집안의 내력으로 우리나라 상고사에 대한 독자적인 의식과 탐구 속에서 예전 민족의 활동 무대가 한반도뿐 아니라 간도를 포함한 만주대륙이었음을 잘 알고 있었다. 그래서 1904년 러일전쟁으로 일본이 승리하고 러시아가 패한 정세에서 간도를 마침내 조선의 영토에 포함 시킬 것을 거듭 요청한다.[49]

우리나라의 옛 강토는 간도(間島)뿐 아니라 서쪽으로는 봉황성으로부터 북쪽으로는 길림성에 이르기까지 모두 우리가 소유하였는데 하물며 두만강 밖의 가까운 곳이야 말할 것이 있겠는가? 그 수답은 우리의 정전(井田)과 같고 그 백성들은 우리의 동포들이다. 그런데도 청국인들이 관리하고 있다고 하니 어찌 한심한 일이 아니겠는가?[50]

---

48 "一斧劈破論": 朕自以男子漢。終不甘于奴隸。每中夜撫枕。憤淚如注。其出於下策者。惟有教育子孫擔負此責。而家又貧乏。不能自設學校。以逢其志。故爲此求相助於諸公也; 박종혁, 같은 책, 97 참조.
49 원재연, 같은 글, 181쪽.

해학은 이와 같은 인식에서 1903년 봄에 대한제국 정부가 간도 개간을 위해서 관리관을 두고 주민들의 호적을 관리하는 등 본격적인 간도 경영에 나선 것을 환영한다. 하지만 청국의 경계 등으로 1904년 그 간도 관리사 서상무(徐相懋, 1856-1925)를 다시 소환하려 하자 간도 주민을 대변하여 그 조치를 철회해줄 것을 요청하는 서한을 보낸다. 그는 간도 주민의 대부분이 조선 후기 그곳으로 이주한 우리 백성이기 때문에 이를 행정적으로 관리하고 도와주는 것은 당시 국제외교관례에 따라서도 정당한 것이라고 주장하고, 그곳의 땅이 우리 땅이고 우리 주민인 것은 의심할 여지가 없고, 대한제국의 중흥이 간도 개척에 달려있으므로 간도 경영을 강화할 것을 주창한다:

> 그러므로 성인(聖人)이 말하기를 '인민이 있으면 토지가 있고 토지가 있으면 국가가 있다'고 하였으니 어찌 우리 대한의 중흥을 여기에 두지 않고 빠른 효과만 노리고 있으며 멀리 생각하지 않는 것일까요? … 각하는 이 문제를 정부에 제의하여 재주 있는 사람을 구하기 어려운 것을 생각하지 말고 또 알력이 생기는 것도 두려워하지 말고 새로운 관리를 속히 보내서 수만의 생령들이 거친 땅에서 죽는 것을 면하게 해주시기 바랍니다.[51]

---

50 『李海鶴遺書』권7, 文錄[五] ○ 跋 "題大韓彊域考後 癸卯"a347_085c: 夫我國家故地。非獨間島而已。西自鳳凰。北抵吉林。皆其所有。而況江外門庭處邪。其田則吾同井也。其民則吾同胞也。而致與淸人辨。寧不寒心哉. 원재연, 같은 글, 181에서 재인용.

51 『李海鶴遺書』권5, "代西墾島民致內部書"甲辰 a347_067c而況王者之政. 必自得民始。故聖人云有民斯有土。有土斯有國。安知我韓中興之業。不基於此。而徒求速效。不爲遠慮乎。且其民皆我列聖朝涵育之餘生也。今見六洲互通。三種雜居。其民所在。輒置領事。亦各國之通例。而所重在民不在地。肰顧此墾島。則自句麗渤海以來。皆其內地也。故土門之尹瓘碑。婆豬之高麗墓。證案昭肰。我土我民。未有異說。又何必慮將來之患。沮歸附之邪。幸閤下以此提議於政府。勿以才難爲念。亦勿以開釁爲懼。而新管理卽爲差下。趁斯下送。免使數萬生靈轉死荒陬。伏望伏望;

해학은 그의 「일부벽파론」에서도 "토지"와 "인민"이 있는데도(其土地人民俱在焉) 나라가 독립하지 못하고 자강하지 못하는 것은 한 사람에게서 이목구비와 사지가 모두 있는데도 홀로 서지 못하고 다른 사람에게 기대는 것이라고 비유하면서 어떻게든 사대주의를 벗어나서 스스로 자립하고(獨立) 나라를 부강하게 할 것(自富自强)을 역설했다.[52] 이 일을 위해서 국토의 중요성을 강조하여 1900년 일제가 경기도 연해의 어업권을 대한제국 정부로부터 넘겨받은 후 계속 다른 지역의 어업권과 더불어 황무지 개척권을 요구하자 결사 항전의 자세로 그들의 요구를 단호히 거절해야 한다고 강조한다.[53] 오늘 제주도 강정마을이나 평택 미군기지 문제, 지소미아 협정과 관련한 미일 측의 요구 등을 생각나게 하는 이러한 요구 앞에서 해학은 자강의 근본은 토지관리이므로 결코 외국인에게 토지를 매매하지 말고 철저히 단속하자고 강변했다.[54] 그는 특히 만주 전체가 옛 우리 조상의 터전이었다는 것을 강조하면서 당시의 동아시아 국제 정세를 살피며 이제는 청나라가 차지했던 만주 지역을 한국, 청, 일본이 삼분해서(滿洲三分論) 보유하는 방안까지 내기도 한다.[55] 그때까지도 일본을 이웃으로 믿고, 러일전쟁에서 이긴 후 그들의 처음 약속대로 대한제국의 독립과 영토보존이 가능하리라고 보았기 때문이다.

원재연, 같은 글, 184 참조.

[52] "一斧劈破論": 其一曰以獨立破事大主義之弊。今有人於斯。耳目具焉。肢軆備焉。而不能獨立。待人扶持。則此爲瘃癈者也。恐不得謂之完人。而國家亦猶是也。其土地人民俱在焉。而不能自富自强。終至於寄藩服而被拑制。使皇天有知.

[53] 원재연, 같은 글, 178.

[54] 같은 글, 179.

[55] 『李海鶴遺書』 권3, "三滿論" 甲辰 a347_047a.

해학은 1904년 일본이 황무지 개간권을 요구해오자 고종에게 상소해서 결코 그것을 허락해서는 안 된다고 강술하고, 그 일에 간여한 관리를 단죄할 것을 청하였다. 그는 한국, 일본, 중국의 동양 삼국은 마치 솥의 세 다리와 같아서 한쪽이 없어지면 기울고 균형을 잃으면 모두가 편치 않다는 것을 이미 그 당시에 강조했다(盖東洋三國之勢。有似鼎足。缺一則傾矣。必須均其勢而後). 하지만 이러한 백방의 노력에도 불구하고 일본은 제국주의 야욕을 더 드러내면서 주변 이웃들의 모든 신뢰를 저버리고 먼저 대한제국을 삼켰고, 해학의 삶도 그와 더불어 마지막 종교 구국운동에 희망을 걸면서 마무리된다.

IV. 민족의 참된 자주와 독립을 위한 민족종교운동
: 해학의 신인(神人/眞君)의식과 세계

이상에서처럼 해학은 백방의 노력으로 오래된 사대주의와 수만 가지의 분열과 자포자기를 넘어서 풍전등화 같은 처지에 놓인 나라를 구하고자 혼신을 다했다. 하지만 '운'(運)이 따르지 않는 것을 보았다. 그는 자신이 신봉해 오던 유가의 가르침으로 서학을 물리치고(「천주육변」), 더 나아가서 그 유가가 핵심 이단으로 여겨온 묵가도 받아들이면서 사람들의 의식과 제도를 혁파해서 쓰러져가는 나라를 구하고자 했다. 하지만 그 모든 것이 허사가 되는 것을 보았다. 해학의 '민족종교운동'이 들어서는 곳이 바로 그 자리이며, 이는 보다 근본적인 구국의 길로서 민족 삶의 '시원'(始原)을 찾고 그 본래적 뜻을 밝혀내서 인민들을 하나로 묶고 다시 일어서고자 하는 의지와 용기를 주기 위한 길이었다.

3.1운동 후 만주지역을 중심으로 항일독립운동을 핵심적으로 이끌었던 민족종교 대종교(大倧敎)의 창시자 나철은 바로 해학과 더불어 1907년 을사늑약의 오적들을 처치하고자 함께 비밀지하단체를 조직한 사람이었다. 해학은 젊은 시절의 나철에게 민족의 고대사와 단군사상의 의의를 가르쳐주었다.[56] 최근 유교 철학자 이기동 교수에 의해서 새롭게 번역 출간된 『환단고기桓檀古記』는 역사학자들에 의한 위서 논란이 완전히 가신 것은 아니지만 특히 유교 국가 조선왕조 초기에 거의 지워졌고 일부가 남겨진 한민족 상고사를 네 종류의 사료를 통해서 전해준다.[57] 그 네 사료는 『삼성기전三聖紀全』, 『단군세기檀君世紀』, 『북부여기北扶餘紀』, 『태백일사太白逸史』인데, 그 중 『단군세기』는 해학 가계의 선조 고려 후기 문정공 행촌 이암(李嵒, 1297-1364)이 지은 한국 고대사에 대한 기록이다. 또한 대종교가 자신 종교의 핵심 경으로 삼는 『천부경天符經』과 『삼일신고三一神誥』가 들어있는 『태백일사』는 그의 또 다른 선조 조선 초기의 이맥(李陌, 1455-1528)이 엮은 것으로 전해진다. 1911년 이러한 것을 『환단고기』로 엮어서 처음 펴낸 만주의 독립운동가 계연수(桂延壽, ?-1920)는 책의 머리말 '범례'(凡例)에서 밝히기를, 『태백일사』는 자신의 스승 해학

---

56 이규성, 같은 책, 217.

57 올해 제자 정창건과 더불어 『환단고기』를 번역 출간한 이기동 교수는 그 머리말의 첫 성으로 "저는 참회하는 마음으로 이 글을 씁니다"라고 하였다. 그러면서 유교에 대한 편견을 가진 사람들이 『논어』를 한 줄도 읽지 않고 비판만 하는 것처럼 자신도 그렇게 『환단고기』에 대한 편견을 가지고 있었는데 막상 읽게 되면서 큰 충격에 빠지게 되었고, 『환단고기』가 위서가 아님을 직감할 수 있었다고 고백한다. 그는 특히 "철학자"로서 이 책을 읽으면서 지금까지 주로 역사학자들만이 책의 위서 여부를 판정하는 일에 관여하면서 보지 못했던 것을 보게 되었으며, 여기에서 한국인에게 고유하게 내려오는 깊은 사상과 철학을 접하고서 전율을 느꼈다고 밝힌다. 이기동·정창건 역해, 『환단고기』 (행촌, 2019), 4-10.

이기 선생이 소장하던 것이었고, 이 네 가지 서책을 모두 "해학 이선생의 감수를 거쳐 내가 정성들여 부지런히 엮고 옮겨 쓴 것"이라고 밝힌다.[58] 또한 그는 당시 책의 인쇄를 만주 봉오동과 청산리 항일전투로 유명한 홍범도(洪範圖, 1868-1943) 장군과 역시 만주의 독립운동가 오동진(吳東振, 1889-1944) 선생의 도움으로 가능했다고 말한다.

여기서 분명히 드러나는 것은 이러한 언술의 진위 논란에도 불구하고 이 책의 출간 자체가 하나의 구국 민족운동이었고, 여기에 해학이 결정적인 역할을 했다는 것이다. 이 책을 펴낸 계연수는 역시 본관이 고성인 한국임시정부 초대 국무령을 지낸 석주 이상룡(李相龍, 1858-1932) 아래서 독립운동가로 활동했다고 하는데, 책의 출간 날짜를 "신시개천 5808년"(神市開天 五千八百八年)으로 적고, 당시 일제에 의해서 이미 고종의 시기가 끝나고 순종의 시기(隆熙, 1908)가 시작되었지만 그대로 고종의 연호인 광무 15년(光武, 1911)을 쓴 것 자체가 하나의 저항운동이라는 것이다.[59] 계연수는 거기서 "과연 태백의 '진정한 가르침'(眞教)이 다시 일어날 토대"가 밝혀졌다고 기뻐했다(果太白眞教 中興之基歟!).[60]

---

58 이기동·정창건 역해, 『환단고기』, 16-17: 檀君古記 悉經海學李先生之監修 而且余精勤繕寫.

59 "이기의 제자 계연수"에 대해서 재야 역사학자 이덕일은 그에 대한 기록이 이미 『환단고기』의 전수자 한암당(寒闇堂) 이유립(李裕岦, 1907-1986)이 이 책을 대중에게 알린 때인 1979년 전에 『해동인물지』(1969년)에 소개된 것을 들어서 그가 가공인물일지 모른다는 『환단고기』 위서론자들의 주장은 잘못된 것이라고 논박한다. 이덕일, "단군고기(檀君古記)의 역사성과 사학사적 의의", 「세계환단학회지」 3권 2호, 7 이하.

60 『환단고기』, 16.

한말의 저항적 유학자 해학 이기(李沂)의 신인 의식과 동북아 평화 ┃ 241

1. 새로운 궁극(초월) 이해로서의 삼신일체(三神一體)의 하나님

1909년 나철과 더불어 대종교를 중광하고 그러나 얼마 되지 않아서 서울의 한 객사에서 순결로써 생을 마감한 해학은 그 시기를 전후로 해서 『진교태백경眞敎太白經』 또는 『태백속경太白續經』을 지었다고 추측된다. 해학 연구자 박종혁 교수에 따르면 이 책은 해학 가문의 고려말 선조 이암이 당시 몽고 원에 의한 국가의 위기를 걱정하고 단군숭배를 외치며 『단군고기檀君古記/世紀』와 더불어 지은 『태백진훈太白眞訓』의 영향을 받은 것이다.[61] 이처럼 외세의 침략으로 위기에 빠진 나라를 구하기 위해서 민족종교 운동가들이 우선적으로 관심하는 것은 민족과 국가로서의 자국의 역사가 얼마나 오래된 것이며, 그 쌓인 낱낱의 역사가 어떻게 이어져 왔는지를 밝히는 일이다. 이들에게는 자신들의 역사가 당시 오랜 사대의 대상이었던 중국의 역사와 더불어 대등하거나 또는 그 이상의 고기(古記)인 것을 밝히는 일이 중요했다. 구한말은 한편으로 중국보다 새롭게 더 강한 제국으로 등장한 서구 기독교 문명국들이 내세우는 세계창조 이야기에 버금가는 것을 이야기하거나 그것을 포괄하는 천지 시작의 내러티브를 밝히는 일이 긴요했겠다는 것을 잘 생각해 볼 수 있다. 앞에서 먼저 해학의 「천주육변」에서 보았듯이 당시 전통 유교의 테두리 안에서 서구 기독교의 세계 창조주 의식에 대응하려던 해학은 자신의 시도가 잘 기능하지 않는 것을 보고서 이 민족종교운동의 시기에 그때의 깨우침을 바탕으로 해서 나름의 고유한 종교운동("眞敎")을 내보

---

[61] 박종혁, 같은 글, 438.

이고자 한 것으로 이해할 수 있다.[62]

> 먼저『환단고기』맨 처음에 나오는『삼성기전三聖紀全』상편은,
> 우리 환족이 세운 나라가 가장 오래되었다. 한 神이 있어 사백력(斯白力)
> 의[63] 하늘에 계시니 홀로 변화한 신이시다. 밝은 빛이 온 우주를 비추고
> 큰 교화는 만물을 낳았다. 영원히 존재하면서 오래도록 살피시며 언제나
> 흐뭇하고 즐거우셨다. 지극한 氣를 타고 움직이시며 절묘하게 자연과 합
> 치되시어, 모습이 없으면서 드러나시고, 함이 없으면서 창조하시고, 말을
> 함이 없이 행하셨다[64]

라는 언술로 시작되는데, 이러한 내러티브는 유대-기독교『창세기』
첫 장에서 천지를 창조하고, 수면 위를 움직이는 하나님의 영을 말
하고, 빛을 내는 등의 천지창조 행위를 서술하는 장면과 크게 달라
보이지 않는다. 이렇게『삼성기전』은 '환인'(桓因) 신이 원래의 고향
인 천국에서 동북아 지역의 백산(白山, 백두산)으로 사람들을 이주시
켜 '환국'(桓國)을 세워 3301년간 이어갔고, 이후 '환웅'(桓雄)을 시켜
서 '배달'(培達)이라는 이름의 나라를 세우게 해서 그가 도읍을 '신
시'(神市)라고 하고, 나중에 '청구국'으로 옮겨서 18세 1565년간 나라
를 이은 이야기를 전해준다.
　　이어서 해학의 선조 고려 후기의 행촌 이암이 지은『단군세기檀君
世紀』는 환국과 배달국에 이어서 이어지는 '단군왕검'의 '고조선' 이야

---

62 박종혁, 같은 글, 443.
63 '사백력'에 대해서 오늘의 언어로 '시베리아'를 가리킨다는 설이 있다.
64『환단고기』, 21 참조.

기이다. 이암은 우선 그 서문에서 나라의 도를 위해서는 "선비의 기상보다 더 앞세울 것이 없고, 사학(史學)보다 더 급한 것이 없다"고 강조하면서 "우리 백성들의 삶이 참으로 유구하고 창세의 조항과 차례도 역시 확실하게 정리할 수 있지만"[65] 고려 후기 몽고의 지배로 왕위도 마음대로 좌우되는 상황이 초래되었다고 비통해한다. 그에 따르면, "부여는 부여의 도가 없어지면서 한인(漢人)들이 부여에 들어왔고, 고려는 고려의 도가 없어지면서 몽고인이 고려에 들어왔다"고 하는데, 그래서 "구국"의 길은 "나라에 역사가 있고 몸에 혼이 있어야 하는 것"(然則 救國何在哉! 向所謂國有史而形有魂也)이므로 자신이 『단군세기』를 쓰는 이유라고 밝힌다.[66] 이렇게 해서 『단군세기』는 47대 동안의 각 단군이 2천여 년간 다스린 역사를 차례로 소개한다.

이러한 『단군세기』의 저자에 대한 진위 문제와 특히 그 서문 언어로 볼 때 『환단고기』를 편찬한 해학이나 계연수 등의 애국 언어가 가필되었을 가능성도 배제할 수 없다. 하지만 전체를 위서로 볼 수 없을 정도로 그러한 가운데서도 "토대가 된 모본"(母本)이 있었을 것이라는 사실은 의심하기 어렵다.[67] 그것은 예를 들어 서양 유대-기독교의 경우를 살펴보더라도 나라가 바벨론 포로 등으로 위기상황(BC 6-5세기)에 빠지자 자신들 역사의 어떤 모본 내러티브(J문서 또는 P문서 등)를 가지고 그에 기초해서 현재 형태의 『모세오경』(창세기, 출애굽기, 레위기, 민수기, 신명기)을 기술한 것을 생각해 볼 수 있기 때문이

---

65 같은 책, 67: 斯民之生厥惟久矣 創世條序亦加訂證.

66 같은 책, 79-82 참조: 嗚呼 痛矣! 夫餘無夫餘之道 然後漢人入夫餘也. 高麗無高麗之道 然後蒙古入高麗也.

67 한영우 외 공저, 『행촌 이암의 생애와 사상』 (일지사, 2002), 57.

다. 『환단고기』에 포함된 『단군세기』 내러티브 안에는 오늘 일본강점기를 거치고 서구화된 커리큘럼으로 국민교육을 받은 사람으로서는 상상할 수 없는 이야기들이 많이 담겨있다. 아니 그보다 먼저 조선유교의 중국사(漢族) 중심의 시각에서 살펴보아도 그러한데, 우리가 보통 들어왔듯이 '단군'이 신화나 설화 속의 하나의 인물을 가리키는 것이 아니라 '배달'(박달나무의 단)의 임금을 가리키는 보통명사로서 47대가 이어졌고, 그중 '왕검'은 제1대 단군(단군왕검)을 가리키는 것이며, 제3세 '단군 가륵'의 재위 기간에 나중에 세종대왕이 한글 창제에 모체로서 참고했다는 "가림토" 문자 이야기가 나오는 것 등이다.[68] 또한 중국의 상고사인 하은주 나라와 대등하게 관계하면서 오히려 하나라 상왕이 덕을 잃어서 제4대 '단군 오사구'(烏斯丘)가 군사를 일으켜 정벌하자 천하의 사람이 복종하였다는 이야기, 은나라 왕 소을이 제21대 '단군 소태'(蘇台)에게 패해서 사신을 보내고 조공을 바쳤다는 이야기 등을 들 수 있다. 이러한 이야기들은 우리가 보통 알고 있는 중국 중심의 이야기와는 크게 다른 것인데, 『단군세기』에 따르면 이러한 단군의 조선이 쇠퇴하기 시작한 것은 44세 '단군 구물'(丘勿) 때로서 이때 국호를 '대부여'(大夫餘)로 바꾸었고, 이후 연(燕)의 잦은 침략으로 영토가 축소되면서 47대 '단군 고열가'(古列加) 때에 왕족 해모수(解慕漱)가 반란을 일으켜 단군 조선(고조선)은 망하고, 이어서 북부여(北扶餘)와 고구려가 일어나서 이어졌다고 밝힌다.[69]

인류 문명사 가운데서 어느 나라의 경우이건 오래된 역사의 기

---

[68] 같은 책, 115: 於是 命三郎乙普勒 譔正音三十八子 是爲加臨土. 其文曰.
[69] 같은 책, 197.

록에는 거짓과 진실이 동시에 들어있고, 또 그것이 한 사람의 손으로 완결된 것이 아니라는 것을 말할 수 있다. 『환단고기』도 그런 사실로부터 예외가 아니라고 할 수 있다. 이에 더해서 고려 말의 이암이나 한말의 해학과 같은 구국 사고가들이 우선 자민족의 역사가 이처럼 오랜 것이라는 사실을 밝히고자 하는 일이 그저 허구이거나 무의미한 일이 아니라고 하는 것이 오늘 각 민족과 나라의 역사와 그 시원 이야기가 점점 더 서로에게 알려지고 있고, 따라서 인류 문명의 중심과 변방, 보편과 특수가 고정된 것이 아니라는 사실이 더욱 인지되면서 점점 더 확실해지고 있다. 물론 자칫 잘못하면 그러한 시각 안에 협소한 현대판 국수주의나 배타주의가 내포되어 있는 것도 경계해야겠지만, 21세기 오늘과 같이 서구 미국을 중심으로 유대 기독교적 사고가 인류 문명의 유일한 보편과 중심으로 여겨지고, 그와 더불어 여러 해악과 불의가 드러나는 것을 볼 때는 동아시아 변방의 한반도 고기(古記)를 찾아보고 거기서부터 배우고자 하는 일이 의미가 있다는 것을 부인하기 어렵다. 2014년 한국 여성신학자 박순경은 그녀의 저서 『삼위일체 하나님과 시간 - 제1권 구약편』에서 바로 이러한 문제의식을 가지고 한민족의 고대사를 새롭게 살피면서 기독교 신학을 재정립하고자 했다. 그녀는 오늘 한반도의 분단 고통이 미국을 중심으로 한 서구 제국주의적 기독교 신앙과 밀접히 관계되어 있고, 그래서 그로부터 벗어남이 이러한 민족의 시원에 대한 역사적 재인식과 더불어 비롯된다고 보았다.[70]

---

70 박순경, 『민족통일과 기독교』 (한길사, 1986), 44-45; 이은선, "한국 여성신학자 박순경 통일신학의 세계문명사적 함의와 聖·性·誠의 여성신학", 「2019년 '원초 박순경의 삶과 신학: 기독교, 민족과 통일을 말하다', 〈한국여성신학회 하계 학술세미나〉 자료집」 (2019.6.8., 감신대); 온라인저널 「에큐메니언」(www.ecumenian.com) 연재문 참조.

박순경은 20세기에 서구에서 이루어진 고대 인류 문화사에 대한 학적 연구와 현대 중국과 국내 대종교 계열의 중국 한자(漢字) 원류에 관한 연구에 기대어서, 유대기독교 문명도 그 안에 포괄되어 있는 고대 수메르(Sumer) 문명이 사실은 동북방으로부터 근동에로 이동해 간 '동이족' 계보의 한 지류라는 주장을 받아들인다. 즉 그녀에 따르면, 유대기독교 '계시신앙'의 원조상인 아브라함은 수메르국 우르지방의 출신이고, 아브라함이 자신의 고향 우르를 떠나는 일을 통해서 인류 문명사에서 "계약"(약속)이라는 의식과 "믿음"이라는 의식을 가져온 '믿음의 조상'이 되었지만, 그 기원은 동이족과 연결되는 수메르 문명이라는 것이다. 그녀는 동이족의 '환국'을 신석기 시대 BC 7000여 년 전에 실재했던 '인류 최초의 나라'로 자리매김한다. 그로부터 아브라함 이야기와 BC 1250년경의 이스라엘 출애굽 이야기도 새롭게 이해하면서 이러한 모든 이야기는 결국 인류가 모두 함께 하나님의 백성이고, 같이 신적 기원을 가진다는 것을 밝혀주는 이야기라고 해석한다.[71]

여기서 박순경에 따르면 유대기독교의 하나님 의식은 동이족 환국의 환인 천제의식을 다시 한번 근본적으로 변혁한 것이다. 이스라엘의 계약신앙과 출애굽 해방신앙은 창조주 하나님에 대한 타협할 수 없는 초월성과 타자성에 대한 의식으로 고대 동이족의 천제의식과 근동의 신적인 제왕 개념을 다시 한번 질적으로 극복한 것이어서 그 둘 사이는 "반립"을 말할 수밖에 없다고 한다.[72] 하지만 그럼에도 불구하고 그 둘 사이의 연관성은 부인할 수 없다고 하는데, 그렇게

---

[71] 박순경, 『통일신학의 여정』 (한울, 1992), 19, 40.

[72] 박순경, 『삼위일체 하나님과 시간』, 684.

함으로써 박순경 신학은 지금까지 한국 기독교 신학의 어느 경우보다도 한국 고유의 궁극(초월) 이해와 기독교 신학 사이의 대화를 가능케 하는 토대를 마련한 것이 된다. 즉, 지금까지 한국 기독교 토착화신학이 기독교의 '삼위일체'(三位一體)에 대해서 그것이 한민족 '삼신일체'(三神一體) 내러티브와 서로 연결될 수 있다고 주장하면서도 후자(한민족)가 전자(유대기독교)에게서 영향을 받았다고 말해온 것이었다면, 박순경의 경우는 그 반대를 말할 수 있는 근거를 확보한 것이다. 이것은 또다시 말하면 기독교 성경 『창세기』의 '보편'을 한민족 『단군세기』의 '특수'로 틈을 내는 것이고, 그래서 지금까지 일반적으로 받아들여져 왔던 기독교적 보편과 한민족 특수의 자리를 전복시킬 수 있는 가능성을 얻은 것이라는 사실이다.[73] 이와 관련해서 대종교의 3대 교주 단애 윤세복(檀崖 尹世復, 1881-1960)의 이야기는 매우 시사적인데, 그는 특히 대종교 경전과 자료들을 번역하고 편찬해내는 일에 많은 공을 세운 사람으로서 항상 말하기를, "한민족의 조상은 백두산 기슭에서 나왔다. 중국민족이나 대화(大和)민족들은 그 지족(支族)에 불과하다. 그러므로 노력하여 국권을 회복하여 부여국과 부여민족의 독립발전을 도모하지 않으면 안 된다"고 했다고 한다.[74]

---

[73] 이은선, "3.1운동 정신의 통합학문적 이해와 기독교 신앙의 미래", 445; 본인은 지난 2018년 11월 27일 생명평화마당이 주관한 2018년 가을 포럼 〈한반도 평화 프로세스와 한국교회 - 평화신학과 發善〉에서 논평자로서 한완상 교수의 주제발표에 대한 논평에서 이미 유사한 시각을 드러냈고, 올해 6월 한국여성신학회의 박순경 통일신학 연구발표에서 이 시각을 더욱 보완하여 발표하였다. 이것을 본인은 한국 토착화 여성신학의 통일신학 시각이라고 밝히면서 박순경 신학 안에도 여전히 남아있는 기독교 중심주의를 지적했다. 이은선, "한국 여성신학자 박순경 통일신학의 세계문명사적 함의와 聖·性·誠의 여성신학."
[74] 박환, 『나철, 김교헌, 윤세복』 (동아일보사, 1992), 157-158 참조. 임채우, "단애 윤세복의 「三法會通」에 담긴 仙道사상", 「도교문화연구」 31 (2009.11), 116에서 재인용.

2. 새로운 인간 구원론으로서의 신인(神人/眞君) 의식과 구국

앞에서 밝혔듯이 『환단고기』의 제일 마지막 책이 되는 『태백일사太白逸史』는 제일 분량이 많은 것으로 『단군세기』를 저술한 이암의 현손인 조선 초기의 문인 이맥(李陌, 155-1528)이 편찬한 책이다. 편자는 '삼신'(三神)의 천지창조 이야기부터 고구려, 발해를 거쳐 고려의 역사까지 포괄하여 전해주고 있는데, 해학이 소장한 것이었다고 하는 바 이것으로써 해학의 민족종교의식과 운동에 중요한 근거가 되었을 것을 추측해 볼 수 있다. 거기서 맨 처음 세계창조와 우주생성을 주로 다룬 「삼신오제본기三神五帝本紀」는 신라 때의 고승 표훈의 말을 빌어서 다음과 같은 인상적인 말로 시작한다.

> 태시에 상하사방이 아직 암흑을 보이지 않았고 언제나 오직 한 광명뿐이었다. 상계에 삼신(三神)이 있으니 곧 한 하느님(상제)이시다(自上界 却有三神卽一上帝). 주체는 한 신이 되고 각기 따로 신이 있는 것이 아니다(主體則 爲一神, 非各有神也). 작용을 할 때 세 신의 역할을 한다(作用則三神也). 삼신은 만물을 빚어내어 헤아릴 수 없는 지혜와 능력으로 전 세계를 통치하는데, 그 형체를 드러내지 않고 가장 높고 높은 하늘에 앉아계시니 거처하시는 곳이 천 만억이나 되는 땅이다.[75]

처음 서술에서부터 '삼신일체'(三神一體) 이야기가 나오는 것을 본다. 알다시피 서구 유대기독교에서 '삼위일체'(三位一體)는 인간 예

---

[75] 『환단고기』, 228 참조.

수를 '신의 아들', '아들이신 신', '유일한 신' 등으로 이해하면서 세상을 향한 하나님의 구원 의지와 거기서의 예수를 유일한 신적 그리스도로 표명하기 위해서 마련된 기독교 기독론적 교리 선언이다. 앞의 「천주육변」에서 해학이 제일 받아들이기 어려워한 것이 바로 이 예수 그리스도 존재였는데, 그러나 그럼에도 불구하고 해학은 이 인격적 구원자 의식이 당시 조선 인민의 현실에서 전통의 유가적 이신론(理神論)보다 훨씬 더 잘 기능하는 것을 보고서 그에 견줄만한 민족 고유의 구원자 의식을 찾지 않을 수 없었을 것이라고 추측해 볼 수 있다.[76]

사실 『환단고기』나 해학 자신이 『단군세기』의 저자 이암의 권위를 빌어서 자신의 세계관을 구술하고 있는 『진교태백경』의 모든 이야기는 이미 신이 어떻게 인간이 되었고, 어떻게 인간 세상과 관계하면서 그 구원의 역사를 펼치는가의 이야기라고 할 수 있다. 즉 '신인'(神人 신적 인간, Homo Deus)에 관한 이야기인 것이다. 앞에서도 지적했지만 이러한 모든 전술을 읽어보면 서구 기독교의 삼위일체 이야기가 동북아의 삼신일체 의식에 영향을 준 것이 아니라 오히려 그 반대가 되는 것을 받아들이지 않을 수 없을 정도로 여기서는 삼신일체 이야기와 그것을 짧게 요약한 신인(神人) 이야기가 핵심인 것을 알 수 있다. 해학 자신의 언어로는 그 신인을 "진군"(眞君)이라고 표현하는데, 그는 "진군은 삼신즉일상제야"(眞君은 三神卽一上帝也)라고 하면서 그에 대해서 『진교태백경』 제2장에 다음과 같이 밝히고 있다.[77]

---

76 박종혁, 같은 글, 438, 445 참조.
77 李沂, 『訂校增註 太白續經』, 8. 해학 연구자 박종혁 교수는 이 판본은 계연수가 필사했고 이

眞君이 有言하사대 朕은 五百歲而一化하야 或降於東하며 或降於西하며 或降於君하며 或降於師하야 以詔萬世하니 眞君은 三神卽一上帝也라 五百歲는 天地成數也니…[78]

즉, 해학에 따르면 진군은 오백 년에 한 번씩 강림하는 신이다. 그에 의하면 심지어는 조개나 버섯, 거북이나 공작 등 "초목 금수"에 대해서도 모두 "명을 바꾸는 일"(化命)을 말할 수 있는데,[79] 해학이 모두 감수했다고 하는『환단고기』는 유사한 형태로 여러 형태와 짝의 삼신일체를 밝히고 있다. 우리에게 가장 잘 알려진 '환웅, 환인, 환검(단검)'의 쌍뿐만 아니라 '天一(조화), 地一(교화), 太一(치화)', 또는 『태백일사』에 포함되어 전해져서 후에 대종교나 증산교 등의 민족 종교들에서 매우 중시되는『천부경』과『삼일신고』에 표현된 삼일(三一) 의식은 그 대표적인 것들이다. 거기서 인간 이해의 삼차원으로 밝히는 '성명정'(性命精)이나 '심기신'(心氣身), 그 수행의 길로 제시하는 '지감(止感), 조식(調息), 금촉(禁觸)'의 삼일이 모두 그러한 표현들이다.『천부경』은 "일석삼극"(一析三極)을 말하고, "사람이 천지 가운데 있지만 여전히 하나이다. 그 하나는 마치지만 마침이 없다. 우주만물의 본질 그 하나이다"(人中天地一 一綜無終一)[80]라고 천지인의

유립이 교정하여 펴낸 것으로 본다. 다른 판본인『增註眞敎太白經』과 내용은 거의 동일하지만 후자가 저자를 태소씨, 주를 해학이 단 것으로 보는 것과 다르다고 한다. 본 연구는『태백속경』의 판본을 국립중앙도서관을 통해서 구했기 때문에 그 판본에 근거한다. 박종혁, 같은 글, 438.

[78] 같은 책, 8. "진군이 말씀하사 짐은 오백세에 한번 변하여 혹 동쪽에 강림하기도 하고 혹 서쪽에 강림하기도 하며, 혹시 임금으로 강림하거나 혹은 스승으로 강림하여 만세를 명령하니 삼신이 하나인 임금이라. 오백 세는 천지가 이루어지는 수이니…."

[79] 같은 책, 9.

삼일뿐 아니라 그 모두가 '하나'로 돌아가는 삼일을 밝히고 있는 것이다.

이맥이 전하는 『삼일신고』는 원래 "우리 환국에서는 환웅이 개천할 당시부터 천신께 제사를 지내왔고, 삼일신고를 으뜸으로 읊어왔으며, 산하를 널리 개척하고 백성을 교화해 왔다"고 밝힌다. 그러면서 그 가르침의 첫 내용이란, "하나를 붙잡으면 거기에 셋이 포함되어 있고(盖以執一含三), 셋을 합하면 하나로 돌아가는 도리를 본령으로 삼고(會三歸一之義爲本領), 다섯 장으로 나누어 '천신조화의 근원'(天神造化之源)과 '세계인물의 변화'(世界人物之化)를 상세히 논하는 것"이라고 언급한다.[81] 현대에 가필된 것 같은 인상을 풍기기는 하지만 그럼에도 환족 고유의 삼일 신관과 그 세계창조와 교화의 메시지를 분명히 지적했다는 것을 부인할 수 없다. 또한 이 언급 전에 『삼일신고』 '삼신오제기'에는 유대-기독교 창세기의 첫 인간 '아담'과 '하와'를 연상시키는 "인류의 조상 나반"(人類之祖曰那般)과 "처음에 그와 함께하는 아만"(初與阿曼) 이야기가 나온다.[82] 그리고 이암이 『단군세기』에서 환족의 고유한 문자로 '가림토' 이야기를 한 것을 다시 언급하면서("加臨多") "지금의 한자도 역시 그것을 계승한 지류임이 분명하다"고 지적하면서 중국 문명에 대한 환국 문명의 시원성을 강조하며 그에 대한 굳은 믿음을 드러낸다.[83] 『태백일사』에는 다음과 같은 말이 있다.

---

80 『환단고기』, 379 참조.
81 같은 책, 399-400: 吾桓國 自桓雄開天 主祭天神 祖述神誥 恢拓山河 敎化人民.
82 같은 책, 255.
83 같은 책, 440: 而今漢子 亦承其支流也 明矣.

태백의 '참된 가르침'(眞敎)은 하늘의 계시(天符)에 근원하고 땅의 회전 (地轉)에 부합하며, 사람의 일(人事)에 절실한 것이다. 그러므로 정치를 펴는 데는 화백보다 앞서는 것이 없고, 덕으로 다스리는 것은 책화보다 더 좋은 것이 없다. 세상에 있으면서 진리로 인도하는 방법(在世理化之 道)은 모두 하늘의 원리(天符)를 본받으며 거짓되지 않고, 땅의 회전을 따르면서 게으르지 않으며, 사람의 인정(人情)에 맞추어 어기지 않는 것 이다. 천하의 공론이 어찌 한 사람이라도 다를 수 있겠는가(則天下之公 論 有何一人異哉).[84]

이 언술에서 분명히 드러나듯이 이맥 등은 환족의 삼일신의 가 르침이 결코 어떤 한 특수한 종족만을 위한 가르침이 아니고 온 세 상을 모두 포괄하는 "천하 보편의 가르침"(天下之公論)이라는 것을 밝 힌다. 그래서 그는 당시 사회에서 정주학에서 한 글자라도 합치되지 않으면 "뭇 화살이 고슴도치 등처럼 쏟아지고 유가의 칼날이 사방에 서 올라"오는 것을 지적하고,[85] 자신들의 교는 참으로 보편적으로 "참된 가르침", "진교"(眞敎)라고 호칭한다. 나는 구한말 해학이 그것 을 더욱 더 적극적으로 받아들였고, 그가 나철과 더불어 대종교의 전신인 '단군교'의 창립에 함께했지만 그 단군교도 넘어서 '진교'로 표방한 것이 아닌가 추측해 본다. 즉 대종교나 해학의 진교 또는 신 인의식은 해학이 「천주육변」과 더불어 만났던 서구 기독교의 천주 (天主)와 삼위일체에 대한 의식보다 더욱 더 이세상적이고 인간적으 로 여기 지금의 세계와 인간 안으로 내재화된 초월에 대한 의식이

---

84 같은 책, 442 참조.
85 같은 책, 445.

고, 그중 해학의 진교는 특히 급진적으로 탈신화화의 길을 걸어서 20세기 세속화와 세계화의 시대에 더욱 적실한 보편성을 확보하려고 한 것이 아닌가 생각한다는 것이다. 마치 서구 기독교에서 1970-80년대에 들어와서 '역사적 예수 연구'가 심화되면서 기독교 신인(神人)의식인 예수 그리스도론이 전통적 형이상학적 폐쇄성과 배타성을 벗고서 더욱 더 '참인간'(the son of the man, 人子)으로서의 신인상(神人像)으로 세상에 다가오는 것과 같은 의미를 말하는 것이다.[86]

앞의 인용문에서 보았듯이 해학에게서 '단군왕검', 즉 '진군'은 세상에 단지 한 번만 현현된 구원자가 아니라 오백 년 만에 한 번씩 "강림"하는 보통명사화한 神人의 의미로 이해된다. 또 그 강림이 東에서만 이루어지는 것이 아니라 西에서도, 또한 '정치가'(君)로서 뿐 아니라 '교사'(師)로서도 나타나서 기독교 신학의 언어로 말하면 '복수(複數)의 그리스도'가 되는 것을 말한다.[87] 이러한 동북아 구원론인 신인(神人)의식은 그 첫 번째 책인『삼성기전』첫 문장에 이미 표현된다. "신인왕검"(神人王儉)이라는 표현, "지극한 덕의 신"(至神之德)과 "어진 마음의 겸성"(兼聖之仁)으로서의 단군왕검을 말하면서 그가 신의 "화신"(化神)으로서 "상제"(上帝)가 되고, "환골이신"(換骨移神)의 존재임을 밝히고 있는 것이다.[88]

그런데 이렇게 환인, 환웅, 환검의 쌍에서의 환검(단군왕검)이, 또는 해학의 언어로 진군(眞君)이 그렇게 신의 현현이고, "겸성"(兼聖)

---

86 이은선, "페미니즘 몸담론과 역사적 예수 그리고 다원주의적 여성그리스도론",『한국 여성조직신학 탐구』(대한기독교서회, 2004), 101 이하; 월터 윙크/한성수 옮김,『참사람 - 예수와 사람의 아들 수수께끼』(한국기독교연구소, 2014) 참조.
87 이은선, "종교문화적 다원성과 한국 여성신학",『한국 생물生物여성영성의 신학』, 32.
88『환단고기』, 404 참조; 30, 44.

의 왕으로 제시되지만, 그러나 그보다 훨씬 더 급진적으로 초월의 내재화를 말하는 일은 바로 인간의 본성을 밝히는 일에서 드러난다. 여기서 다시 '삼신일체', '일석삼극'의 묘리(妙理)가 강조되고 있다. 인간이 누구나 태어나면서 받는 "세 가지 본질"(三眞)인 '성·명·정'(性·命·精)이 "세 가지 현실"(三妄)인 '심·기·신'(心·氣·身)에 내재되어 있다는 것인데, 해학은 그의 『진교태백경』에서 인간 인격의 변화 가능성과 심지어는 수목과 동물의 변화 가능성에 대한 깊은 믿음을 드러냈다. 또한 거기서 참으로 인상적인 인간 이해 중의 하나는 바로 인간이 하늘로부터 받은 신적 본성이 주재하는 처소를 일반적인 유가나 불가에서 말하는 것처럼 단지 '心'(마음)이라고 하지 않고 "심뇌"(心惱), 또는 "뇌"(腦, 머리속)라고 했다는 것이다. 이 표현은 이미 『태백일사』의 『삼일신고』에 나오는 것인데(自性求子 降在爾腦)[89] 해학은 그의 『진교태백경』에서 각 사람이 가지고 있는 "심뇌"(마음의 뇌) 안에 "천신"(天神)인 "천군"(天君) 또는 진군이 내재한다고 하면서, 그러한 이유로 '심뇌'란 우리 안에서 진군이 사는 "천궁"(天宮)이 된다고 밝힌다.[90] "心惱 亦曰神明舍오 乃是腦天宮也니 以其天君之所宅 故也니라"라고 말한다.[91]

---

89 같은 책, 404 참조.

90 李沂, 『訂校增註 太白續經』, 14: 人皆有一心腦하고 心惱이 皆有一主君하니 君者는 主帝之爲也라 故로 古人이 以心腦로 爲天宮하매 爲天君하니 盖由是耳라.

91 같은 책, 15.

3. 삼신일체의 영(靈)이해와 새로운 효험론

해학은 그의 『진교태백경』에서 보통 유가나 『삼일신고』 등에서
도 잘 쓰지 않는 "신혼"(神魂)과 "정혼"(精魂)에 대해 말한다. 그는 "원
명"(元命)과 "화명"(化命)에 대해서 말하면서 신혼은 하늘로부터 받고
정혼은 땅으로부터 받는 바, 모두가 태어나면서 받는 원명을 "바름
을 사려하고"(思慮正) "음식을 조절"(食飲調)하는 등의 일을 통해서 화
명을 얻는 일이 되게 하는 것이 인간의 본분임을 밝힌다. 그리고 그
렇게 "화명지리"(化命之理)의 "미묘하고 알기 어려운"(微妙難知) 일을
감당하는 사람을 "철인"(哲人)이라는 말로 표현하는데, "인간도 모두
물(物)이기도 하고"(人亦一物也)[92], 또한 그 철인도 물(物)을 사랑하지
만(愛物), 그는 "평등"(均)의 도리로써 "공욕"(公欲)의 "의리"(義理)를
사는 사람이라고 말한다. 그리고 그 구체적인 예로 고구려 때의 재
상 을파소(乙巴素), 고려 중기 여진족 토벌에 공을 세운 윤관(尹瓘,
1040-1111)이나 최영 장군, 이순신 장군과 구한말의 이상룡 등을 든
다.[93]

여기서 우리는 그가 비록 '철인'이라는 보편성의 탈신화의 언어
로 운명을 바꾸는 일(化命), 즉 구원론을 말하지만 그것을 주로 '혼'
(魂)의 이야기로 표현하는 것에서 「천주육변」의 논쟁을 통한 기독교
의 영향을 본다. 해학은 앞에서 지적한 대로 인간 안에 신의 씨앗이
내재하는 장소를 '심뇌'로 보았다. 이에 연결해서 말하기를, 인간의
뇌 안에는 '의'(義)와 '리'(利)가 서로 싸우는 "의리전"(義利戰)이 일어

---

92 같은 책, 29.
93 같은 책, 31.

나고 있다고 하는데, 이 싸움에서 진군이 돕지 않으면 이길 수 없고, 그러나 만약 진군이 의를 돕도록 "청하지 않는다면" 진군은 도울 수 없다고 밝힌다.[94] 즉 인간 구원의 가능성에서 '타력'과 '자력'을 모두 인정하는 것이고, 서양 천주교와의 논변을 거친 후 '인격적 구원자' (진군)의 존재를 적극 끌어들이는 것을 말한다. 하지만 그렇다고 기독교의 일차원적 천당지옥설과 같은 타력 위주의 구원관은 받아들이지 않는다는 의미에서이다.[95] 또한 더불어 여기서 드러난 것은 해학의 진군 이해는 기독교의 성부와 성자, 성령의 이해처럼 세 차원을 모두 포괄한다는 것인데, 즉 '천신'으로서의 진군과 '역사' 속에서의 구원자와 같은 진군 그리고 각 사람의 '심뇌' 속에 하늘의 씨앗(성령)으로 존재하는 진군의 세 차원을 말하는 것이다.

하지만 여기서 더 나아가서 해학은 의리의 공과(功過)와 화복보상(福善禍惡)의 물음에 있어서는 '국가'와 '개인'의 경우를 서로 나눈다. 그러면서 국가의 경우에는 그 결과가 분명히 드러나지만 개인의 경우는 그렇지 않다고 말한다. 그렇기 때문에 "한 사람의 화복을 가지고 하늘에 책임을 묻는 것을 道를 모르는 자"이고, 그런 의미에서 "하늘은 삼신일체의 상제로서 천하의 천이지 인간의 천이 아니고" 그러나 그것이 다시 "천하의 책임이지 한 사람의 책임이 아니다"라는 것이 성립하는 근거가 된다고 밝힌다.[96] 이렇게 해학은 『진교태백경』에서 한편으로는 '시'(時)와 '수'(數)와 '운'(運) 등을 말하면서 인

---

94 같은 책, 14: 義利戰于腦中也… 義利二者 不能相容하니 每至於爭하얀 眞君이 助義하고 不助利라 然이나 苟非求助者면 亦不得助也라.

95 박종혁, 같은 책, 118 이하 참조.

96 李沂, 『訂校增註 太白續經』, 30.

간이 어찌할 수 없는 하늘의 조건과 때, 한계가 있음을 말하지만, 그러나 동시에 지치지 않고 다시 인간의 책임과 노력, 급한 일과 가장 가까운 곳에서부터 仁을 실천하고, 의(義)를 위하고, 공(公)을 위해서 "인의는 내 안에 있는 것이요 부귀 빈천은 하늘에 있는 것"임을 알고서 오직 "내 안에 있는 것을 닦고 하늘에 있는 것을 기대하는" 자세로 살아갈 것을 촉구한다.[97] 그래서 그는 책 마무리에서 '의지'(志)와 '용기'(勇)를 당시 침략의 주도세력인 서구 제국주의에서 중시하는 '재력'(才力)과 '지식'(知)에 대비시키면서 이 두 가지는 배우는 학자들이 모두 겸비해서 구해야 하는 것이고, 재력과 지식이 "일을 완성시키는"(成之者) 것이지만, 자신의 도는 그 둘이 같이 겸비될 수 없다면 바로 용(勇)을 택할 것이라고 하면서 "내 도는 오직 용기일 뿐이다"(吾道는 勇而已矣라니)라고 선언한다.[98]

해학은 자신의 방식이란 "인간의 이치를 말함으로 인해서 신의 이치에까지 밀고 가는 일"이라고 말하고, 거기서 철인은 "신의 이치를 얻는 자를 이른다"고 밝힌다.[99] 그래서 해학에게서의 구국의 일과 "재세이화"(在世理化)와 "홍익인간"(弘益人間)의 일은 자신의 몸과 마음을 닦는 일과 가정에서의 화목을 이루는 일과 둘로 나뉘지 않는다. 그는 계속 강조하기를, 나라는 "큰 가족"(大家)이고, 우리 몸은 "작은 나라"(小國)이면서 "작은 천지"(小天地)로서 "나라는 인민의 소유이지 임금의 것이 아니다"(國者民有也 非君有也)라고 강조한다.[100]

---

97 같은 책, 43: 仁義在我者也 富貴貧賤在天者也.

98 같은 책, 52.

99 같은 책, 25-26: 因言人理而推及神理也. 哲人謂得神理者也.

100 같은 책, 21.

그러므로 그에게 있어서 나라에 충(忠)하고, 부모에게 효(孝)하며, 스승에게 경(敬)하는 것은 서로 다른 일이 아닌 인간 도리의 시작으로서 모두 함께 도달할 수 있는 덕이라는 것이다. 그에 따르면 "모이는 것"(郡)은 강대함의 출처이고, 모이지 못하는 데서 약함(弱小)이 나온다. 사람들을 모이게 하는 기술은 그들을 "화목하게"(和) 하는 것이고, 그러한 함께함을 통해서 얻는 효능은 "안정"(安)이라고 밝힌다. 해학은 이렇게 나라와 향리와 가족이 서로 화합해서 "공동체"(共同生活)를 이루는 일을 "자강"(自强)과 "스스로 부해짐"(自富)의 지름길로 보았다. 그러면서 행촌 선생의 말을 들어서 누가 부하게 만들고 누가 가난하게 만드는 것이 아니라 스스로 그렇게 되는 것이라고 강조한다.[101]

　　그는 책의 후반부에 가서 고대 상고사부터 시작해서 "환국"의 全 역사를 다시 새기기를 원하면서 자신은 "단군 조선은 원래 부여부터 시작"(檀君朝鮮乃原始夫餘也)하는 것으로 생각한다고 하면서 "단군 해모수"라고 표현한다. 또한 기자(箕子)에 대해서도 이야기하고, '고주몽'(高朱蒙), '대조영'(大祚榮) 등을 부각시키면서 어떻게 서쪽으로는 "한나라 원수"(漢寇)를 물리치고 북쪽으로는 말갈족을 병합시켰으며, 어떻게 중국의 당나라 등과 대등한 입장에서 나라를 다스렸는지 등의 이야기를 한다.[102] 해학은 또 중국인들이 우리나라를 보고 "군자가 죽지 않는 나라"(君子不死之國)라고 했다는 이야기를 하면서 우리나라는 예전 부여 때부터 고구려, 백제와 신라를 거치는 동안에 모두 진한수당(秦漢隋唐) 등의 "전제"(專制) 중국과는 달리 "공동체를

---

101 같은 책, 18.
102 같은 책, 37.

이루어서 공론으로 의논하고… 중론을 일으켜 정치를 하는"(亦以郡公爲議… 興衆論政) 나라였다고 밝힌다.[103] 이러한 모든 이야기는 해학이 지금 스러져가는 나라를 보면서 다시 때와 운을 기다리는 간절한 마음을 표현한 것이며, 그래서 그는 "진군이 말씀하시기를 나의 도는 삼 세대가 지나면 반드시 펼쳐지고, 아홉 세대가 지나면 반드시 드러난다"는 말을 가져오면서 환웅 왕검이 "세계인물의 시조"(世界人物之祖)로서 하늘에서 강림하면서 가져온 뜻인 "홍익인간"(弘益하여 救人世야)을 펼치는 날에 대한 믿음과 기대를 강하게 표현한다.[104]

해학은 그 일을 위하여 자신을 닦고, 가족의 화목을 돌보는 일을 강조했지만, 그러나 다시 처자식의 사사로운 정에 빠져서 대의를 행하지 못하는 일을 경계했다.[105] 특히 사람이 "부끄러워할 줄 아는 것"을 강조하면서 사람이 "무치"(無恥)하다는 것은 노예가 되어서도 편안하다고 여기고, 소와 말이 되어도 그러하다고 여기는 것으로 그것은 곧 "인간 본성을 잃어버리는 일"(失其性者也)이며, 이런 자와 함께 한다고 하는 것은 바로 "하늘을 더럽히는 일"(褻天)로써 "도를 더럽히는 일"(褻道)이라고 일갈한다. 왜냐하면 하늘과 道는 하나이고, 하늘이 인간을 낳을 때 노예나 소나 말이 되라고 하지 않았기 때문이다.[106] 즉 나라를 잃고도 창피한 줄도 모르고 자신 혼자만 안전하다고 하는 일이 얼마나 큰 부끄러움이며, 그것은 마치 노예가 되거나 소와 말처럼 되는 일이라는 것을 밝힌 것이다. 이유립은 그의 『진교

---

103 같은 책, 47-48.
104 같은 책, 38: 眞君이 有言호대 吾道는 三世必施하고 九世에 必著니라.
105 같은 책, 45: 剛明之人을 吾知之矣로라 剛者는 不撓於其妻하고 明者는 不蔽於其子니라.
106 같은 책, 43.

태백경』을 편찬하면서 밝히기를, 해학선생이 "국권회복"을 위한 신 교육에서 최고 목표로 삼은 세 가지란 "제천보본"(祭天報本), "경조흥 방"(敬祖興邦), "홍도익중"(弘道益衆)이었다고 한다. 즉 하늘과 자신의 근본을 알고, 과거를 존숭하면서 자기 공동체의 미래를 염려하며, 온 세계에 도를 펼치고 모든 세상 사람들에게 이익을 끼치는 일을 말하는 것이다. 한 마디로 종교와 정치의 조화, 과거와 미래의 연결, 민족과 세계 공동체의 안녕을 함께 추구하는 일인 것이다. "진인도 이지신도"(盡人道而至神道), 즉 인간의 도를 다하면서 하늘에 도달하 는 길을 말하는 것이다.[107]

V. 해학 신인(神人/眞君)사상과 한반도 통일 그리고 동북아 평화

긴 탐색이었다. 이제 마무리로 지금까지 살펴본 해학의 삶과 사 상이 오늘 다시 백년 후 해학의 시대보다 덜하지 않은 위기 가운데 처해 있는 한반도와 동북아의 현실에서 어떤 의미를 줄 수 있는지를 성찰해보고자 한다. 오늘 한반도의 현실은 미국이라는, 해학 당시의 분류로 하면 "개화파의 지존"이 된[108] 세계 제일의 강대국이 나라를 분단시켜놓고 그 미래를 핵심적으로 틀어쥐고 있는 형국이고, 그와 더불어 당시 해학에게는 '환국'(桓國)의 미래를 위해서 극복 대상이 었던 중국에게 둘러싸여 있는 형편이다. 당시의 중국은 그들도 곧

---

107 같은 책, 63-64.
108 조성환·이병환 지음, 『개벽파선언 ― 다른 백년 다시 개벽』(모시는사람들, 2019), 117.

서양식 제국주의의 식민지가 되었다가 사회주의로 부활해서 지금은 민족국가이면서 동시에 '일대일로'(一帶一路)나 '유라시아 문명', '천하' 등의 개념으로 다시 세계 '제국'을 꿈꾸는 세계 제이의 헤게모니 국가가 되었다.[109] 거기에 더해서 21세기 지금은 아무리 그 약세가 분명해졌다 해도 여전히 우리가 함께하기 어렵고, 미움과 걱정거리가 되는 일본이 옆에 있다. 20세기의 제국 러시아도 한반도의 분단과 통일 문제와 관련해서는 결코 손 놓고 있지는 않을 것이다. 이러한 형국이기 때문에 그래서 혹자는 "세상의 어느 나라가 중국, 미국, 러시아, 일본 사이에서 균형을 잡을 수 있겠습니까?"라고 되물었다고 한다.[110]

1. 남북이 함께 더욱 주체적이고 자주적일 수 있는 실제적 토대

이러한 상황에서 인류 문명의 시조가 동이족(환족)으로부터 나왔고, 그 종족의 삼신일체 神이 오늘 인류 문명을 지배하는 유대-기독교적 삼위일체의 神과 견줄 수 있으며, 그로부터 얻어진 지혜가 지금 여러 가지로 위기 앞에 놓인 인류 삶을 위해서 새로운 문명적 의미가 될 수 있다고 주장하는 백여 년 전 해학의 삶과 사고는 어떤 의미가 있는 것일까? 먼저 그에 다가가기 전에 그 시기 해학과 비슷한 문제의식으로 나름의 답을 제시한 또 다른 유교 혁신가 이병헌(李炳憲, 1870-1940)의 경우를 잠깐 생각해 보고자 한다. 비록 그는 해학처럼

---

109 백지운, "'일대일로'와 제국의 지정학", 박경석 엮음, 『연동하는 동아시아를 보는 눈』(창비, 2018), 255.
110 백낙청 외, 『문명의 대전환을 공부하다 — 이중과제론과 문명전환론』(창비, 2018), 212.

민족종교가 아닌 유교 자체의 혁신과 복원을 통해서 그 일을 이루고
자 했지만, 그도 유사한 의식으로 당시 조선이 서양식 제국주의의
희생이 된 이유가 자신의 뿌리와 역사에 대한 생각을 잊어버렸기 때
문이며, 그래서 잃어버린 민족의식을 되찾고 단결시키기 위해서는
'종교'가 제일 관건이 된다고 생각하여 유교를 새로운 종교의식으로
복원시키고자 했기 때문이다. 그는 "사람들이 공자가 중국의 성인임
을 알면서도 우리나라의 동족임을 알지 못하고, 공교(孔敎)가 중국
의 종교인 줄은 알면서도 우리나라의 종교임을 알지 못하는 것"을
한탄하면서 그것은 미처 그에 대해서 생각하지 못한 때문이라고 지
적한다.[111] 그는 그 가운데서 대종교의 창립자들과도 교류하면서 단
군과 기자(箕子)를 같이 시조로 모시는 '공교회'(孔敎會) 운동을 전개
시키고자 했다.[112] 그에 따르면 특히 유교가 현대 문명에서 점점 더
요청되는 종교에서의 탈신화화의 요구를 어느 종교보다도 더 잘 발
휘할 수 있으므로 앞으로 세계를 통합할 유일한 "대동의 교"(大同敎)
가 될 것이라고 전망하였다.[113]

나는 이러한 전망을 매우 유의미하게 받아들이고자 한다. 물론
그 유교가 오늘 다시 한민족 역사에게 큰 위협이 되는 중화인민공화
국의 '동북공정'과 같은 국가 프로젝트에 제국주의적 이데올로기로
쓰일 위험도 크지만, 우리나라와 같은 '소국'들의 기존 보편(기독교)
에 대한 균열 작업은 의미가 크다고 보는 것이다. 앞에서 여러 가지
로 언급했듯이 오늘 남한 사회에서 북한 사회주의 체제를 '종북좌빨'

---

[111] 금장태 지음, 『유교개혁사상가 이병헌』 (예문서원, 2003), 112.
[112] 노관범, 『기억의 역전 - 전환기 조선사상사의 새로운 이해』 (소명출판, 2017), 72.
[113] 금장태, 같은 책, 112-113.

의 이데올로기로 악마시하면서 어떠한 대화나 통일의 시도를 용납하지 않는 주된 세력은 극우 보수개신교 그룹이다. 그들이 종교인이면서도 폭력도 불사하면서 북쪽을 적으로 모는 근거는 바로 그들 보수 기독교의 배타적이고 제국주의적인 하나님 이해와 구원론이다. 하지만 앞에서 해학과 같은 한국 민족종교 운동가들의 동북아 역사 이해와 그들의 신(궁극) 이해는 그 기독교 폐쇄주의와 배타적 우월주의를 넘어설 수 있는 여지를 가르쳐 준다. 예를 들어 여성신학자 박순경의 통일신학은 지금까지 서구 기독교가 독점해오다시피 한 세계 시원과 인류 문명의 기원 이야기를 한민족 삼일신고 창조 이야기와 만나게 함으로써 새로운 차원을 열고 있다. 그것은 기독교 신관의 특수성도 함께 담지하면서 한민족 창조이야기를 통합하려는 노력이므로 그러한 통전의 시도는 북한 사회와의 대화 가능성을 훨씬 더 폭넓게 열어놓을 수 있다. 이와 더불어 그러한 신학적 성찰은 기독교 문명 자신을 위해서도 긴요한 것인 바, 오늘의 배타적 우월성으로 스스로 타락해가는 모습에서 벗어날 수 있도록 해주어서 이제 21세기 세계 인류 공동체에서 더 이상 순조롭게 기능하지 않는 서구중심주의를 돌아보고 변할 수 있게 해준다는 것이다.[114]

이러한 가운데 북한의 단군연구가 의미 있음을 본다. 지금까지의 북한 단군연구에 대한 한 연구결과에 따르면 북한은 1993년 단군릉의 발굴을 통해서 밝은 임금으로서의 단군 실재성과 단군민족의 역사성을 강조하고 있다고 한다. 그것은 남한의 단군연구에 비해서 단군과 고조선의 역사적 실재성을 강조하는 것이 큰 특징이라고 하

---

114 이은선, "한국 여성신학자 박순경 통일신학의 세계문명사적 함의와 聖·性·誠의 여성신학";
박순경, 『삼위일체 하나님과 시간』, 695.

는데, 그러면서 특히 단군기원을 중국의 복희씨와 신농씨의 시대인 기원전 30세기(BC 2993)로 잡은 것은 현금의 중국 동북공정에 맞서기 위한 것이라고 추측한다.[115] 복희씨에 대해서는 위의 유교 개혁가 이병헌이 순임금과 더불어 복희씨가 조선 사람이라는 것을 강조함으로써 유교가 동이족에게서 나온 종교라는 것을 논증하는 근거로 삼았는데,[116] 이러한 모든 것은 21세기 오늘날에도 우리 인류 문명의 정황은 동북아에서 한민족의 시원과 시조 단군을 어떻게 이해하는가에 따라서 인류 평화와 안정이 좌우된다는 것을 보여주는 예증으로 이해할 수 있다. 그래서 우리가 이 문제를 무시하거나 간과할 수 없다는 것을 가르쳐주며, 비록 남한과 북한이 그 방법론과 내용에 있어서는 서로 차이가 나고 다르지만 양쪽이 모두 동일한 민족 시원의 표상을 가진다는 것을 알려주면서 한반도의 평화와 통일, 동북아의 밝은 미래를 위해서 시원적 토대로 받아들일 수 있음을 보여준다고 하겠다.

북한은 사실 마르크시즘을 받아들이면서 '주체사상'을 매우 강조하여 나름의 북한식 사회주의 국가를 이루었다고 강조해 왔다. 그러면서 남쪽 사회를 향해서 미국과 서양 자본주의의 노예라고 비판한다. 하지만 최근 한반도 19-20세기의 역사를 '위정척사파'와 '개화파'와의 갈등 속에서 제삼의 "토착적 근대화"의 길을 간 것이라고 파악하는 일련의 "개벽파" 시각에서 보면 미국식 자본주의를 따른 남쪽의 "개화우파"에 대해서 북한도 역시 서구 출발의 마르크시즘을 받아들인 "개화좌파"일 뿐이다. 둘 다 모두 "개화파"라는 이름이 매겨

---

115 조남호, "남북한의 단군연구", 「선도문화」 제26권, 41.
116 금장태, 같은 책, 166.

진 것이 흥미롭고 의미롭다.[117] 다시 말하면 양쪽 모두 정도의 차이
는 있지만 충분히 주체적이지 못했고, 자립이나 자주의 길을 간 것
이 아니었다는 비판일 것이다. 그래서 이것을 해학 진교의 언어로
하면 '경조흥방'(敬祖興邦), 즉 '자기 선조를 공경하면서 나라를 번성
시키는 일', 또는 '집안을 잘 다스리는 일을 통해서 나라를 흥하게 하
는 일'이나 '자국의 전통을 귀히 여기면서 다른 나라와 세계와 함께
하는 일'의 방식은 아니었다는 것이다. 앞의 한말 유학자 이병헌의
언어로 다시 살펴보면, 그는 공자를 중심으로 선현을 모시는 사당인
문묘를 나라만이 아니라 민간도 세울 수 있도록 하는 '민립문묘'(民
立文廟)를 주장했고, 그곳에 각자 개인의 선조도 함께 모시는 방식을
제안했는데, 그것은 "선조를 높이는 마음을 미루어 현인을 높이면
그 마음이 점점 공정해지고, 현인을 높이는 마음을 미루어 성인을
높이면 그 마음이 공정하면서 점차 커진다"는 믿음을 표현한 것이
다. 어린 시절부터의 친근하고 찬찬한 단계적 경(敬)의 실행을 통해
서 궁극적으로는 온 세계를 품을 수 있는 공감과 평등의 마음의 성
장을 기대한 것을 말한다.[118] 이 제안에 비추어보면 남측도 북측도
그러한 길을 가지 않은 것이며, 스스로가 먼저 바로 서지 않고 밖에
서 그저 가져다주는 독립이나 자주, 자강을 기대한 것이라는 비판적
지적을 할 수 있겠다. 그런데도 지금 남한과 북한이 서로 나뉘어져
서 계속 서로를 비난하면서 싸우는 것은 어리석은 일이며, 그래서
이런 가르침에 비추어서 먼저 자신을 되돌아보며 서로의 한계와 조
건을 인정하면서 이제 공동의 근거를 바탕으로 진전된 미래를 바라

---

117 조성환 이병한, 같은 책, 177.
118 금장태, 같은 책, 131.

보자는 것이다. 아무리 강한 주체성을 강조하고 말해도 현실에서는 세계 제일의 헤게모니 미국에 대한 현명한 저항과 더불어 이웃 중국의 강한 동북공정을 막아야 하는 북한, 그에 비해서 온갖 형태의 미국의 점령을 뚫고 오랜 역사와 자존심을 가진 자주적인 국가로서 어떻게든 평화와 통일의 때를 한반도 국토 위에 이룩해야 하는 소명을 지닌 남한, 그 둘이 서로 화합하고 함께 가지 않을 이유가 없는 것이다. 만약 그렇게 하지 않는다면, 그래서 세계의 모든 강대국이 몰려있는 이곳에서 평화가 이루어지지 않는다면, 그것은 한반도의 안녕뿐 아니라 동북아와 전 세계 인류의 평화도 기대하기 어렵다는 것을 의미하고, 그 사실을 오늘 모두가 언술한다. 해학은 인간의 본성인 "사랑과 존숭을 향리에서 행하면 가히 천하를 다스릴 수 있다"(愛敬은 行乎鄕里면 可以治天下리라)라고 하면서 동북아 전통의 오랜 가르침인 "집 밖을 나가지 않고서도 나라에 가르침을 이룬다"(不出家而成敎於國也)는 가르침을 강조했다.[119]

2. 한반도의 남북을 포함한 세계가 모두 빠져있는 물신주의(物神主義) 벗어나기

혹자는 한반도의 분단체제란 "세계체제를 주도하던 중심국의 이해관계가 한반도에서 분단을 통해 관철되는 하나의 하위체제"라고 지적했다.[120] 그것은 해학과 이병헌 등이 그렇게 원했던 자주 국가를 아직 이루지 못했다는 것이고, "서구중심주의와 식민주의가 청산

---

[119] 李沂, 『訂校增註 太白續經』, 46-47.
[120] 백낙청 외 지음, 『문명의 대전환을 공부하다』, 51.

되지 못한 채 공존"하는 것을 말해준다.[121] 여기서 북한 사회주의는 나름의 방식과 이상으로 자국의 주체성과 자립성을 더 강조했지만, 오늘 중국 사회주의 행보나 또 김정은 체제 들어서 북한 사회가 가는 지향을 보면 두 세계도 모두 하나의 세계, 즉 전지구적 자본주의 세계로 향하고 있다는 인상을 지울 수 없다. 이러한 세계 자본주의 체제의 확산으로 세계적으로 빈익빈 부익부의 불평등 구조는 심화하고, 거기서의 인민들은 너무 큰 욕망으로, 아니면 너무 가진 것이 없어서 고통을 당한다. 분단국가 한반도는 일찍이 20세기의 시작에서 또 다른 민족종교운동이 "물질이 개벽하니 정신을 개벽하라"는 모토를 내걸었지만, 오늘 현실은 남한과 북한 체제 모두의 사람들이 한결같이 단차원적 물질주의와 물신주의의 포로가 된 모습이다. 아무리 종교인이라고 하더라도 "실질적인 무신론자"가 되어가는 것을 부인하기 어렵다.

이러한 가운데서 대종교나 해학의 진교가 자아완성과 세계변형을 함께 통합하고 종합하고자 하는 내외 "겸성"(兼聖)의 신인(神人) 이상을 제시했다는 것은 큰 의미를 지닌다. 인간 심성에 대한 깊은 이해와 그 변형과 체현에 대한 구체적이고도 실천적인 방법론을 함께 제시하면서 자아의 구체적인 변형을 통한 사회 변화와 구국, 세계 이상의 실현을 이루려는 추구는 오늘 전 세계가 빠져있는 근대 자본주의와 물질주의의 병을 치유할 수 있는 좋은 출처가 될 수 있다고 본다. 묘향산에서 해학의 제자 계연수에 의해서 필사되어 그가 일제에 의해 피살된 후 유학자 윤효정(雲庭 尹孝定)을 통해서 『천부경』을

---

121 같은 책, 51.

전해 받았다고 하는 재중 철학자 전병훈(曙宇 全秉薰, 1857-1927)은[122] 그『천부경』의 핵심사상을 자아완성과 세계변형을 종합하는 "겸성"의 성인(聖人) 정신으로 파악했다. 그리고 그 겸성의 원리란 "천도에 따라서 인사를 밝히고, 수신하여 세상을 구제하고서 우주적 변화와 육성에 동참하는 것을 목적으로 삼는다"고 하고, 거기서 세상을 다스리는 원리는 "민주"(民主)라고 밝혔다.[123] 해학도 중시여겼던 「홍익사서弘益四書」(太白眞訓, 三一神告, 天符經, 參佺戒經) 중의 하나인『참전계경』에 보면 다음과 같은 구절이 있다.

神은 정신이고, 취는 합함이라(神精神也, 聚合也). 사람의 모든 기관(經)은 제 각각의 신경(神)이 지켜나가므로 간의 역할엔 허파가 불참하고 위의 역할엔 콩팥이 불참하지만 단 정성(誠)의 역할에는 모든 신경이 다 합치므로, 하나라도 없으면 정성을 이룰 수 없느니라(人之諸經 部神各守 肝役肺不參 胃亦腎不參, 但於誠役 諸神聚合 無一卽不能成誠).[124]

여기서 분명히 드러나는 것은 이들의 사고는 물질과 정신, 몸과 영이 온전히 하나이고 둘이 아닌 것을 밝히는 것(不一不二)이다. 즉 우리가 정신으로 '정성'(誠)을 쏟을 때는 몸의 모든 신경(輕)이 함께 역할을 한다는 것인데, 그것은 몸의 각 부분이 단지 의식 없는 물체라거나 물질(輕)이 아니라 곧 '정신'(神)이고, 그래서 하나님(神)은

---

122 이규성, 같은 책, 188쪽.

123 전병훈,『精神哲學通編』: 因天道而明人事, 修身濟世, 而參贊化育爲至. 이규성, 같은 책, 207에서 재인용.

124『참전계경』,『대종교경전』(대종교총본사, 개천 4459[2002]년), 124.

'몸'(精)과 하나로 계신 '정신'(精神)이고, 몸에 거하시는 것이며, 그래서 몸이 곧 神이고, 神이 곧 몸이며, 몸이 없으면 神이 있지 않은 것이라는 진리를 가르쳐주고 있다. 여기서 '전'(佺)이란 '완전한 사람'이란 뜻이라고 한다. 즉 『참전계경』은 신인(神人)이나 해학의 언어로 진군(眞君)을 지향하는 선인(仙人)이나 철인(哲人)이 일상 삶의 모든 영역에서 그 경전이 가르쳐주는 336조항의 계훈들을 온전히 새기고 실천하는 일을 통해서 욕망의 자아를 넘어서 무아의 자아, 정성의 자아, 사랑과 깊은 공감과 자기희생의 자아로 변형되고 거듭나는 길을 가르치고 있는 것이다.

그 첫 계훈인 정성 '성'(誠)을 밝히는 글에서 말하기를, "정성이란 속마음이 일어나는 바이며, 피성질(血性)이 지키는 바로서 여섯 몸체와 마흔일곱 작용이 있다"(誠者衷心之所發 血性之所守 有六體四十七用)라고 했다.[125] 즉 우리 정신으로서의 정성이 바로 우리 몸의 핵심인 피가 지키는 것이고, 그 정신은 다시 여섯의 몸과 마흔일곱의 작용으로 존재하는 몸이라는 것이다. 몸과 의식의 온전한 통합으로서의 정신을 밝히는 것이고, 거기서 정신의 근본성을 지시하는 것이다. 그런데 여기서 이러한 설명을 들으면 본인은 19세기 말과 20세기 초 유럽의 대변혁기에 인간 정신과 물질의 새로운 관계를 모색하면서 그 둘이 통합되고 인간의 정신으로 연결되는 새 차원의 문화와 정치, 교육과 종교와 예술을 추구한 서구의 루돌프 슈타이너(Rudolf Steiner, 1861-1925)가 생각난다. 그동안 한국 사회에도 특히 교육계에서 '발도르프 교육'의 창시자로 많이 알려져 있는 그는 서구 근대

---

125 같은 책, 97.

인식론이 물질과 정신을 서로 관계없는 둘로 나누어서 인간 정신이 나갈 방향을 잃게 했고, 그래서 온갖 허무주의와 관념주의, 정신의 무기력과 물질주의의 향락과 파괴를 야기시켰다고 일갈했다. 그런 상황을 목도하면서 그는 새로운 인간에 대한 지혜, 즉 "인지학"(人智學, Anthroposophie)를 통해서 출구 없는 인류 문명을 돌파하고자 하고자 한다. 그의 『교육학의 기초가 되는 인간에 대한 보편적인 앎 Allgemeine Menschenkunde als Grundlage der Paedagogik』(최혜경 역)이나 『고차 세계의 인식에로 가는 길Wie erlangt man Erkenntnisse der hoeheren Welten?』 (김경식 역)등을 보면 본인이 보기에 동이족 「홍익사서」의 가르침과 깊이 연결되는 점을 많이 발견할 수 있다. 특히 앞에서 주목한 '심 뇌'(心惱)라는 개념에 잘 부합되는 의미에서 이제 인간 정신이 좁은 의미의 종교나 특수한 계시가 아닌 그 정신의 신적 보편성을 계발하는 학적(學的) 일을 통해서, 즉 '학'(정신과학)의 보편적 공부를 통해 "더 높은 인식의 세계", 신인(神人)의 영적 경지에 도달할 수 있는 가능성을 열어놓은 것을 말한다.[126] 오늘 인류 문명이 '호모데우스'(神人)을 말하면서 '포스트휴먼'의 차원을 특히 뇌 연구와 더불어 개척하고자 하는 것을 생각해 볼 때, 이렇게 동이족의 신인의식이나 슈타이너의 인지학이 유사하게 인간의 신인(神人)적 씨앗이 놓여있는

---

[126] 본인은 이러한 의미에서 일찍부터 슈타이너를 한국 유교 전통의 사상가들, 퇴계나 양명, 정하곡 등과 연결하며 "한국적 인지학"(Koreanische Anthroposophie)의 구성을 염두에 두어왔다. 그런데 이번 연구를 통해서 해학의 유사나 「홍익사서」 등을 가까이 만나면서 그 가능성을 더욱 보게 되어서 매우 기쁘다. 앞으로 둘 사이의 대화가 인류 문명을 위해서 귀한 가르침이 될 것임을 믿고 기대한다. 이은선, "어떻게 행위하고 회락할 수 있는 인간을 기를 수 있을 것인가?",『생물권 정치학시대에서의 정치와 교육』(모시는사람들, 2014), 265-318; 이은선, "믿음(信), 교육정의의 핵심과 한국 공동체 삶의 미래",『통합학문으로서의 한국 교육철학』(동연, 2018), 167-214 참조.

곳을 '심뇌'라고 표현하며 그 전진의 방향을 지시했다는 것은 많은 시사점을 내포하는 것으로 보인다.[127]

3. 모두가 자유하지 않으면 아무도 자유하지 않다(弘益人間 在世理化: No one is free until everyone is free)

임시정부 초대 국무령을 지낸 석주 이상룡은 마르크스가 제시한 세상이 유교의 대동사회 이상과 통하는 것을 보면서 나라의 독립을 쟁취하려면 그러한 새로운 사조도 적극적으로 끌어안아야 함을 강조했다고 한다. 나라가 독립을 잃자 모든 것을 처분하고 만주로 건너가서 죽기까지 그곳에서 싸운 그는 "만주는 단군 성조의 영토이며, 고구려의 강역이라, 비록 현재 살고 있는 사람들이 복식과 언어가 같지는 않지만 선조는 동일 종족인 즉, 이역(異域)이라고 할 수 없다"고 하였고,[128] "만주는 단조(檀祖)의 유허(遺墟)이고 고구려의 옛 강역(疆域)이니, 우리들이 몸을 편안히 하고 목숨을 보존할 땅으로 여"겼기 때문에[129] 어떻게든 만주인과 중국인과 화합하며 함께 일본 제국주의를 막아내고 나라를 되찾아서 다시 인간이 살만한 세상을 이루고자 희생을 감수한 것이다. 이렇게 이상룡이나 해학 등의 환인 의식은 좁은 의미의 민족주의나 국수주의에 갇히지 않고, 넓은 지경

---

127 이은선, "21세기 인류 문명의 보편적 토대로서의 誠과 孝", 곽진상·한민택 편, 『빛은 동방에서 - 심상태 시놀 팔순기념논총』 (수원가톨릭대학교출판부, 2019), 580.

128 안동독립운동기념관 편, '西徙錄', 『국역 석주유고』 하 (경인문화사, 2008), 15; 김희곤, "고성 이씨 법흥문중 사람들이 펼친 독립운동", 『동구 이준형의 학문과 독립운동』 (2019 역사인물 선양학술대회 안동지역의 혁신유학과 역사인물, 2019.08.28., 안동시), 15.

129 『국역 석주유고』, '敬告南滿州僑居同胞文.' 강윤정, "안동인의 만주지역 항일투쟁과 동구 이준형", 같은 자료집, 132.

으로 나가서 온 세계를 품고 그 세상을 홍익 정신으로 보듬는 일을 기약했다. 그것이 이들로부터 배울 수 있는 세 번째의 가르침이라고 생각한다.

오늘 좁은 분단 의식과 근대 국민국가의 국토 경계의식, 아니 그보다도 더 좁게는 온갖 잣대를 가지고 분파를 나누고 진영을 분리하면서 서로 싸우는 우리에게 해학의 '창대한 대양을 나는 학'(海鶴)과 같은 자유와 평등, 민권의 정신은 우리의 폐쇄성과 고루성을 질책한다. 해학은 이미 그의 『진교태백경』에서 당시 나라를 잃는 재난을 당하여 자포자기가 되어가는 한인들에게 당시에도 지구 곳곳에 퍼져있는 한국인들을 가리키며 "지금 우리 환웅의 자손들이 대략 일억 팔천만이나 된다"고 하면서[130] 용기와 뜻을 잃지 말 것을 간구했다. 이러한 맥락에서 21세기 오늘 한반도 국가의 과제를 논하는 자리에서 "종래의 국민국가의 틀을 넘어선 통일 한반도의 유연한 미래상"이라는 구상이 논의되었다는 것은 의미 있는 일이라고 여긴다. 또한 그와 연결해서 일본의 와다 하루키 교수가 "동북아시아에는 중국, 러시아, 중앙아시아, 미국 등에 조선족이 널리 살고 있다는 점에서, 동남아시아가 화교의 세계라면 동북아시아는 조선족의 세계"라고 지적한 것은 많은 시사를 준다.[131] 왜냐하면 이러한 관점은 국가를 과거처럼 어떤 불변의 것으로 실체화하는 것을 넘어서 "복합국가론"과 함께 '동아시아공동체'를 말할 수 있도록 하기 때문이다. 그러나 한편으로 지난 백 년 전 해학이나 나철, 안중근 등이 겪었던 실제 경험은 우리에게 그러한 탈경계의 일이 그렇게 간단하지 않은 것을 말

---

130 李沂, 『訂校增註 太白續經』, 40: 今我桓雄之子孫이略可一億八千萬이라.
131 최원식, "세계체제의 바깥은 없다", 이남주 엮음, 『이중과제론』(창비, 2009), 261.

해준다. 해학은 "(나라가 세워지지 않아서) 없는 것"(不國之民)과 "(나라를 잃어서) 없는 것"(無國之民)이 서로 다른 것임을 구분한다. 그러면서 '불국지민'의 경우는 짐승이나 가축과 같은 "야만"의 삶이지만, '무국지민'은 나라를 빼앗겨서 "노예"와 같은 삶을 사는 경우라고 지적한다. 즉 둘 다 모두 인간으로서 바라는 바가 아닌, 바로 '국가 없는 국민'이나 '(개별)국민 없는 국가'를 배격한 것이다.[132] 특히 한반도와 같이 '대국'과 '소국'의 경계에서 지혜롭게 자신의 길을 가야 하는 처지에서는 잘 유념할 가르침이라고 본다.

"담론으로서 중국발화의 종착지는 '제국'이었다."[133] 이 말은 미국과 더불어 점점 더 세계 헤게모니의 주역으로 떠오르는 중국 사회주의 국가에 대한 비판적 지적이다. 해학의 진교(眞敎)나 한국 대종교가 추구하는 국가와 세계는 그러나 결코 그러한 것이 아니고, 또 그와 같은 허위에 빠져서도 안 될 것이다. 오늘 큰 대국들 사이에 끼여서 분단국가로서 한반도가 경험해온 온갖 고통과 아픔은 지금 중국이나 미국과 같은 대국을 꾀하도록 하는 것이 아니라, 오히려 그 물리적인 대국의 불의와 억압과 착취를 누구보다도 오랜 기간 뼛속까지 겪은 민중들로서 모두가 함께 전혀 새로운 또 다른 인류 공동체를 꿈꾸도록 하는 몸적, 정신적 토대로 역할 할 수 있다. 그것이 더욱 큰 의미라고 보는데, 바로 그 일은 비인간적인 부국강병의 원리로 많은 불의를 저지르는 세계 대국들의 횡포와 압제를 밑동에서부터 균열시키고 파열을 낼 수 있기 때문이다. 그 일에서 한민족이 오래 전부터 간직해온 '홍도익중'(弘道益衆)과 '재세이화'(在世理化)의 가르

132 李沂, 『訂校增註 太白續經』, 21-22.
133 백지운, "'일대일로'와 제국의 지정학", 같은 책, 255.

침은 좋은 길라잡이가 될 수 있을 것이다.

VI. 마무리하는 말: 또 다른 인류 보편문명과 종교의 탄생
을 위한 유교 묵시문학가 해학 이기를 기리며

신인(神人)과 철인(哲人)은 결코 자기 몸만, 자기 가족과 나라만 선해지는 것을 구하는 것이 아니라 "천하가 균등하게 선해지기를 추구"(不求獨善其身이요 而求均善天下)한다.[134] 그리고 거기서 "온 인민이 간절하지 않으면 변화가 오지 않고, 변화가 간절하지 않으면 통하지 않는다." 해학은 그것이 "고금의 보편진리"(古今之常理)라고 믿어서 그가 처한 온갖 고통과 간난에도 불구하고 최선을 다하며 그렇게 비관적이지 않았다.[135] 오히려 "해학적"(諧謔的)이기까지 했다.[136] 그런 해학을 보면서 나는 서구 역사에서 BC와 AD가 바뀌는 세계 대전환의 시기에 로마제국과 같은 대제국의 침탈에 맞서서 어떻게든 자신들 나라의 독립과 전통을 지켜내기 위해서 저항하며 전혀 새로운 세계를 꿈꾼 유대 묵시문학의 "서기관들의 반란"이 생각났다.[137] 이들 묵시문학의 저항과 꿈도 그 출발에서는 먼저 자신들 민족만의 부국강병과 자기 나라가 로마제국과 같은 '대국'이 되는 것을 꿈꾸었을지도 모른다. 하지만 그들의 의식은 시간과 더불어 점점 더 그러한 좁

---

134 李沂, 『訂校增註 太白續經』, 31.

135 같은 책, 39: 民不窮則不變하고 變不極則不通.

136 조성우, "해학 이기의 계몽사상과 해학적 글쓰기", 「동양고전연구」 제26집, 27.

137 리처드 A. 호슬리 지음/ 박경미 옮김, 『서기관들의 반란 - 저항과 묵시문학의 기원』 (한국기독교연구소, 2016), 351 이하.

은 틀과 경계를 넘어섰고, 그리하여 그들의 고통에 찬 희생과 간구는 그들 민족만을 위한 것이 아니라 인간 모두를 위한 '보편적 사랑'과 '보편적 정의'의 새 하늘과 새 땅, 새로운 메시아 왕국을 불러왔다.[138] '예수 그리스도'의 탄생과 복음이 그 열매라고 할 수 있다.

이렇게 서구 기독교 역사에서 유대 묵시 문학가들의 저항 묵시 문학이 기독교 탄생의 모체가 된 것처럼 해학의 저항 유학과 문학도 어쩌면 또 다른 인류 보편 문명과 종교의 탄생을 위한 것일지도 모르겠다. 유사한 처지와 희구의 이병헌 선생도 그래서 큰 마음과 허허한 마음으로 "지구도 별것 아닌데, 한 나라의 일이야 자질구레하여 헤아릴 가치도 없다"는 말을 종종 되새기면서 보다 보편적인 공교(孔敎)를 향한 추구에서 겪는 온갖 고통과 아픔을 이겨냈다고 한다.[139] 나는 어쩌면 해학의 구한말의 이상과 저항도 —그래서 그는 끝까지 시와 소설 등 문학적 글쓰기를 놓지 않았는지도 모르는데— 이제 다시 그 예수의 가르침이 우리 시대에 또 다른 억압과 해악이 된 상황에서 또 한 번 새롭게 인류를 위해서 전혀 다른 새 나라를 가져와 줄지도 모른다고 생각했다.[140] 그러면서 다음과 같은 짧은 마무리의 언어를 떠올렸다. 그것은 정인보 선생이 이와 같은 꿈과 환상, 저항의 삶을 살다간 해학 선생에 대해서 쓴 묘지명이고, 두 번째도 역시 같은 정인보 선생이 1955년에서야 최초로 간행된 해학의 12권 『해학유서海鶴遺書』를 위해서 쓴 서문이다. 나에게는 이 말들이 어

---

138 李信 지음,『슐리얼리즘과 영靈의 신학』(동연, 20111), 40.

139 『이병헌전집』下, 622, "진암약력". 금장태, 같은 책, 98 재인용.

140 이은선, "나는 왜 오늘도 이신(李信)에 대해서 계속 말하려고 하는가? - 이신의 믿음과 고독, 저항과 상상 그리고 오늘의 우리", 현장(顯藏) 아카데미 편,『환상과 저항의 신학 - 이신(李信)의 슐리얼리즘 연구』(동연, 2017), 19-74.

쩌면 해학 선생의 그때보다 더한 위기 가운데 놓여있는지도 모르는 우리에게 그 해학이 온 몸과 삶을 살라 전하고자 한 유지가 무엇인지를 잘 생각하고 또 생각하라는 당부로 들린다.

한 자나 한 치 자리 무기도 없이 고달프건만 스스로 몸으로 치닫고, 벽찰 정도로 가슴에 쌓인 것을 견디지 못하여, 풍파를 무릅쓰고 가시덤불을 밟아갔고, 한낱 포의(布衣, 평민)로 나라의 성패를 위하여 엎드러지고 거꾸러져도 힘을 다하는 것을 현자는 우활하다 답답히 여겼고, 못난 자들은 미쳤다고 비웃었으나, 얼마 안 있어 몸은 죽고 나라는 망하자, 앎이 있는 선비들이 그 일을 뒤 미쳐 따짐에, 비로소 그를 위해 한숨지으며, 그런 분을 보고 싶어 하여도 볼 수 없게 되었다.[141]

사람이 할 수 없는 줄 알면서도 종신토록 하는 것은 지성(至誠)이 아니면 할 수 없다. … 공(公)은 호남의 한사(寒士)이므로 한 치도 의지할 곳이 없었다. … 공(公)은 그 일을 그만둘 수 없다는 생각과 나무 하나로 큰집을 지탱해야 한다는 마음을 가지고 위정자와 계속 싸웠고, 그래도 목적을 이루지 못하면 근시(近侍)에게 결탁하여 상(上)에게 그 사실을 알렸으며, 그래도 목적을 달성하지 못하면 저쪽의 주요인물과 항론(抗論)을 벌였고, 그래도 목적을 이루지 못하면 바다를 건너 유세(遊說)를 하였고, 그래도 또 목적을 일지 못하면 칼과 창을 가지고 6-7명의 간신을 무너뜨렸다. 이렇게 그는 신을 벗고 찰나를 다투었다. … 그는 결국 국가의 존망(存亡)에 대한 의리를 이행하였다(而終乃自致其存亡之義).[142]

---

141 정인보/ 정양완 옮김, "해학 이공 묘지명", 『담원문록』 (태학사, 2006), 60. 이규성, 같은 책, 218 재인용.

덧붙임글

왜 여신협은 한국·재일·일본 여성신학포럼을 다시 시작하려고 하는가*

1. 하토야마 유키오 일본 총리와 빌리 브란트 서독 수상의 무릎 -사죄

2015년 광복절 70주년을 이틀 앞둔 8월 13일 한국의 아침신문은 하토야마 유키오 전 일본 총리가 유관순 열사 등 일제강점기 독립운동가들의 수난 장소로 유명한 서대문형무소를 방문해서, 당시 희생당한 이들을 기리기 위해 만들어진 '민족의 혼 그릇' 추모비 앞에서 무릎을 꿇고 깊은 생각에 잠겨있는 모습을 크게 실었다. 아침에 일어나서 이 장면을 본 나를 비롯한 많은 사람들은 곧장 예전 서독 수상 빌리 브란트(Willy Brandt, 1913-1992)가 폴란드의 수도 바르샤바 유대인 위령탑 앞에서 자기 조국의 죄를 무릎 꿇고 깊게 사죄하던 모습을 떠올렸다. 1970년 12월에 있었던 이 서독 수상의 '무릎-사죄'를 통해서 유럽인들을 포함한 세계는 독일인들에게 다시 마음을 열기 시작했고, 그 한 해 전에 당시 적대에 있던 동독을 하나의 나라로 인정하는 선언을 한 빌리 브란트 수상은 그와 같은 일들을 통해서 유

* 한국여신학자협의회, 한국·재일·일본 여성신학포럼을 다시 시작하기 위한 준비모임 (2015. 8. 19-21) 발표. 「한국여성신학」 제28호 (2015 겨울), 13-26.

럽에서 독일 통일의 견인차 역할을 할 수 있었다고 한다. 우리가 잘 알다시피 1990년 독일은 통일국가가 되었고, 그 통일국가 독일은 다시 '유럽연합'(EU)을 탄생시켰으며, 지금 유럽은 이 지구촌에서 가장 풍성한 평화와 번영을 누리는 곳이 되었다.

2. 독일 통일과 유럽연합(EU)의 평화와 번영

당시 세계의 언론들은 빌리 브란트의 이 무릎-사죄를 보고서 "무릎을 꿇은 것은 빌리 브란트 한 사람이지만 일어선 것은 독일 전체였다"라고 썼다. 이후 독일은 말로만 그렇게 한 것이 아니라 폴란드 등에 대해서 엄청난 손해배상금을 마련했고, 한반도의 반 정도에 해당하는 국토를 폴란드에 돌려주었으며, 2015년 1월 현 메르켈 총리가 또 다시 깊이 있는 언어로 언급하고 고백했듯이 독일은 지난 시간의 전쟁 범죄를 결코 잊지 않고 계속 사죄하겠다고 공표한다. 이러한 이웃나라의 진정성 있는 사죄를 받은 폴란드도 주변의 다른 이웃 나라인 프랑스 등과는 달리, 미국조차도 의심스러워했지만, 독일이 다시 통일되고자 했을 때 기꺼이 함께해 주었다고 한다. 그리고 지금 거리의 폴란드인들에게 물어보면 하나 같이 과거 독일과 폴란드 사이의 일을 더 이상 두 나라 사이의 특별한 일이라기보다는 인류 전쟁범죄의 일로 보면서 현재의 독일인들에게 그들 부모세대의 죄과를 계속 물을 수 없다고 대답한다고 한다. 독일은 지난 시간의 잘못을 깊이 사죄하며 자신들의 책임을 결코 외면하지 않으면서 계속 언급하고, 그런 과정에서 스스로의 통일을 이루어내면서 다시 유럽의 리더가 되었고, 이웃나라들은 그런 독일을 용서하고, 그 나라가 다시 유럽을 이끄는 것을 용인하면서 서로의 윈윈(win-win)을 구가하고 있다.

3. 동아시아의 경우와 다시 고조되는 긴장과 갈등

이러한 용서와 화해, 번영과 평화가 유럽 땅에서는 일어나는 것을 보면서 나는 묻게 된다. 왜 우리에게는 그와 같은 일이 이루어지지 않는가? 왜 우리 동아시아에서는 그러한 용서와 회복이 일어나지 않고, 대신에 일본은 다시 우경화의 길을 가고 있고, 과거에 했던 사과조차도 번복하려고 하며, 역사수정주의와 더불어 평화헌법 9조를 무화시키려는 군국주의의 망령을 다시 불러오는가? 한반도는 그보다 더 비참하게도 광복과 더불어 야기된 분단이 여전히 지속되어서 분단 70년이 넘어도 남북한의 갈등과 긴장은 수그러들 줄 모르고, 통일 대신에 한반도 주변의 군사적 긴장 상태는 더욱 고조되고 있다.

일본은 현재 남한과 북한뿐 아니라 중국과도 과거사 문제로 위험하게 갈등하고 있고, 그 사이 세계 양대 헤게모니 중 하나로 떠오른 중국은 미국·일본과 대치하면서 동아시아에서의 긴장은 날로 더 심각해져서 세계의 화약고가 되어가고 있다. 작년에 일본 미쓰비시사의 과거사 청산 노력과 관련해서도 미국과 중국의 피해자들에게는 심심한 사과와 보상을 하면서도 가장 큰 희생을 치르고 피해를 본 한국인들은 외면하는 것을 보면서, 다른 모든 것은 차치하고라도 그들이 최소한 인간적인 양식과 상식만이라도 가졌다면 어떻게 그러한 낯간지러운 유아적 행동을 할 수 있을까 묻고 싶었다. 그렇게 동아시아에서의 이웃간의 우애와 평화는 가능하지 않은 것인지, 유럽인들과 아시아인들은 본래적으로 그렇게 다른 것인지, 그 핵심 이유가 무엇인지 등을 묻지 않을 수 없다. 그런 가운데서도 이번 하토야마 전 총리의 무릎 사죄의 순간이 "일본의 가장 존엄한 순간"이라는 평이 나왔는데, 독일과 유럽의 경우처럼 그것이 한반도에서의 남북의 통일과 동아시아에서의 평화와 화합의 시점으로 이어지기를 간절히 바래본다면 그것은 불가능한 일일까?

4. 한국여신학자협의회 '한일관계문제연구반'의 시작과 1년간의 일본 공부

2013년 봄(5.31.)부터 한국여신학자협의회의 한일관계문제연구반이 천착해온 물음도 여기서 크게 벗어나지 않는다. 존경하는 선배 여성신학자 정숙자 목사님이 여신협이 지난 1988년부터 2011년까지 23년간 20회를 이어오던 〈한국·재일·일본 여성신학포럼〉을 계속 이어서 할 수 없겠는가고 물어온 것을 계기로 한일관계문제연구반은 구성되었고, 우리는 우선 이웃 나라 일본에 대해서 좀 더 공부하는 일부터 시작하자는 취지로 모였다.

첫 책으로 성공회대 권혁태 교수의 『일본의 불안을 읽다, 2010』를 읽었는데, 그는 오랫동안의 일본사회 경험을 토대로 왜 전후 일본 사회가 점점 더 우경화되어가고, 불안 '증후군'에 시달리게 되었는지에 대한 나름의 사회심리학적 분석을 해주었다. 이 책을 통해서 우리는 오늘 일본 사회의 여러 구체적인 문제들을 좀 더 가까이 알아볼 수 있었다. 즉, 히로시마 체험, 일본 천황제 문제, 작은 나라 콤플렉스와 '일본 침몰'의 두려움, 오키나와, '위험한 북한' 이야기 등

다양했다. 이 즈음해서 나카츠카 아키라가 지은 『시바 료타로의 역사관』이라는 책도 접하면서 『언덕 위의 구름』이라는 일본 근대사 역사소설을 지은 시바 료타로의 '조선관'과 그의 '메이지 영광론'에 대한 이야기를 알게 되었고, 그 가운데서 21세기 오늘날 다시 그러한 제국주의적 정신이 일본 사회를 유혹하고 있다는 저자의 고발을 들을 수 있었다. 우리는 유사한 맥락에서 한국 『토지』 작가 박경리 선생이 지은 『일본산고』(日本散考)라는 책을 읽었는데, 거기서 앞으로 한국 사회가 당면할 가장 위험한 두 가지 일로 1) 환경 · 생태훼손의 문제와 더불어 2) 죽음의 일본문화가 무차별적으로 유입되는 것이라는 박경리 선생의 경고를 들었다. 그녀는 거기서 오늘날까지 반성 없이 이어져오는 일본의 역사의식이 얼마나 반생명적인가를 고발하면서 심지어는 다음과 같이 말하였다.

> 일본을 이웃으로 둔 것은 우리 민족의 불운이었다. 일본이 이웃에 폐를 끼치는 한 우리는 민족주의자일 수밖에 없다. 피해를 주지 않을 때 비로소 우리는 민족을 떠나 인간으로서 인류로서 손을 잡을 것이며 민족주의도 필요 없다.[1]

우리가 같이 읽은 책 중에는 한국으로 귀화한 일본인인 호사카 유지 교수의 『조선 선비와 일본 사무라이』라는 책도 있었다. 거기서 유지 교수는 선비의 문(文) 문화와 사무라이의 무(武) 문화의 차이로 한국과 일본 문화를 특징지으며 그 명암을 밝혔다. 그러면서 청일과

---

1 박경리, 『일본산고』 (마로니에북스, 2013), 192.

러일, 태평양 전쟁 등 아시아와 세계에서 군사행동을 일으켜온 일본이 군사적 관심보다는 인간 심성에 대해 보다 더 관심을 가질 때 아시아와 세계 평화에 대한 믿음을 비로소 가지게 될 것이라고 충고했다. 우리는 또한 이찬수 교수가 지은 『일본정신』이라는 책을 통해서 짧게나마 「일본서기」에서부터 최근의 신영성운동까지 일본 종교문화의 뿌리와 핵심을 살펴볼 수 있었고, 그것을 통해서 근대 일본의 신도(神道)와 야스쿠니 신사 등의 정신적 배경을 엿볼 수 있었다. 일본 종교의 현세 중심주의가 어떻게 일본인 개개인의 삶과 문화 속에 깊이 뿌리내려 있어서 세속주의적으로 작동하는지를 보면서 일본 천황제와 같은 국가 신도(神道), 조상숭배와 관련한 죽음과 혼령에 대한 의식, 마쯔리라고 하는 축제 등의 배경을 잠깐 배울 수 있었다. 저자는 한국의 경우 무속이나 유교를 모르고서 한국 문화를 안다 할수 없듯이 신도(神道, 정령숭배, animism)를 모르고서 일본을 안다 할수 없다고 했다. 한국을 비롯한 아시아인들에게 깊은 상처가 되는 야스쿠니 신사(神社)가 메이지 유신 직후인 1868년 건립되어 8만여개가 넘는 일본 전역의 신사들 가운데서 가장 방대하여 제이차 세계대전 전범 등 2004년 기준 246만 6532위에 달하는 혼령에게 제사를 지내고 있는 것도 그 책을 통해서 알게 되었다.[2]

5. 타께우치 요시미의 동아시아 이해와 한중일 삼국

그동안 우리가 읽은 책 가운데 특히 나 개인에게 깊은 인상을 준

---

[2] 이찬수, 『일본정신』 (모시는사람들, 2009).

책은 대안지성공동체 '수유너머'의 일원이었던 동아시아 연구가 윤여일 선생이 저술한 『사상의 원점 - 동아시아에서 동아시아를 생각하다』였다. 그 책을 통해서 나는 일본의 중국문학가 다께우치 요시미(竹內好, 1910-1977)를 알게 되었고, 타께우치가 어떻게 중국의 루신(魯迅, 1881-1936) 이해를 통해서 중국과 일본 두 나라의 근대화 과정의 차이를 밝히면서 근대 일본의 식민지성과 그와 연결된 침략성을 해석해내는지를 보았다.

다께우치에 따르면 중국과 일본은 서구 근대의 출현 앞에서 자신들의 전근대성과 더불어 고통스럽게 씨름했지만, 중국은 자신의 내부를 들여다보면서 절망에 대해서도 절망하는 회심을 거쳐서 주체적인 혁명을 이루어냈다. 하지만 일본의 근대는 오히려 부단히 밖으로 향하는 '노예문화'를 벗어나지 못했다고 한다. 그에 의하면 일본의 근대화 과정을 제2차 세계대전 이후의 처지까지 연결해서 살펴보면, 메이지유신 시절 일본은 서구의 식민지가 되지 않으려고 나섰던 길에서 아시아의 '식민자'가 되었고, 패전으로 식민자에서 벗어나자마자 그러나 다시 미국의 '(준)식민지'가 되었다고 한다. 즉 그것은 제2차 세계대전의 비극을 겪고서도 일본은 역사적 사실 앞에 바로 서지 못하면서, 예를 들어서 원폭을 오로지 피해자의 입장에서만 강조한다거나 천황제를 폐지하지 못한 점 그리고 오늘 아시아의 전쟁 위안부 문제에서 드러나듯이, 그것은 '주체성의 확립'이라는 근대의 일에서 일본이 실패한 모습을 나타내는 것이라고 한다. 이러한 맥락에서 일본이 오늘날 다시 미국이라는 서양 강대국과 안보조약을 체결하면서 아시아를 얕보는 행위야말로 서구 제국주의에 여전히 종속되어 있는 식민지성을 드러내주는 일이라고 평가한다. 다께우치는 "근대란 무엇인가"에서 다음과 같이 말했다고 전한다.

> 노예는 자신이 노예라는 자각을 거부하는 자이다. 그는 자신이 노예가 아
> 니라고 생각할 때 진정으로 노예다. 노예는 자신이 노예의 주인이 되었을
> 때 완전한 노예근성을 발휘한다.[3]

이렇게 보았을 때 일본 노예근성이 발휘되는 패권의 장이 아시
아였고, 21세기 오늘날 평화헌법을 고치고 다시 전쟁이 가능한 나라
로 가려는 아베 정권의 일본은 그 연장선상에 있는 것을 부인할 수
없다. 하지만 오늘 그 이웃나라인 한국이 놓인 현실은 여기에 더해
서 자신의 형제자매와 싸우느라고 자기 군대의 통수권까지 맡아달
라고 미국에 사정하면서 그 군대를 주둔시키기 위해서 매년 약 10조
원에 상당하는 전쟁 대금을 치루고 있다면, 미국의 반(半)식민지인
일본보다 더 말할 나위가 없는 것을 지적하지 않을 수 없다. 오늘날
박근혜 정부를 비롯한 영남 패권적 보수주의가 미일의 강대국에 기
대어서 자신의 형제와 더불어 갈등을 더욱 고조시켜 가는 것은 바로
더 깊은 노예성의 표현이라고 하겠다. '동아시아'라는 개념 자체가
미국의 지역정책에 따른 필요성에서 등장한 것이고, 그것은 유럽 중
심적 지식권력구조(극동)가 미국 중심적 지식권력구조로 전이되었
음을 말하는 것이라고 지적한다.[4]

---

3 윤여일, 『사상의 원점 – 동아시아에서 동아시아를 생각하다』 (창비, 2014), 285.
4 같은 책, 222.

6. '방법'으로서의 아시아와 마츠이 야요리의 사랑, 분노, 저항

다께우치는 "방법으로서의 아시아"라는 말을 한다. 그것은 식민지성을 뼛속까지 가지고 있는 아시아가 그 경험을 토대로 해서 자신의 주체성을 형성하는 "방법"으로 아시아를 바라보자는 것이다. 자신의 식민지성에 대한 깊이 있는 성찰과 더불어 자신의 '식민자'에 대한 단순한 대치나 대립을 넘어서 그 식민자를 "되감는다"는 이야기를 하는데, 아시아에게는 미국을 비롯한 서구이거나 한국의 경우에는 일제강점 36년도 그 대상이 되겠다. 나는 이러한 이야기가 자칫하면 작년부터 일본군 위안부 문제와 관련해서 큰 논란거리가 되고 있는 박유하 교수의『제국의 위안부』와 같은 방식으로 전락할 위험도 가지고 있는 것을 본다. 하지만 우리가 '주체성'과 '주체형성'을 한편으로 인간 누구나가 보편적으로 성취해야 하는, 그래서 부인할 수 없는 존재원리의 하나로 인정한다면, 우리의 식민 경험(아시아)을 결국 우리 주체형성의 통로와 방법으로 써서 노예성의 상황을 넘어서야 하는 것을 말하고자 한다. 그러한 구체적인 예의 하나를 나는 일본을 대표하는 여성 저널리스트, 여성운동가, 평화주의자, 아사히신문사의 정년을 채운 최초의 여기자 등으로 소개되는 마츠이 야요리(1934-2002)의 자서전을 통해서 볼 수 있었고, 우리 선배와 동료들이 지난 20여 년 동안 20회를 거듭하면서 기적적으로 모여왔던 한국·재일·일본 여성신학포럼도 다른 것이 아니라고 이해한다.

일본을 공부하는 기간 중에 이번 준비모임의 번역가와 통역자로 수고한 김선미 선생의 번역으로 마츠이 야요리의 생명의 기록『사랑하라 분노하라 용기 있게 싸워라』를 만날 수 있었던 것은 큰 행운이었다. 마츠이 야요리는 일본 사회에서 소수자였던 목사의 딸로 태어나서 스스로가 여러 가지의 차별과 소외를 경험했다. 동지사대학에서 신학을 공부한 후 아사히신문사에 들어가서 여기자로서 많은 제약과 차별을 받았지만 당시 고도성장의 일본 사회가 가지고 있는 여러 이면의 문제들을 파헤치는 데 주저하지 않았다. 이후 활동영역을 아시아와 세계로 넓혀서 공해수출과 기생관광 등을 고발했다. 특히 70년대 한국이 박정희 독재정권 아래에서 시달릴 때 1977년 3월 1일 유관순 열사를 기억하면서 3.1독립운동의 날에 아시아 여성들의 모임을 발족시켜서 이후 동일방직의 여성들, 광주사건의 희생자들, 조화순 목사나 문익환 목사의 부인 박용길 장로, 한명숙 씨 등과 함께 한국의 민주화를 위해 싸웠다. 이러한 일들로 그녀는 80년대 후반까지 한국행 비자를 얻을 수 없던 유일한 일본 기자였다고 한다. 이렇게 우리에게 항상 가해자의 나라이기만 했던 일본의 여성을 통해서 그 일본에서의 일련의 사람들이 전쟁에 반대하고, 시장폭력에 저항하며, 과거 자신의 나라가 저지른 죄악을 들추어내면서 역사를 바로잡고자 하고, 이웃 나라와 아시아와 세계의 약자들과 더불어 생명과 정의, 평화를 위해서 싸워나가는 건강한 주체성의 사람들인 것을 보며 나는 많이 배웠고, 나의 좁은 생각의 지평을 넓힐 수 있었다.[5]

7. 한국 · 재일 · 일본 여성신학포럼의 지난 20여 년의 발자취

우리가 이번 한국 · 재일 · 일본 여성신학포럼의 재개 탐색을 위해

---

[5] 마츠이 야요리/ 김선미 옮김, 『사랑하라 분노하라 용기있게 싸워라』 (모시는사람들, 2014).

서 한 일 중의 하나는 지난 2011년 2월 제20회를 마지막으로 마무리된 23년간의 자료들을 두루 살펴보는 일이었다. 그것은 실로 놀라운 축적이었고, 믿기 어려울 정도로 많은 것들이 선취되어서 다루어진 것을 보았으며, 출발의 문제의식과 진행된 과정의 주제들과 서로 공유한 문제점들이 결코 오늘날도 빛바랜 것이 아님을 보았다. 참으로 다양하고 핵심적인 사항들이 다루어졌는데, 제1회의 '권위와 영성'이라는 주제 아래서 일본 천황시스템과 한국 측의 민족 문제가 다루어졌고, 이후 동북아시아의 평화, 여성의 인권 문제와 더불어 정신대 문제, 매매춘, 재일 한국인들의 반인권적 상황, 1910-1935년 일제 강점기 하의 한일여성사, 일본 제국주의와 한국 교회와 여성의 수난사, 성벽을 넘어서서 연대하는 여성의 역할, 기독교와 가족제도, 대안공동체, 한국인 피폭 피해자 문제와 재일교포 차별과 인권문제 등이 다루어진 레이시즘, 새로운 기독교여성문화, 동성애, 기독교의 부권제, 폭력과 기독교 등이 주제들이었다.

21세기 오늘날 모두가 인간다운 삶을 위해서 그리고 인간다운 공동체를 이루기 위해서 누구나 보편적으로 나름대로 거기에 응답하며 살아야 된다고 지적되는 세 가지 물음, 즉 '국가'(민족), '소유'(경제), '성'(가족)에 대한 물음들이 그곳에서 잘 선취되어 다루어진 것을 보았다. 이러한 문제들의 배경에 어떤 종교적, 신학적 배경들이 있는지, 신론과 기독론, 인간이해, 교회론 등이 한국, 재일, 일본의 세 주체 여성들의 시각에서 탐색되었으며, 특히 재일 한국인의 입장과 상황들을 들을 수 있었다. 여기서 알게 되어서 감동한 것 중 하나는 마츠이 야요리가 중심이 되어서 일본군 '위안부'의 문제와 관련하여 2000년 도쿄에서 열었던 '여성국제전범 법정'이 바로 이 한국·재일·

일본 여성신학포럼에서 먼저 이야기되었었다는 것이고, 어느 여성은 이 포럼을 참가한 것을 계기로 신학을 공부하여서 목사가 된 경우도 있었고, 특히 재일한국인 여성들의 이야기가 펼쳐지는 장이 되었다는 것이었다. 지난 23년간 이 일을 가능하게 한 모든 분들과 참석자들에게 존경과 감사의 마음이 저절로 우러나왔다.

8. 한국 · 재일 · 일본 여성신학포럼의 재개를 위한 새로운 주제들

이후 시간이 또 흘렀다. 그리고 세계와 동아시아, 우리 각자의 삶의 정황은 매우 빠르게 변하고 있다. 그 사이 세계화는 더욱 진행되어서 이제 '지구인'이라는 말이 전혀 생소하지 않게 되었고, 동아시아에서의 중국의 급속한 부상은 세계의 정치 판도를 크게 변화시키고 있다. 또한 중국을 비롯한 공산주의 국가라 하더라도 자본과 돈을 제일의 가치로 삼는 경제제일주의가 더욱 기승을 부리게 되었고, 이를 통한 환경파괴와 생태문제는 크게 두드러지고 있다. 이런 가운데서 나는 지난 포럼의 마지막 회차에서 재일 측의 신영자 목사가 그 20여 년을 정리하며 되돌아보는 자리에서 결국 자신들이 깨달은 것은, '개(個)의 확립이 급선무다라는 자기 확인일 것입니다'라고 말하였다는 사실을 정숙자 목사님이 한일관계문제연구반 첫 모임을 위해서 발제한 "한국 · 재일 · 일본 여성신학포럼의 역사와 현안"(2014.5.31, 여신협 사무실)을 통해서 알게 되었다. 그러면서 그 안에 많은 의미가 함축되어 있는 것을 보고서, 특히 우리가 신앙인과 종교인으로 모이고자 할 때는 이 언술에서의 의미를 결코 놓칠 수 없다고 생각했다. 이 말은 결국 우리 삶은 그 정황이 어떻게 변하든 관건은 우리 자신에게 달려있고, 우리의 신앙과 신념, 우애와 결단으로 좌우된다는 믿음을 표현한 것이라 생각한다. 그래서 그것은 다시 우리가 앞에서 이야기한 우리들의 건강한 '주체성', '주체형성'의 물음과 별개의 것이 아니라는 인식을 하게 한다. 한국·재일·일본 여성신학포럼의 재개가 어떻게 한국과 재일, 일본의 사람들이 지금까지 여러 차원에서 놓여있었던 노예성을 극복하고 새로운 주체로 거듭날 수 있을까의 물음이 되어야 함을 지시하는 것이라고 이해한다.

오늘 우리가 건강한 주체가 되는 데 있어서 더 이상 예전처럼 국적이나 성별, 신체나 가족형태 등이 큰 문제가 아니게 되었다. 또한 우리의 종교적 물음에 있어서도 기독교의 배타적 그리스도론이나 신론은 많이 극복되었고, 종교적 이중국적의 시대도 멀지 않고 새롭게 열리고 있다. 상황이 이렇게 변하면서 예전에 우리를 죽도록 힘들게 하던 많은 문제들이 자연스럽게 풀리는 것을 본다. 따라서 오늘 우리가 한국·재일·일본 여성신학포럼을 새롭게 다시 시작하고자 한다면 그 주제도 많이 달라져야 할 것이다. 나에게는 앞에서 지적한 대로 동아시아의 평화가 점점 더 크게 위협받고 있는 사실이 제일 중하게 다가온다. 한미일 동맹은 중국과 북한을 자극하고 이곳에서의 긴장을 더욱 고조시켜서 언제 사용될지도 모르는 상상의 무기인 사드(THAAD) 미사일 등을 구입하고 유지시키는 데 수조 원을 쓰게 하면서 이곳 민중들, 여성들의 삶을 더욱 심하게 옥죄어 온다. 따라서 이 땅의 평화와 군비축소 등의 문제는 우리의 시급하고 긴급한 주제가 될 것이다.

그런데 이처럼 여전히 동아시아를 여러 가지 형태로 옥죄고 있는 서구 근대 제국주의는 그 사상적 뿌리로서 유대-기독교 가부장주의적 신론을 그 극점에 가지고 있다. 우리 세 주체가 공통으로 기반으로 하고 있는 기독교 신앙의 가부장성과 전통적 배타성을 어떻게 극복할 수 있는지, 그에 대한 대안과 보완을 우리가 동아시아에 뿌리를 두고 있는 다른 이웃 종교 전통들에서 찾을 수 있는지,[6] 한국과 일본에서 절대적 실체론으로 굳어져 있는 쇼비니즘적 민족주의와 천황제 시스템은 어떻게 해체해나갈 수 있는지 등이 중요한 주제가 되어야 할 것이다. 지금 한일관계뿐 아니라 이제는 전세계로 퍼져나가서 전쟁과 군사 대신에 인류 삶의 새로운 차원을 열기 위한 긴요한 '방법론'이 되어가는 일본군 '위안부' 문제를 우리가 다시 잡고서 신앙인의 시각에서 새롭게 살펴보는 것이 아주 긴요하다는 것을 말하고자 한다.[7] 우리 삶에서의 '개(個)와 공(公)'의 관계, 사적 영역과 공적 영역의 관계를 어떻게 새롭게 맺을 수 있는가, 우리 모두가 철저히 노예화되어 있는 경제제일주의, 그와 더불어 생존을 찾아 떠도는 세계 무국적자의 문제, 우리 곁의 이주노동자들의 인권과 정의의 문제 등을 우리는 피할 수 없다. 더불어 핵에너지 문제와 생태위기는 우리의 전통적인 국적과 민족의 문제를 무색하게 하면서 우리 모두의 공동책임을 사실적으로 촉구한다.

---

6 이은선, "한국 페미니스트 그리스도론과 오늘의 기독교", 『한국 생물生物여성영성의 신학』 (모시는사람들, 2011), 96 이하.

7 이러한 맥락에서 지난가을016년 1월 11일 한국기독교교회협의회의 국제위원회, 여성위원회, 정의·평화위원회가 중심이 되어서 "12.28 한일외교장관 회담에 대한 한국교회의 응답"을 발표한 것은 매우 고무적인 일이다. 일본군 '위안부' 한일합의를 무효화하고, 다시 새로운 "정의로운 해결"을 촉구했는데, 한국여성신학자 한국염 한국정신대문제대책협의회 공동대표의 발제와 이후의 열띤 토론은 앞으로 이 논의가 어떻게 일파만파로 퍼져나갈 수 있을지에 대한 상상을 충분히 가능하게 한다.

9. 우리 시대의 불가능한 것의 가능성을 끈질기게 묻는 한국·재일·일본의 여성신학

일찍이 한국의 안중근 의사는 이또 히로부미를 내세워 점점 더 죄어 오는 이웃 일본 제국주의의 총칼 앞에서도 그들도 본래적으로 평화를 원하고 세계 평화와 안녕을 바랄 것이라는 일본 민족의 인간성에 대한 믿음을 놓지 않았다. 일제 초기 무단 통치 시기에 그 한국적 특성으로 인해서 가장 큰 희생을 치룬 한국 대종교의 중광자 나철(羅喆, 1863-1916)은 1904년 을사늑약 등으로 조선을 강점하려는 일본에 대해서 자신이 전라도 벽지의 한 유교 선비에 불과하지만 일본의 정치가와 직접 대면하여 대화하면 그러한 침략의 마음을 돌이킬 수 있을 것이라는 믿음을 가졌고, 그 믿음으로 1904년 일본으로 직접 건너가는 일을 용기 있게 감행하기도 했다.

오늘 우리 시대의 포스트모던적 상황에서 종교와 신앙이란 다른 것이 아니라 바로 이러한 실행들처럼 '불가능하게 보이는 것'을 그럼에도 불구하고 현실로 만들어내려는 추구라고 생각한다. 그러므로 우리가 한국·재일·일본 여성신학포럼을 다시 시작하려는 것도 이 몸짓과 믿음의 실천처럼 그것은 "불가능한 것, 즉 신을 열정적으로 사랑하는 사람들을 위한 것"이고, 우리가 그 일을 다시 시작하면서 동아시아에서 모두를 위한 건강한 주체성을 세우고, 이곳에서의 평화와 안녕으로 세계 인류의 삶에 기여하는 일을 소망하며 꿈꿀 때, 그것은 또 하나의 불가능한 것을 이루려는 신앙적 열정 이외에 다른 것이 아닐 것이다. 전쟁과 무력과 물질의 힘으로 이웃나라를 침략하고, 빼앗고, 예속시키려는 제국주의적 욕망 대신에 그러한 불의와 폭력에 분노하며 사랑하면서 용기 있게 싸웠던 우리 선배들을 따라서 우리도 같이 그러한 신앙의 길로 함께 걸어갈 수 있기를 소망하고 기도한다. 그리스도 예수의 영이 그러한 도상의 우리를 모두 자매로 묶어서 그 자매애가 우리를 인도할 것이다.

2014년 8.15 평화통일 남북공동기도회를 다녀와서

출발을 앞두고

세월호 참사의 와중에서 2014년 8.15 평화통일 남북공동기도회에 참가하기 위해 8월 13일(수)부터 16일(토)까지 3박 4일의 일정으로 평양을 다녀왔다. 이번 방북은 김정은 체제에 들어서서 거의 3년만에 처음 성사된 일이라고 한다. 한반도 상공을 통과하면 1시간이면 족하다는 거리를 북경과 심양을 거쳐서 평양으로 들어갔고, 올때는 북한 비행기로 심양에 와서 다시 서울로 오는 중국 비행기를 타기 위해 거의 6시간을 기다려야 했다. 통일부의 방북허가를 어렵게 얻은 한국 교회협의회 19명의 방문단 중에 차경애 YWCA 회장과 더불어 여성대표 2명 중 한 사람으로 가게 되었는데, 생애 처음으로 북녘땅을 밟는 일이었으므로 많은 설렘과 더불어 염려도 되었다. 하지만 안중근, 함석헌 등 북쪽 출신의 근대 기독교사상가들을 많이 접해왔고, '민족대종교'의 항일 운동가 나철이나 신채호, 김구의 백범일지 등을 통해서 오래전부터 의식 속에 북쪽 땅을 품어왔으므로 큰 두려움은 없었고, 오히려 오늘의 모습을 직접 볼 수 있다는 기대로 많이 기다려졌다.

평양비행장에 도착

인천 공항에서 아침 6시에 만난 우리는 오후 4시 30분 평양비행장에 도착했다. 남쪽의 한 중소도시 비행장 규모의 평양비행장은 개축공사가 진행 중인 곳도 있었고, 강명철 조선기독교연맹 위원장, 리정노 부위원장, 오경우 서기장, 한명국 선교부장 등이 마중 나와서 기쁘게 인사를 나누고 기념사진도 찍었다. 평양비행장과 그곳 주변에서의 사람들을 통해서 받은 북쪽에 대한 첫 인상은 남한의 70년대 초를 연상시키는 느낌이었다. 공항 주차장에 서있는 승용차들은 독일 차들이 많았고, 가족이나 친지들의 만남과 이별 등의 모습도 보였다. 옹기종기 서 있는 남자들은 대부분 담배를 물고 있었고, 여성들의 옷차림과 머리모양 등, 남쪽에서의 어느 시골 버스터미널에서의 모습처럼 그렇게 낯설지 않았다.

평양 시내의 첫인상

준비된 버스로 평양 시내로 진입하면서 받은 인상은 생각했던 것보다 푸르다는 것이었다. 한여름이어서 그렇기도 했겠지만, 잔디도 많이 깔려있었고, 독특한 모습으로 다듬어진 나무들과 가로수들이 즐비했다. 가장 눈에 들어오는 것은 평양의 고층아파트들이었다. 남쪽과 비교해서 말하면 단독주택들은 거의 보이지 않았고, 30층이 넘는 고층아파트들과 그보다 낮은 동들, 그 중간 중간에 1층에 걸려있는 상점들의 간판이 인상적이었다. 남쪽과는 달리 네모상자와 같은 아파트보다는 원형이나 타원형으로 한껏 멋과 기술을 뽐낸 아파트들이 많았고, 겉모습은 색칠이나 창들이 그렇게 잘 마무리되지는 못했지만 아름다웠다. 우리가 숙소로 묵은 호텔은 보통강(普通江)변의 '보통강려관'이었다. '려관'이라는 이름이었지만 훌륭한 국제관광호텔이었고, 정문으로 들어서자 호텔 1층 로비 왼쪽 한 면을 꽉 채우고 있는 김일성, 김정일 두 부자 지도자의 초상화를 보니 북쪽이라는 것을 실감할 수 있었다.

보통강 호텔에서의 첫 만찬

도착한 첫날의 저녁 만찬은 우리가 묵은 호텔의 1층 만찬장에서 이루어졌다. 큰 자개수공품 액자가 여럿 걸려있고, 화사한 한복 차림으로 서빙하는 북쪽 여성들의 정성어린 대접과 각종 진미가 그득한 만찬이었다. 강명철 위원장의 환영사와 김영주 교회협 총무의 답사, 전용재 감리교 감독회장과 박동일 기장 총회장의 인사가 있었고, 차경애 회장을 비롯한 남북 측 여러분의 건배사를 통해서 이번 공동기도회가 남북대화의 물꼬를 트고 통일을 앞당기는데 견인차가 되도록 하자는 소망을 한껏 담아냈다. 특별히 강명철 위원장이 여성 대표로서 나를 지목해서 떨리는 마음으로 소감과 기대를 이야기했다. 이 모임이 성사되기 전에 6월 스위스 보세이에서 열렸던 '한반도 정의평화와 화해를 위한 국제 컨설테이션'에 대한 회고담도 나왔고, 특히 리정노 부위원장은 그때 함께했던 최영실 교수와의 공동 찬양을 이야기하면서 이번에 같이 오지 못한 것을 많이 아쉬워했다. 처음 맛본 북한 음식 중에서 만찬 초반에 나왔던 떡이 특히 맛이 있었다. 나뿐 아니라 다른 사람들도 그랬는지 그 떡을 처음에 너무 많이

먹어서 나중에 나오는 좋은 음식들을 먹을 수 없었다고 이야기하면
서 웃었다.

둘째 날의 만경대, 국가선물관 참관

둘째 날은 아침 식탁에서의 기가 막힌 콩나물국과 더불어 시작
되었다. 정말 지금까지 먹어본 콩나물국 중에서 이렇게 맛있는 국은
처음 먹어본다고 이구동성으로 외쳤고, 나를 포함해서 여러 분들이
두 그릇씩 비웠다. 만경대 김일성 고향집의 방문으로 시작된 둘째
날의 평양 투어는 국가선물관을 참관하는 것으로 이어졌고, 점심은
평양의 유명한 냉면집인 옥류관에서 냉면으로 했다. 분홍색 한복으
로 곱게 차려입은 만경대 고향집 안내 '선생'의 이야기를 들으면서
김일성 주석의 어머니 강반석 여사에 대해서 더 알아야겠다는 생각
이 일어났다. 그리고 그녀가 독실한 권사로 섬겼다는 평양 칠골교회
를 방문할 것이라는 말을 듣고 기대가 되었다. 해방 후 북한에서의
토지개혁과 김일성 장군의 민중의식과 민족의식, 북한 공산주의 국
가 형성의 밑거름이 되었던 이러한 의식들이 독실한 기독교 신자였
던 어머니 강반석 여사와 어떻게 연결이 되는지, 그와 더불어 그녀
에게도 드러나는 한국 여성들 고유의 생명과 살림영성(天地生物之心)
이 어떤 역할을 했는지를 알아보고 싶다고 생각했기 때문이다. 이번
방문에 함께했던 감리교 전용호 목사께서 김일성 장군이 크게 존경
했다던 감리교 손정도 목사의 전기를 읽어보라고 권해주셨다.

옥류아동병원과 평양산원유선종양연구소

　김일성, 김정일, 김정은, 삼대에 걸친 북한 수장들에게 세계 각국의 최고위 손님들과 북한 내에서도 인민들이 극진한 정성을 다해 선사한 각종 선물들을 모아놓은 국가선물관은 혀를 내두르게 하는 진기한 물품들로 가득 차 있었다. 오후에는 북한 건축미와 기술을 한껏 자랑하는 주체사상탑을 관람했고, 이어서 이번 방문에서 북측이 특히 고려한 것으로 보이는 '옥류아동병원'과 '평양산원유선종양연구소'를 참관했다. 이 두 시설은 김정은 체제가 시작된 이후 남한을 비롯한 해외에서의 시선이 '곧 붕괴할지도 모르는 북한 사회'를 예견했지만 그렇지 않다는 것, 국가를 비롯한 한 인간 공동체에서 가장 기초를 이루는 것이 다음 세대의 출산과 보호, 그 일을 담당하는 여성들의 건강과 안녕과 관련한 것이라면, 북측이 그러한 일들을 여느 서방국에서의 그것보다 잘하고 있다는 것을 보여주기 위한 것이라는 생각이 들었다. 장기 입원한 아이들의 학습이 뒤처지지 않도록 병원 안에 간이학교까지 운영하는 옥류아동병원은 아주 잘 꾸며져 있었고, 안내원의 말에 의하면 놀이시설 등이 잘 설비되어 있어서 아이들이 병원 오는 것을 전혀 두려워하지 않고 오히려 오고 싶어한다고 한다. 병원 복도 벽에 온통 그려져 있는 디즈니랜드식 애니메이션 그림들은 그러나 자연스럽지 않았고, 모든 것이 과잉 체계화되고 계획된 것이라는 인상을 주었다. 하지만 박근혜 대통령이 지난 3월 독일 드레스덴에서 '한반도 평화통일을 위한 구상'의 연설에서 '북쪽의 산모, 유아에 대한 영양과 보건을 지원하겠다'고 한 언급은 이러한 시설들을 한껏 보여주려는 북측의 자존심을 많이 건드렸을 것이라고 짐작하게 했다. 오히려 평화통일의 진전을 어렵게 하는 발언이 아니었을까 여겨졌다.

봉수교회에서의 8.15남북공동기도회

드디어 방문 셋째 날, 8월 15일을 맞이해서 봉수교회에서 10시에 드리는 '민족의 화해와 단합, 통일을 위한 8.15 공동기도회'를 위해서 출발했다. 어제의 콩나물국에 이어서 그 보다 못하지 않은 미역국으로 따뜻한 아침을 든 우리는 각자 정성스럽게 옷차림을 가다듬고 봉수교회로 향했다. 보통강변에는 8.15 국경 휴일을 맞이해서 산책이나 낚시질하는 사람들로 붐볐고, 평양시가지에도 평일보다 많은 사람들을 볼 수 있었다. 10시에 시작되는 예배 전에 커다란 접견실에서 강명철 목사와 송철민 봉수교회 목사 등과 우리 측 19명의 담화 시간을 가졌다. 그 사이 나는 예배 시간에 북측의 김혜숙 목사와 같이 읽을 '2014 민족의 화해와 단합, 통일을 위한 8.15남북 공동기도문'을 서로 맞추어 보느라고 분주했고, 약 250여 명이 참여한 예배당으로 감동스럽게 들어섰다. 참석한 교인들은 거의 모두가 한복을 입고 있었고, 중년 이상의 여성들이 대부분이었으며, 잘 차려진 성가대와 특히 까만 긴 파티복 차림의 여성 성가대장이 눈에 띄었다. 예배당의 모습이나 예배 형식, 불려지는 찬송가와 헌금 예식 등, 거의 모든 것이 남쪽의 것과 유사했고, 그래서 오히려 북쪽의 특별한 어떤 것을 기대했던 나는 약간 실망감도 느꼈다. 심지어는 정면의 대형 스크린에서 찬송가 가사와 예배 장면들이 비추어지는 것도 같아서 내가 남쪽에 있는지 북쪽에 있는지 잘 모를 지경이었다. 그러나 강명철 위원장의 환영사와 김영주 총무의 답사에 이어진 봉수교회 김영숙 전도사의 기도는 간절했고, 전용재 감리교 감독회장의 에스겔서(37:15-23)의 설교는 모든 사람들을 감동케 했다. 박동일 기장 총회장이 이끄는 성만찬 예식으로 우리는 깊이 하나됨을 느꼈으며, 김혜숙 목사와 내가 함께 읽은 공동기도문은 남북의 평화통일을 위해서 세계 기독인들이 함께 염원하고 기도하고 있다는 사실을 다시 천명하면서 하루 속히 이 땅에 "제이의 해방인 통일의 복음"이 울려 퍼지도록 기도했다. 이어진 조헌정 화통위 위원장, 차경애 YWCA 회장, 남부원 YMCA 사무총장의 축사는 따뜻했다.

정치와 종교, 능라곱등어관과 문수물놀이장

평양에 오기 전에 궁금했던 것 중의 하나는 북쪽 교회가 자신이 놓여있는 정치적 체제와 신앙을 어떻게 서로 상관시키고 있는가에 대한 것이었다. 예배의 마지막 축도를 한 강명철 목사도 목사라기보다는 위원장으로 더 잘 불려지고, 조그련의 여러 간부들도 마찬가지인 것 같았다. 내가 들은 이야기 중의 하나는 북쪽의 모든 사람들이 평소 왼쪽 가슴 위에 김일성/김정일 부자의 초상화 뱃지를 달고 다니지만 교회에 올 때만큼은 그 뱃지를 달지 않는다고 한다. 이번 공동기도회에서 그 사실을 의식적으로 직접 확인하지는 못했다. 하지만 예를 들어 현인신의 위상으로 천황제를 유지하고 있는 일본에서 그래도 그 천황제의 터부를 건드리는 사람들이 그리스도인들인 것을 생각해 보면 북쪽에서 그리스도인의 현존이 그렇게 간단하지 않을 것이라고 짐작해 볼 수 있다. 그런 가운데서도 이번 공동기도회를 열어 초청해준 조그런과 봉수 교회 교인들에게 감사하는 마음이 크다. 예배가 끝난 후 교회 바로 옆에 접해 있는 '평양신학원'도 잠깐 들렸고, 김일성 어머니 강반석 여사가 헌신했던 칠골교회도 들렸다. 칠골교회도 옛 건물의 흔적은 남아있지 않았고 완전히 새로 지은 모습이었는데, 봉수교회에 비해서 더 아담하고 잘 정리되어 있었지만 옛 지문(地文)을 남겨두지 않은 것이 무척 아쉬웠다. 그 이후 김일성 음대를 나온 아름다운 노래꾼들이 있고 최고의 노래방 시설이 갖추어져 있는 대성식당에서 북한의 산해진미를 점심으로 먹었다. 우리는 뜻 깊은 공동예배를 드린 후 감동에 젖어 함께 노래 부르며 즐거운 시간을 가졌다. 이후 릉라인민유원지와 릉라곱등어(돌고래)관에 들러 놀라운 돌고래쇼를 감상했다. 예전 장충 체육관만한 건물에 휴일을 맞은 북한 주민들이 가족단위로 많이 놀러 와서 신기한 돌고래쇼를 즐기고 있는 모습을 보니 우리 모두도 기분이 무척 좋아졌다. 이어서 참관한 문수물놀이장, 즉 야외수영장 공원의 규모와 시설은 놀라웠다. 김정은 체제에 들어서 국민들의 여가생활과 유희에 큰 관심을 쏟는다고 한다. 세계에서 제일 여유 있는 나라 스위스에서 교육받은 국가 지도자를 둔 북한 주민들이 경험하는 새로운 변화라고 여겨졌다.

양성평등과 북한 사회

남한의 여성들이 북쪽 여성들에 대해서 오해하고 있는 것 중의 하나는 현대 페미니즘의 세례를 받은 자신들이 여성주의적으로 더 해방되어 있다고 여기고, 그래서 북쪽 여성들에게 그것을 가르쳐주어야 한다고 생각하는 것이라고 같이 동행한 몇몇의 남성분들이 누차 강조했다. 그러한 우월한 입장을 버리라는 것이다. 그리고 현 강명철 위원장의 아버지인 강명섭 위원장이 살아계셨을 때 여성문제에서만큼은 북한을 세계 1등 국가로 만들겠다고 하였고, 신학 공부한 여성들을 100% 목사가 되게 하겠다고 했다는 것이다. 나는 우월하다고 생각하지 않았다. 오히려 근대 페미니즘 이론 공부에서 사회주의가 이론적으로 어떻게 앞서나가는 양성평등적 의식을 가지고 있는지를 배웠다. 다만 이번 남북공동기도회에 청년대표 1명과 여성대표 2명 중 한 명으로 참여한 나는 북한 교회가 작년 WCC 부산대회에 참석하지 못했으므로 그 앞뒤의 정황과 성과와 과제들을 전해주어서 남북의 여성들이 함께 평화통일과 세계 안녕을 위해서 협력하는 계기를 마련하도록 하는 일에 주목했다. 그래서 내가 함께하고 있는 한국여신학자협의회가 작년 WCC 부산대회를 전후해서 그 대회의 의미를 탐구하고 평가한 성과들을 실은 「한국여성신학」지를 가지고 갔고, 교회협이 작년에 발간한 『한국기독교교회협의회 기독여성운동 30년사』를 가져갔다. 그러한 남쪽 교회여성들과 여성신학자들의 활동상과 생각들이 나와 있는 결과물들을 이번 회의에서 공식적으로 전달할 기회는 없었지만 봉수교회에서의 예배 후부터 함께 자리를 한 북한 조그련의 차은정 여성위원에게 마지막 저녁만찬시간을 기해서 전달했다. 그날 오후의 관람과 만찬 시간을 같이 보낸 그녀는 명랑하고 고운 30대 후반의 딸 하나를 둔 여성이었다. 조그련의 새 위원이라고 자신을 소개했으며, 이번 공동기도회의 성사를 위해서 북쪽에서의 사무일을 맡아 했다고 한다. 우리는 처음 만난 사이였지만 즐겁게 이야기를 이어나갔다. 중학생이 되는 딸을 둔 엄마로서, 주부로서의 고충도 이야기해주었고, 예전 남북여성대회의 여러 인물들에 대해서도 물었다. 박순경 교수님에 대한 이야기도 했다. 사회주의 체재 아래서의 북한 여성들에 대한 선입견 없이 오로지 이번 방문만을 통해서 보고 든 생각은 그럼에도 불구하고 북한 사회에서의 성 구별에 따른 역할 고정이 남쪽에서보다 더 심한 것 같다는 것이다. 북한 여성들의 옷차림이나 치장, 남성들의 행태와 모습 등은 사회주의 혁명으로도 결코 성차나 그 구별을 없는 것으로 해버릴 수 없으며, 그런 의미에서 양성평등은 아직 요원한 지향점이 되는 것 같았다. 북한 여성들의 차림새는 요즈음 북한 사회에까지 드러나지 않게 영향을 미치고 있는 한류의 영향이라고도 하는데, 그들의 여성적 아름다움은 나에게도 흐뭇했다.

마무리하는 소감: '인간, 인간이면 족하다'

오가는 데 시간이 많이 걸렸고, 한 번의 공동예배와 두 번의 저녁 만찬 외에 서로 간의 긴밀한 만남이 부족했던 이번 방북이었지만 처음 북한을 방문한 내게는 좋은 시간과 기회가 되었다. 첫날의 만찬 축배사에서도 말한 대로 첫 방문임에도 불구하고 크게 생소한 느낌보다는 오히려 오래 떠나있던 고향땅에 돌아온 것 같은 느낌을 받았다. 북한의 산천이나 여러 가지 인간 삶의 모습들, 특히 얼굴의 표정이나 웃음, 친절함, 진지함, 수줍음 등, 이번 방북을 통해서 나는 다시 한번 우리가 하나 되기 위해서는 '인간, 인간이면 족하다'는 것을 깊이 느꼈다. 즉 우리를 갈라놓는 어떤 체제나 이념은 모두 이차적이고 부차적인 것이고, 우리가 인간으로서 서로 하나라는 것, 더군다나 그 인간성을 형성하는데 분단 이후 70여 년은 아무 의미도 없을 만큼 그보다 긴 유구한 시간을 우리는 한 식구와 가족으로, 하나의 민족을 이루어서 함께 살아왔다는 것, 이것이 더 근본적이고 일차적인 하나됨의 근거라는 것을 이데올로기가 아닌 몸으로 체험한 것이다.

이번 방북기간 동안 나는 처음으로 북한 사회가 얼마나 전체적으로 한 이념, '미래에 반드시 실현하고야 말 것'이라고 무수히 다짐되는 한 '뜻'에 의해서 지금까지 이어져 왔는지를 조금은 경험할 수 있었다. 어느 곳을 가던 곳곳에서 만날 수 있는 각양각색의 선언과 선전 문구들, 아동병원 침대 하나를 설명하는데도 반드시 나오는, 뜻을 인도하는 국가 지도자에 대한 감격과 감사 등, 온통 '뜻'과 '의지'와 '미래'가 주관심이고 핵심 에너지인 것을 보았다. 그런데 사실 이런 삶의 모습이 남쪽 사람들에게 생소한 것이냐 하면 그렇지 않다고 본다. 즉 분단 이후 지금까지 남쪽도 그 뜻과 이데올로기의 내용과 표현방식은 달랐다 하더라도 삶이 온통 세워진 어떤 뜻을 이루기 위한 분투였고, 그것이 부자와 성공하기 위한 세속적 노력으로 표현되든, 아니면 종교적 방식으로, 그중에서도 특히 개신교적 방식으로 표현되든지 온통 남쪽 사람들의 삶도 '의지'와 '뜻'의 실험과 훈련 과정이었다는 것을 부인할 수 없다고 본다. 이런 의미에서 본다면 해방과 분단 이후 우리 민족은 북쪽에서 살았든지 남쪽에서 살았든지 모두 혹독한 의지 훈련의 시험을 거친 것이고, 그 일에서 한결같이 엄청난 고생을 한 것이며, 그래서 지금은 많이 지쳐있지만, 우리가 유사하게 함께 통과해온 시간들은 만약 이제 우리가 서로 화합하고 서로 다시 손을 잡는다면 충분히 앞으로 있을 귀한 시간을 위해서 소중한 밑거름이 될 수 있다고 생각한다. 즉 모두가 충분히 수고했고, 고생했으니 이제 그 수고를 서로 알아주고 인정해주면서 그 과정을 진하게 겪느라고 지친 우리들을 같이 보듬어 주고 위로해주자는 것이다. 그렇게 우리가 서로 나뉘어져서 겪은 세월이지만, 나는 남과 북이 모두 그러한 방식으로 다시 뼛속까지 하나인 것을 부인할 수 없다고 생각했다. 나는 그렇게 보았고 느꼈으며, 그래서 북쪽의 모든 사람들에게 온 마음을 다해서 따뜻한 미소와 포옹을 보내고 싶어졌다.

일찍이 러시아 볼세비키 혁명과 서구 자본주의 사회의 부르주아적 노예성을 두루 경험한 러시아 사상가 N. 베르쟈예프(1874-1948)는 프롤레타리아혁명의 인간 회복 중 가장 안이한 형태는 부르주아가 되는 일이라고 했다. 그렇게 사회주의 혁명의 목적이 다시 돈과 자아의 노예인 부르주아가 되는 일이고자 한다면 그것처럼 어이없는 일이 없을 것인데, 혹시 오늘날 북한이 그러한 위험과 유혹에 빠지려 하는 것은 아닌지 하는 의혹이 일어났다. 이미 중국은 그런 경우가 되어서 온통 물질적 욕망만이 넘치는 곳이 된 것 같은데, 이를 뒤좇아서 북쪽이 물질적이고 외적인 화려함과 발전만으로 자기 체제의 우수성을 보여주고자 한다면 그것은 바른길이 아닐 것이라고 생각한다. "이 세상에 종교적이고 정치적인 것이 인간적이고 단순한 것으로 전환되기까지 자유는 없을 것이다"라고 이미 19세기의 한 사회주의 사상가는 지적했다. 남쪽과 북쪽 모두에게 적용되는 말이라고 생각한다. 남쪽 사회의 많은 민중의 삶이 너무 종교적이거나 또는 북쪽 인민의 삶이 주로 정치적인 선언과 논리로 추동되고 도구화될 때 거기에는 자유가 없을 것이라는 말이겠다. 이 말은 우리 개인 삶의 차원에서도 그대로 적용된다고 생각하고, 남쪽과 북쪽 모두의 삶이 거기서 벗어나서 참으로 인간적이 되기를 기도한다.

(2014. 9. 6.)

정의와 시간 그리고 인간적 시간*

하늘나라는 자기 포도원에서 일꾼을 고용하려고 이른 아침에 집을 나선 어떤 포도원 주인과 같다. 그는 하루 한 데나리온으로 일꾼들과 합의하고, 그들을 포도원으로 보냈다. … 오후 다섯 시쯤부터 일을 한 일꾼들이 와서 한 데나리온씩을 받았다. 그러니 맨 처음에 와서 일을 한 사람들은, … 말하기를, '마지막에 온 이 사람들은 한 시간밖에 일하지 않았는데도, 찌는 더위 속에서 온종일 수고한 우리들과 똑같이 대우를 하시는군요' 하였다. 그러자 주인이 그들 가운데 한 사람에게 말하였다. '친구여 나는 그대를 부당하게 대한 것이 아니오. 그대는 나와 한 데나리온으로 합의하지 않았소? 그대의 품삯이나 받아가지고 돌아가시오. 그대에게 주는 것과 똑같이 이 마지막 사람에게(Unto this last) 주는 것이 내 뜻이오. (마태복음 20:1-14)

맹자가 말씀하시기를, '사람이 배우지 않고도 능한 것은 본래 능한 것(良能)이고, 생각하지 않고도 아는 것은 본래 아는 것(良知)이다. 두세 살짜리 어린아이라도 그 부모를 사랑하는 것을 모르지 않으며, 커서는 그 형을 공경하는 것을 모르지 않는다. 부모를 사랑하는 것(親親)이 '인'(仁)이

---

* International Conference on Peace and Reunification on the Korean Peninsula (Dec.3-5, 2015, Berlin)

고, 윗사람을 공경하는 것(敬長)이 '의'(義)이니 이 외에 다른 것이 없다. 천하에 두루 통하는 것(達之天下)이다. (孟子, 盡心章上, 15)

1

오늘 우리 인류의 삶이 크게 위태롭습니다. 2015년 11월 13일 금요일 밤 프랑스 파리에서 발생한 IS(이슬람국가) 테러로 사망자만 129명이라는 첫 뉴스를 세계가 접했고, 여기에 대해서 프랑스의 올랑드 대통령은 프랑스판 '테러와의 전쟁'을 선언하며 즉각적인 추격과 공격에 나섰습니다. 유럽의 한복판 파리에서 일어난 테러에 대해서 세계는 가장 걱정했던 형태의 테러가 시작되었다고 지적하는데, 그것은 지금까지와는 달리 테러의 대상이나 시간, 지역 그리고 테러를 담당하는 자들의 신분이나 국적 등이 예상을 훨씬 뛰어넘었기 때문입니다. 즉, 지구 전역과 일상이 테러의 장소가 되었고, 소형화기를 동원한 대량살상 방식의 테러가 지금까지는 그러한 테러와 별로 상관없다고 여겨져 온 서구 나라의 한복판에서 발생했다는 것, 다시 말하면 인류는 이제 '만인 대 만인의 투쟁'의 삶으로 들어섰고, 그래서 프란체스코 교황이 '세계는 지금 제삼차 세계대전을 치르고 있는 중'이라고 한 지적이 결코 과장이 아니라는 것이 증거되었기 때문입니다.

2

이러한 상황 가운데서 위에서 읽은 마태복음 20장의 이야기에는 오늘의 현실에서 더욱 생각나는 인류 비폭력운동의 사도 마하트마 간디(Mahatma Gandhi, 1869-1948)가 애호했던 한 단어가 들어가 있는 것을 봅니다. 그것은 그가 자신의 자서전『진리와의 실험An Experiment with Truth』에서 밝힌 대로, 자신의 삶에 결정적인 영향을 끼친 현대의 세 사람 중 한 사람인 영국 사회비평가 존 러스킨(John Ruskin, 1819-1900)에게서 배운 '이 마지막 자에게도'(Unto this Last)라는 것입니다. 간디는 그 명언을 나중에 구자라트어로 '사르보다야'(the welfare of all)로 옮기면서 자신은 그 정신을 다음의 세 가지로 이해한다고 밝혔습니다.

1) 한 개인의 안녕은 모든 사람의 안녕 안에 포함되어 있고, 2) 한 법률가의 일은 한 이발사의 일과 똑같은 가치를 가지는데, 그 이유는 '모두는 각기 자신의 일을 통해서 자기 생계를 꾸릴 권리'를 가지고 있기 때문이며, 3) 육체노동의 삶, 예를 들어 농부나 수공업자의 삶이 제일 가치 있다.

3

가장 나중에 와서 한 시간밖에 일하지 않은 사람에게도 같은 삯을 주고자 하는 포도원 농장주인이 오히려 불공정해 보일 수 있습니다. 오늘날 세계 신자유주의 경제체제 아래서 사람들은 모든 나라, 모든 사람들이 똑같은 룰 아래서 게임을 해야 하고, 그래서 거기서 더 많은 능력으로 더 많은 것을 가져가는 '능력평등주의'야말로 아주 공평한 것이라고 외칩니다. 하지만 거기에 반해서 포도원 농장주인과 같은 마음의 하나님 나라는 오히려 '늦게 온 자', '능력이 모자란

자', 여러 가지 이유로 포도원에 늦게 들어올 수밖에 없었던 사람들을 받아들이고 같이 배려하고자 하고, 그래서 그것이 하나님 나라의 진정한 정의이고, 참된 공정이라는 것을 일러줍니다. 그렇게 하나님 나라의 정의는 우리의 시간 개념을 깨고, 우리의 단차원적인 시간의식과 사실개념을 무력화시킵니다.

오늘 우리 시대에, 우리 삶에서 '늦게 온 자'로 누구를 들겠습니까? 시리아의 내전을 피해서 목숨 건 항해를 마치고 이제 막 도착한 난민들, 무국적자들, 점점 더 일자리를 찾기는 어렵고, 이 기성세대 속에서 자신의 자리를 찾아서 미래의 삶을 기획해 보려고 하지만 도무지 전망이 보이지 않아 자포자기에 빠져드는, 이 세계에 늦게 온 자들로서의 우리의 젊은 세대들이 있습니다. 또한 한국 땅에서는 북쪽에서 온 새터민들, 이들에게 우리가 능력평등주의를 주장할 수 없고, 우리 스스로는 또 누군가의 배려와 도움으로 이곳에 자리를 차지하게 되었으면서도 늦게 온 자들에게는 그러한 배려는 오히려 불공평한 것이라고 주장하면서 그것을 걷어치워서는 안 된다는 것입니다.

4

두 번째로 읽은 맹자의 이야기는 우리에게 또 다른 차원의 정의와 시간에 대한 이야기를 해주고 있습니다. 예수 탄생 370여 년 전에 태어나서 그가 살던 시대가 '전국시대'(戰國時代)라고 불릴 만큼 전쟁과 폭력의 혹독한 시대를 살았던 그는 그 가운데서도 인간 누구나의 선한 본성에 대한 믿음을 줄기차게 주장했습니다. 그는 천하의 모든 사람들은 인위적인 배움과 사고 이전에 자연스럽게 즉각적으로 알고 행위할 수 있는 능력을 가지고 있다고 했습니다. 그러한 기초적인 인간 능력이 길러지고 현실화되는 출발점을 가족적 삶으로 보면서, 그는 '인간성'(仁)이란 다른 것이 아니라 바로 자신의 부모를 사랑하는 일(親親)에서 일깨워지고, '정의감'(義)이란 다른 곳에서 시작되는 것이 아니라 자신보다 먼저 온 자, 오래 있는 자를 공경하는 일(敬長)로부터 비롯된다고 했습니다.

여기서 맹자가 정의를 '오래된 것을 존숭하는 일', '경장'의 일로본 것은 우리 시대를 위해서 많은 의미를 함축하는 것으로 보입니다. 왜냐하면 우리 시대는 오래된 것, 나이 들어서 늙는 것, 기초와기원은 무시하고, 바로 눈앞에 있는 것, 젊어서 힘이 넘치는 것, 미래를 위한 준비에만 몰두하기 때문입니다. 거기서 과거와 전통, 나이듦, 기원에 대한 생각 등은 한쪽으로 제쳐지고, 과거는 정의의 일에있어서 고려의 대상이 되지 못합니다. 하지만 맹자는 진정한 인간적인 정의는 그 과거까지 고려해야 한다고 강조합니다. 그 과거는 비록 지금은 힘이 없고, 늙고 병들어서 목소리를 낼 수 없지만 바로 오늘의 우리가 있도록 토대가 되어주었고, 자신들의 모든 것을 내어주어서 지금의 세대를 있게 한 근거이기 때문입니다. 또한 이러한 인식에서 과거까지 포괄하는 정의만이 시대의 정의를 더욱 튼실하게할 수 있다고 강조하는데, 왜냐하면 그 과거는 직접적이고 현실적으로 우리가 '조건지어진 자'이고, 누군가에 의해서 태어난 자이며, 그래서 그들 존재가 아니었다면 지금의 우리가 있을 수 없다는 것을솔직하게 인정하도록 하기 때문입니다. 즉 우리 자신의 한계성과 조건성을 참으로 실질적이고 실천적으로 가르쳐 준다는 것이고, 정의란 바로 그렇게 세상에 자기 외의 다른 존재와 대상도 있다는 것을 인정하는 것에서 출발하기 때문입니다. 유사하게 한나 아렌트도 그래서 바람직한 사회에서는 정의가 인간적인 '덕'(德, virtue)으로 작동되는 것을 지적하면서, '정치의 약속'(The Promise of the Politics)을 말하며 그 덕을 "자신이 다른 사람들과 더불어 같이 있을 수 있다는 축복에 대해서 자신의 한정된 힘에 대해 즐겁게 대가를 치르는 일"(Virtue is happy to pay the price of limited power for the blessing of being together with other men)이라고 정리했습니다.

5

오늘 우리에게 우리보다 먼저 온 자, 이 땅에서 오래된 자, 그래서 지금은 힘없고, 지쳐있고, 아픈 자가 누구일까요? 인류 기원의 땅이라고 하는 아프리카의 사람들, 1948년 신생국 이스라엘 전의 팔레스타인인, 오늘 통일된 독일 자본이 들어가기 전에 동독 땅에서 이미 오래 살아온 사람들, 이러한 상상과 함께 한반도의 통일과 평화라는 절체절명의 일로 이 자리에 온 저에게는 제일 먼저 한반도 북쪽 땅과 그곳 사람들이 생각났습니다. 그곳은 우리 민족의 민족적 기원이 시작된 곳이고, 특히 근대에 와서 한반도의 복음화와 관련해서 그 출발점과 시작점에서 남쪽이 북쪽으로부터 큰 빚을 진 곳입니다. 오늘 남쪽 교회의 시작과 성장에 있어서 북쪽 교회는 마치 한 가족에서의 큰 형이나 누나, 언니와 같은 역할을 했다고 할 수 있습니다. 그래서 저는 그 북쪽을 우리를 위해서 먼저 난 자로서, 윗사람으로서 수고해준, 그래서 우리가 마땅히 공경과 존중을 보내야 하는 대상으로 볼 수 없겠는가라고 묻고 싶습니다.

파리 테러를 보면서 이런 생각도 했습니다. 프랑스의 이슬람 게 토에서 그 부모들을 모두 생계를 위한 막노동에 빼앗기고, 그래서 온전히 부모를 사랑하고 형을 공경할 수 있을 만큼 안정적인 가족 환경에서 자라지 못해서 인간적인 친근함(humanity)이나 형을 존중 하고 따름으로써 정의의 시작을 자연스럽게 배우지 못한 청년들에 게서 어떻게 똑같은 정도의 정의를 요구할 수 있겠습니까? 그리고 이러한 생각을 더욱 확대하면 오늘 세계 인류 문명과 평화를 위협한 다고 하는 많은 테러와 전쟁 위협들이 실은 바로 이렇게 우리 인류 의 집 지구의 오래된 자, 먼저 온 자, 자신의 것을 모두 주고서 늙고 약해진 자들과 그들 장소의 어린 자녀들과 가족들을 잘 돌보지 않아 서 오는 결과가 아닌가 하는 생각이 듭니다.

6

저는 오랜 것을 공경함(경장)으로서의 정의에서 바로 그 오랜 것 중에는 인간에 대한 '생태자연'도 들어간다는 것을 지적하면서 마지 막으로 오늘 한국의 남쪽 사회에서도 얼마나 이러한 자연스러운 인 간적 토대와 기반이 분단과 이데올로기의 갈등, 경제적 불의 등으로 왜곡되고 훼손되고 있는가를 말씀드리고자 합니다. 한반도의 남북 통일이 얼마나 시급한지를 강조하기 위해서입니다. 오늘 남한 사회 에서 '종북좌빨'이라는 언어는 무소불위의 '초감각적 이념'(ideological supersense)의 언어가 되었습니다. 서구 여러분 나라의 아들 칼 마르 크스(Karl Marx)의 기운이 지구 동쪽 끝의 한반도에까지 깊게 영향을 미쳐서 오늘 남한에서 한 사람의 삶을 저주하고 파괴하기 위해서 정부도, 사회도, 개인도 간단히 쓰는 상투 언어가 된 것입니다. 이 언어는 오랜 친구들 사이도 갈라놓고, 직장의 동료들, 학교, 교회, 심지어는 가족들 사이도 편 갈라서 서로 간에 더 이상 대화를 없게 하고, 사람들이 모여 있지만 말을 하지 못하게 합니다. 함부로 자신의 의견과 생각을 말했다가는 '종북좌빨'로 찍히고, 그래서 소외당하고, 쉽게 그 모임은 갈등과 싸움의 도가니로 변하기 때문입니다. 그 언어는 남한의 정치적 삶을 죽이고 있으며, 교회를 폭력에 무디게 만들고, 학문을 정체시키며, 대신 문화와 교양을 가식과 사치로 물들입니다. 인간적인 마음과 우정과 친교를 고사시키는 이 언어는 급기야는 남한도 다시 동서로 나뉘게 하였고, 사람들을 모두 뿔뿔이 흩어진 한 점의 섬으로 만들어서 공포와 고독에 떨게 합니다. 그 고통을 여러분은 상상하실 수 있겠습니까?

7

그런데 여러분 나라의 또 다른 아들 레싱(G.E. Lessing, 1729-1781)은 이미 18세기에 우리 삶에서의 종교적인 이념이나 신분상의 구분, 정치적인 견해나 국적의 차이 등을 넘어서 우리가 모두 '인간'이라는 것 하나만으로 서로 친구가 되기에 충분하다고 선언하였습니다. 그리고 그 우정과 조화로운 함께함에 비한다면 '진리'(truth)를 향한 이념적 싸움도 그렇게 가치 있는 것이 아니라고 밝혀주었습니다. 그에게 있어서 진리란 단순한 어떤 '객관성'(objectivity)의 문제가 아니라, 그래서 그것으로써 우리의 사고와 대화를 멈추게 하는 어떤 고정된 것이 아니라, 오히려 끊임없이 우리를 생각하게 하고 서로 대화하게 하는 살아있는 생명체, 진실이기 때문입니다. 이러한 레싱을 아렌트는 그녀의 책 『어두운 시대의 사람들』에서 우리 시대의 어둠을 밝혀주고, 공포 대신에 개방성과 인간적 의식에로 이끄는 "인간성"(humanity)의 한 사도로 밝혀주었습니다. "우리의 우정을 위해서 우리의 인간성이면 충분해, 우리는 친구가 되어야 하지 친구가!"라는 것이 레싱과 그의 현자 나탄(the Wise Nathan)의 메시라는 것입니다.

저는 앞에서 우리가 살펴본 포도원 농장 주인의 정의와 진리, 맹자가 경장의 일로서 가르쳐준 정의와 시간, 이런 것들은 모두 우리에게 유사하게 진정한 정의와 시간의 의미를 가르쳐준다고 봅니다. 즉 단순한 물리적 시간이 아닌 '인간적인 시간'(humane time), '인간화된 정의'(humanized justice)를 말합니다. 저는 이번 우리의 모임을 통해서 우리도 바로 이러한 인간적인 정의와 인간적인 시간을 더욱 알아차리는 마음과 통찰을 얻는 계기가 되기를 소망합니다. 우리의 이어지는 대화를 통해서, 상대방의 처지를 진정으로 이해하려는 상상력을 통해서, 그리고 상대방의 구체적인 처지가 어디에 놓여있는가를 보다 정확히 알고, 느끼고, 판단하는 시간들이 되기를 바랍니다. 지금부터 300여 년 전에 여러분의 유럽이 프랑스 혁명의 파도에 크게 휩싸여 있을 때, 그러한 시대의 변화를 거스르면서 자신이 가진 것과 쌓아 놓은 경계를 포기하지 않으려는 기득권의 세력을 향해서 인류의 스승 페스탈로치(H. Pestalozzi, 1746-1827)는 이렇게 외쳤습니다: "이 세상에서 아무런 부분도 가지고 있지 못한 사람들, 그러나 사회계약의 짐은 오히려 일곱 배가 더 무겁게 지고 있는 그들에게 이 사회 속에서 그들의 자연을 만족시켜 줄 만한 자리가 하나도 없단

말인가? 이 땅의 소유주들이여 두렵지 않은가? 여기서 우리가 이야기하는 것은 결코 구제사업의 문제가 아니라 기본적 전제들이며, 은혜가 아니라 자립이고 권리이다."

8

이 말은 예전 유럽에서는 유럽 안의 부자와 가난한 자, 귀족과 노동자, 평민들 간의 관계에 대한 말이었지만, 오늘 우리 지구 집의 세계화 시대에는 북반구와 남반구 사이의 문제이고, 지구의 부자나라와 가난한 나라 사이, 한국의 남쪽과 북쪽, 기성세대인 우리 세대와 약하고 병든 지나간 부모 세대, 이 땅에 늦게 온 청년 세대와 기성 세대 사이의 문제라고 할 수 있습니다. '기독교적 예수'(Christian Jesus)는 늦게 온 자도 똑같이 배려하기를 원하셨습니다. 그 늦게 온 자에게도 자리를 주고 그래서 쉽게 패배주의와 허무주의, 폭력과 테러에 빠지지 않도록, 그가 탄생과 더불어 이 세상에 가져온 새로운 힘을 인간적으로 쓸 수 있는 자리와 역할을 나누어 주기를 바라신 것입니다. '유교적 맹자' (Confucian Mencius)는 오래된 자, 늙고 보잘것없이 초라해진 과거를 그 겉모습만 보지 말고 보이지 않는 수고와 시간들을 되새기면서 존경하고 공경하는 것이 참된 인간성이고, 인간적인 정의를 펼칠 수 있는 길이라고 일러주십니다. 이렇게 그 집중 대상은 서로 다르지만 내용은 유사한 기독교와 유교의 복음이 우리에게 함께 있습니다. 이 두 젖줄의 젖을 같이 먹으며 우리 인간이, 인류의 문명이 더욱 인간적이 되고 우리가 더욱 친구가 될 수 있고, 그렇게 되기를 소망합니다. 현자 나탄의 다음과 같은 말이 그 일에서 여전히 좋은 지혜가 될 수 있다고 생각합니다: "각자는 '자신에게 진리로 보이는 것'에 대해서는 말하고, '진리'는 하나님께 맡기는 것이 어떻는지요?" 이렇게 초대해 주시고 한반도의 통일과 평화를 위해서 함께 애써 주시는 데 대해서 깊이 감사드립니다.

세상에 평화를 가져오는 두 힘*

요셉의 형제들이 왔다는 소문이 바로의 궁에 전해지자, 바로와 그의 신하
들이 기뻐하였다. 바로가 요셉에게 말하였다. '그대의 형제들에게 나의
말을 전하시오. 짐승들의 등에 짐을 싣고, 가나안 땅으로 돌아가서, 그대
의 부친과 가족을 내가 있는 곳으로 모시고 오게 하시오. 이집트에서 가
장 좋은 땅을 드릴 터이니, 그 기름진 땅에서 나는 것을 누리면서 살 수
있다고 이르시오. (창세기 45:16-18)

1

우리가 방금 읽은 창세기 45장의 이야기는 우리가 잘 아는 요셉
과 그 형제들에 관한 이야기이다. 이들의 아버지 야곱은 형 에서를
속이고 도피 중에 얻은 두 아내 중 특히 라헬을 사랑하여 그 아들 요
셉을 편애하였다. 이러한 이복동생 요셉을 시기하던 형제들은 그를
이집트로 오가는 상인에게 팔았고, 그곳에서 요셉은 그러나 이집트
바로 왕의 꿈을 현명하게 해몽할 기회를 얻어서 총리가 되었다. 그
꿈에 지시된 대로 온 세상에 가뭄이 덮치자 가나안에 사는 형제들도

---

* International Ecumenical Conference on a Peace Treaty for the Korean Peninsula (Hong
Kong SAR, 15-16 November 2016).

이집트로 식량을 구하러 오게 되면서 그 형제들은 다시 만난다. 요셉은 처음에는 자신이 누구인지를 밝히지 않고 동생 베냐민을 데려오게 했고, 그를 곁에 두고 다른 형제들은 돌려보내려 하자 유다를 비롯한 형제들은 만약 자신들이 아버지 야곱에게 베냐민을 다시 데려가지 못한다면 아버지 야곱은 요셉을 잃고 베냐민까지 잃는 슬픔으로 더 이상 살아갈 수 없을 것이라고 애원한다. 그러한 아버지에게 닥칠 불행을 자신들은 도저히 감당할 수 없다며 애원하는 그들에게 요셉은 마침내 마음을 열고 그들을 맞이한다.

이 이야기 속에는 오늘 우리 세계도 그 구체적인 모습과 내용은 다르지만 유사하게 겪고 있는 온갖 불행과 갈등, 싸움과 비참함이 나온다. 형제 사이의 갈등으로 죽음이 야기되기도 하고, 많은 거짓과 미움, 폭력과 뿌리 뽑힘, 굶주림, 난민 문제 등, 뒤이어지는 종족 간의 분쟁과 종교 갈등도 모두 우리가 겪고 있는 불행과 아픔들이다. 여기 이 가족의 이야기 안에 우리의 평화 없음의 이야기가 원형적으로 들어가 있는 것이다.

하지만 나는 그 가운데서도 이러한 모든 그러함에도 불구하고 이 가족의 삶을 마지막의 파국으로 몰고 가지 않은 것이 무엇이었을까를 생각해 본다. 처음에는 요셉을 아주 완벽히 죽여 버리려 했던 형제들이 그래도 그의 목숨만은 살려주고 상인에게 판 이유, 온갖 어려움과 피눈물 속에서도 요셉이 자신을 지키고, 마침내는 형제들을 다시 만나서 '하나님이 자신을 이집트로 먼저 보내신 것은 형들의 목숨과 그 가족을 위해서였다'(창 45:7)라는 고백까지 하게 한 근거, 시기와 미움 속에서 아버지가 특별히 사랑하는 아들 요셉을 팔아넘겼지만, 그 동생 베냐민까지 잃게 되면 "아버지에게 닥칠 불행을 제가 차마 볼 수 없습니다"라고 애원하며 매달린 형들의 마음, 그래서 동생 요셉의 용서를 마침내 얻어내고 가족 모두가 다시 모여 살게 된 일 등, 그러한 일들을 가능하게 하고 이들 가족의 총체적인 파국을 막은 동력과 근거가 무엇이었을까? 그것은 이들이 그래도 끝까지 지키려고 한 가족에 대한 사랑, 아버지를 속이고 배반했지만 차마 그의 죽음까지는 참을 수 없도록 하는 남아있는 효심, 자신을 죽이려고 하고 팔아넘기기까지 했지만 결국 다시 그 형들을 용서하고, 사랑하는 부모와 형제와 다시 함께할 수 있기를 간절히 고대하며 참아왔던 인내, 이러한 것들이 이 가족을 온갖 풍파 속에서도 지켜냈고, 한 개인을 성취로 이끌었으며, 그로 인해서 한 나라 안에 안정과 평화를 가져오는 계기가 마련되지 않았을까 생각한다.

그러므로 오늘 우리도 목도하는 온갖 종류의 갈등과 폭력, 불의와 전쟁을 넘어서 다시 세상에 평화를 가져오게 하고 삶을 지속하게 하려면 그 일을 위한 우리의 노력들, 정치와 경제, 종교와 문화, 교육 등의 모든 노력이 바로 이 인간의 근본적인 힘의 지점과 만나고 연결되어야 한다고 생각한다. 형태와 겉모양은 다르지만 한 인간이 태어나서 만나고 그 안에서 성장한 최초의, 그리고 최소한의 인간 공동체, 그 공동체를 지켜내고 살리고, 번창시키고자 하는 인간적 바램은 동서고금, 누구나의 보편적 소망이다. 그것이 그들을 삶과 행위에 머무르게 하는 근본 끈이다. 그래서 이 기본적이고 공통적인 바람을 세계의 정치가 저버린다면 이 세계에서의 평화는 요원할 것이다. 참으로 자연스럽고 인간적인 이러한 마음과 소망을 무시하는 종교와 정치의 모든 평화 이야기는 그러므로 사이비 이야기일 뿐이다.

2

세상에 평화를 가져오는 두 번째의 요소와 동력으로서 나는 세상 큰 나라와 권력의 관대함을 들고자 한다. 오늘 우리 세계도 예전 요셉의 이집트 시대만큼이나 큰 나라의 통치가 두드러진다. 특히 한반도 주변에는 우리 시대의 큰 나라들이 밀집해 있고, 이 나라들의 역할이 한반도의 통일과 화해, 평화를 위해서 한 결정적인 요소가 될 것을 부인할 수 없다. 그런데 여기서 우리는 참으로 놀라운 성서의 구절을 만난다. 이집트의 바로 왕과 그 신하들이 요셉이 가족을 찾은 것을 함께 크게 기뻐하면서 "이집트에서 가장 좋은 땅을 드릴 터이니, 그 기름진 땅에서 나는 것을 누리면서 살 수 있다"라고 말한다는 것이다. 당시 세계 최고 국가의 왕이 한 미약하고 힘없는 이방인 가계의 삶을 위해서 자신의 나라에서 가장 좋은 곳을 내준다는 것이다. 이것이 어디 우리가 일반적으로 상상이나 할 수 있는 이야기인가? 그때나 지금이나 특히 국가 간의 외교에서는 자국의 실리가 우선이고, 그래서 특히 힘없는 나라의 입장에서는 힘 있는 큰 나라들이 아무리 정의와 평화를 내세운다 해도 결국 그것은 자신들의 지배와 권력을 계속하기 위해서가 아닌가 의심하는데, 그들 나라에 들어와서 살게 할뿐 아니라 "가장 좋은 땅"을 주겠다는 성서에의 이 큰 이야기는 과연 우리에게 무엇을 말하려는 것인가?

그것은 세상에 진정으로 평화를 가져오려면 그렇게 큰 나라와 권력이 그렇지 못한 상대를 위해서 자신이 가진 가장 좋은 것을 내어주는 관용과 호의가 필요하다는 메시지가 아닐까? 지금까지의 관계에서 내가 준 것과 베푼 것, 또는 당한 것이나 상대가 범한 '죄과'

와 오류를 열거하면서 그에 합당한 것만 내어주겠다는 관례와 법칙이 아니라 그 관례들과 법칙들을 깨고서, 전혀 다른 '예외'를 만들겠다는 신적 용기와 관용이 아닐까 생각한다. 20세기의 발터 벤야민(Walter Benjamin, 1892-1934)은 이미 1920년대에 제2차 세계대전의 암운이 짙어지는 그때 『폭력비판을 위하여Critique of Violence』(1920)라는 글에서 이와 유사한 생각을 드러냈다. 거기서 그는 이상의 큰 정치의 행위를 "신적 폭력/힘"(divine violence/force)이라고 명명하였다. 그것은 약자와 상대에게 끊임없이 법의 이름으로 죄과를 따지고, 대가를 요구하면서 그를 계속된 지배와 종속 아래 두는 "신화적 폭력"(mythic force)과는 다른 것으로 오히려 강자로서 그 법의 지배를 종식하고, 자신을 대가 없이 내어주며, 스스로가 희생을 감수하는, 그래서 진정으로 삶과 소통과 지금 여기에서 하나 됨을 가능하게 하는 '신적 종말론적 행위'라는 것이다. 즉 법 너머 하느님의 통치를 말하는 것이다.

3

오늘 우리가 성서 본문에서 읽은 이집트 바로 왕의 이야기, 요셉의 가족들이 오면 이집트에서 가장 좋은 곳을 내어주겠다는 이야기는 바로 이러한 신적 권위의 이야기가 아닌가? 그러면서 나는 동시에 묻고 싶다: 그렇다면 오늘 우리 시대, 우리의 수많은 갈등과 분쟁과 전쟁의 현실에서는 누가 있어서, 어느 큰 나라가 그러한 위대한 역할을 해줄 것인가? 또한, 오늘 우리가 모여서 이야기를 나누려고 하는 한반도의 평화와 화해를 위한 '평화조약'(Peace Treaty)은 과연 그러한 정신에서 준비된 것인가? 위의 발터 벤야민은 오늘 그러한 신적 행위의 출현에 대해서 그렇게 긍정적이지 않았다. 하지만 나는 여성으로서, 모성으로서, 요셉의 이야기에 나오는 것과 같은 약자의 삶을 수없이 살아낸 한반도의 일원으로서 그에 대한 희망과 소망을 저버릴 수 없다. 더군다나 오늘 우리 남한의 상황은 정부는 말할 것도 없고 그 교회도 상상을 초월하는 부정과 부패, 사이비 물신주의 신앙으로 인해서 신적 권위는커녕 법적 권위도 모두 잃어버린 상황이기 때문이다. 오늘의 박근혜-최순실 게이트로 인한 한국 사회의 대혼란이 그것이고, 이때까지 그 세력을 두둔하고 찬양해왔던 한국 교회의 민낯이 그 현실이기 때문이다.

그래서 나는 제안하려고 한다. 우리 모두를 다시 더 겸손히 이 위대한 성서의 이야기 앞에 세우자고. 그리고 그 이야기를 계속해서 다시 되새기고 또 나누면서 우리의 희망을 잃지 말자고. 그러다 보면 어쩌면 우리 가운데, 우리 중의 이야기꾼 중에서 누군가 스스로가 그 위대한 행위로 용기 있게 걸어나갈 자가 나올지 어떻게 알겠는가? 아니 어쩌면 이미 그러한 일이 이루어지고 있는 것인지도 모른다. 이번에는 그러나 혼자 떨어진 고독한 개인으로서가 아니라 우리처럼 서로 함께함의 모습으로, 가장 후미진 변방 사람들의 얼굴로, 여성과 청년, 중학교 미성년자의 미숙한 모습으로 현현하고 있는지도 모른다. 그래서 우리의 기대와 소망을 결코 그만둘 일이 아니다.

한반도 평화와 통일을 위한 참된 발선(發善)의 신학이 되기 위해 한국교회가 받아들여야 하는 것*

1. 착한 사람이 많아진다는 것

"내 소원은 착한 사람이 많아지는 것"(所願 善人多) – 이 말은 16세기 한국의 성리학자 퇴계 선생(1501-1570)의 시 속에 들어있는 구절이다. 경북 안동의 '도산서원선비문화수련원' 안에 세워진 그의 동상 옆에 새겨져 있는 시구로서 16대손 이근필 옹(86세)이 퇴계 선생의 생각을 가장 집약하는 언어로 선택해서 그곳에 새겼다고 한다. 또한 지난 6월에는 연극을 사랑하는 아마추어 연극인 모임 '시민극단2010'이 "서울의 착한사람 되기 프로젝트"(연출 이경성)라는 연극을 올렸는데, 원래 독일의 사회주의 극작가 베르톨트 브레히트의 원작인 〈사천의 선인〉(善人, Der gute Mensch)을 극단이 재창작해서 어떻게 서울의 선남선녀(善男善女) 시민 11인이 매일의 일상을 살아가면서 악한 사회 구조에도 불구하고 자신들의 선한 마음을 상하지 않고 지켜나갈 수 있을까를 들여다보는 연극이었다고 한다. 한완상 선생님이 주신 발제문의 제목을 받고서 생각난 두 가지 에피소드다.

---

* 생명평화마당 2018년 가을포럼, "한반도 평화 프로세스와 한국교회 – 평화신학과 發善" (2018. 11. 27.) 발표.

그런데 사실 이 두 이야기는 모두 직접적으로 기독교나 한국교회와는 관련이 없다. 그에 반해서 지금 한국교회의 발선의 신학을 위해서 함께 모인 우리에게 오히려 더 가까운 사람들은 요즈음 한반도 평화 프로세스에 가장 강하게 반대를 하고, 심지어는 자신들의 목적을 위해서 거짓으로 가짜뉴스를 만들어내며 사람들을 선동하고, 거리에 나가서 미국기와 이스라엘 기를 들고서 정부 반대시위를 하며 냉전체제를 유지 고착시키려는 한국 대형교회 보수신앙인들이다. 어떻게 이러한 어색함과 이율배반적 현실을 받아들여야 할까? 어느 다른 그룹보다 자신들이야말로 진정으로 발선하는, 선을 불러일으키는 복된 소식의 주체임을 강조하고, 또 그렇게 되도록 노력해왔음에도 불구하고 왜 오늘 한국의 많은 교회들은 특히 한반도 평화의 물음과 관련해서는 그와 반대의 모습을 보여주는 것일까? 발선(發善)이라는 아주 의미심장한 언어를 가져오신 한완상 교수님의 이 글은 이와 관련해서 많은 생각을 하게 해주었다.

2. 평화신학의 논리와 구조

한 교수님은 이번의 글, "한반도 평화 위한 성서 담론들: 발선(發善)의 복음을 촉구하며"에서 지난 4.27 판문점 공동선언 이후 급변하고 있는 한반도 정세를 위한 "평화신학"과 "평화신앙"을 새롭게 구축해 내는 일이야말로 한국교회와 신학자들에게 새로이 다가온 큰 "신학적 도전"임을 지적하신다. 이 "카이로스의 상황"을 맞이해서 지금까지 한국교회가 젖어있던 "냉전근본주의"를 떨치고 하나님의 평화를 확산시키기 위한 큰 과제임을 상기시키시면서 자신이 "한국평화신학"을 세우기 위한 "자그마한 마중물의 역할"로 이 글을 준비하셨

한반도 평화와 통일을 위한 발선(發善)의 신학이 되기 위해 한국교회가 받아들여야 하는 것 ㅣ

다고 밝힌다. "평신도" "교회지도자"로서 일종의 마중물이라고 하셨지만, 선생님의 탐색과 성찰은 깊고도 포괄적이었다.

성서 전체와 평화담론 주제를 크게 1) 창조담론과 평화, 2) 희년담론과 평화, 3) 성육신담론과 평화, 4) 부활담론과 평화의 네 카테고리로 조직신학화하면서 그와 연결해서 성서 본문을 가져와 나름의 해석으로 한국평화신학적 의미를 밝혀내신다. 창조신앙과 예언서를 연결하여 생태 삶 속에 들어온 불평등을 반(反)창조 신앙적 악(惡)의 현실로 밝히고, 구약의 희년담론과 나사렛 예수의 선교와 선포가 동일한 '사랑담론'이고 '평화담론'인 것을 지적하시면서 성서의 성육신 담론이야말로 당시 세계 정치권력의 보편적인 우상 숭배적 신격화와는 반대로 참으로 구체적이고 몸적으로 창조주의 자기 비움(육화)이 실천된 이야기라고 강조하신다. 이러한 자기 비움의 실천이 바로 악을 선으로 이기는 발선(發善)의 질적 변화를 가능케 한다고 역설하는데, "예수선교는 바로 발선선교요, 발선선교는 바로 평화 만들기 선교"로서 그것이 "예수선교의 본질"이라는 것이다. 한국 그리스도인들이 이 분단현실에서 바로 그 사실을 "온 몸으로 절감해야" 하고, 그 예수선교는 요한복음 20-21장이 전해주는 예수부활의 "포스트모던적" 의미와 연결되어서 "선제적 사랑실천"(preemptive love)으로서 우리로 하여금 계속해서 평화 만들기(peace-making)의 일을 하게 하는 "오늘의 동력"이 된다고 밝히신다.

3. 형해화(形骸化)된 기독교 복음 이야기와 태극기 부대

하지만 이렇게 오늘 한반도의 변화된 상황을 위한 평화신학을 구축하기 위해서 성서 전체를 아우르고 그것을 세계창조 이야기부터 시작해서 궁극적인 구원 이야기까지를 모두 통섭하는 큰 이야기로 구성해 내셨지만, 그러나 과연 그것이 얼마나 새로운 이야기로서 우리의 계속적인 평화 만들기를 위해서 진정한 실행력을 발휘할 수 있을까를 생각해 보면 답이 그렇게 분명해 보이지 않는다는 것이다. 왜냐하면 그러한 논리와 구조의 복음이야기는 우리가 유사하게 많이 들어왔고, 심지어는 앞에서 먼저 언급한 태극기 부대 보수기독교가 주창하는 복음 이야기와도 그렇게 다르게 보이지 않기 때문이다. 즉 그와 같은 언술의 구조는 기독교가 매번 세계의 여러 문제들과 마주해 오면서 답변을 주고자 할 때 거의 반복적으로 내세우는 논리와 유사하고, 그러한 고정화된 반복은 앞에서 살펴본 한국 보수 기독교에서의 예처럼 선을 일으키는 것이 아니라 오히려 '발악'의 근거로 작용하고 있는 오늘의 기독교 복음을 과연 새롭게 할 수 있을까 하는 의구심이 든다는 것이다.

일찍이 안중근 의사는 아직 하얼빈의 거사 전 고향 황해도에서 천주교인이 되어서 열심히 전도도 하고 프랑스말도 배우면서 기울어져가는 나라의 대세를 크게 염려하던 때, 우리 민족을 위해서 큰 효과가 있을 '대학'을 세우려는 뜻을 품고 주교를 만나서 열심히 설득해 보았다. 하지만 그 주교가 '한국인에게 학문이 있게 되면 교(敎) 믿는 일에 좋지 않게 된다'고 하면서 끝내 거절하자, "교(敎)의 진리는 믿을지언정, 외국인의 심정은 믿을 것이 못 된다"라고 대답하며 프랑스 말 배우던 것도 걷어치우고 말았다고 한다.[1] 이 이야기에는

---

1 화문귀 주필 · 유병호 역, 『안중근 연구』 (대련시근대사연구소 여순일러감옥구지박물관 학술 연구총서, 2009), 83.

한반도 평화와 통일을 위한 발선(發善)의 신학이 되기 위해 한국교회가 받아들여야 하는 것 |

많은 의미가 함축되어 있다.

당시 안중근의사는 서구로부터 전해 받은 천주교 신앙과 그것을 전해준 신부나 국가 프랑스를 그대로 동일화하지 않았다. 하지만 오늘의 많은 한국 기독인들은, 특히 앞에서 말한 분단 냉전주의를 고수하고자 거리로 나선 교인들 중에는 자신들의 기독교 신앙과 유대문명, 오늘의 국민국가인 미국이나 이스라엘을 그대로 실체론적으로 일치시켜 보는 사람들이 많다. 나는 그렇게 된 요인이 이미 기독교 신앙과 특히 그 신론과 기독론(구원론) 안에 내포되어 있다고 생각한다. 물론 우리에게 전해진 기독교가 한국의 민중들을 궁극자 하나님과 급진적으로 직접적으로 만나게 하고 관계 맺게 하면서 그들의 삶을 이전의 어느 종교그룹도 이루어내지 못한 정도로 크게 변화시켰다는 것은 부인할 수 없다. 하지만 오늘 그러한 기독교적 궁극자와 구원의 길이 다시 우상화되고 실체화되어서 사람들의 삶과 사고를 옥죄고 있다는 것이다. 그러므로 나는 예전 안중근 의사가 민족의 물음과 신앙 사이의 관계 물음에서 성찰했듯이 특별히 오늘 분단 상황에 놓여있는 한반도 평화와 통일이라는 주제를 탐색할 때는 기독교 안에만 머물러서는 안 되고, 지금까지 반복적으로 되뇌어오던 논리구조에서 과감히 벗어나는 노력이 필요하다고 생각한다. 오늘 우리의 기독교 신앙이 진정한 발선의 동력이 되기 위해서는 기독교 복음도 포함해서 기독교 '이전'과 그 '이후'를 함께 아울러서 보다 '통합적으로' 보는 새로운 성찰이 요청되고, 그것은 더욱 포괄적이고, 지금보다 더 긴 시간과 공간에 대한 안목과 성찰로 우리의 과제를 새롭게 보는 것을 말한다.

4. 지구신학 시대의 보편적 창조 이야기

이미 30여 년 전 여성신학자 샐리 맥페이그(Sallie McFague)는 "생태학적 핵시대를 위한 신의 형상"(a cosmological theological agenda, models of God)을 탐색하면서 이제 인류는 자신들을 더욱 포괄적으로 묶을 수 있는 공통의 "보편적인 창조 이야기"(a common creation story)를 가질 수 있게 되었다고 고백한다. 그것은 우리가 소위 '빅뱅이론'(the Big Bang theory)로 알고 있는 과학 이야기로서 지금부터 150억 년 전에 '빅뱅'이라고 하는 대폭발을 통해서 우주가 탄생했고, 그로부터 계속 진행된 태양계나 지구, 인간, 인류문명 등의 탄생을 말하는데, 그녀에 따르면 인류는 이렇게 20세기에 들어와서 처음으로 함께 그러한 보편적인 공통의 창조 이야기를 가질 수 있게 되었다. 그러면서 지금까지의 편협한 인간중심주의나 서구문명권 중심주의 등을 극복할 수 있는 가능성을 가지게 되었다는 것이다. 나는 이러한 발상을 매우 의미 있게 생각하면서, 그렇다면 이 이야기는 오늘 한국인들도 그가 아무리 기독인이라 하더라도 기독교 성서가 가르쳐주는 창세기의 이야기만을 세계 유일의 창조 이야기로 받아들일 이유가 없다는 것을 지적해 주는 말이라고 여긴다. 더군다나 특히 한반도의 평화와 통일 물음과 관련해서는 우리에게 고유하게 전해져오는 『단군세기檀君世紀』 등의 창조 이야기가 있는 것을 다시 상기할 필요가 있고, 그것이 결코 무의미한 성찰이 아닌 것이 지금으로부터 100여 년 전 특히 3.1운동 전후의 항일독립투쟁에서 그 어느 다른 종교그룹보다도 치열하게 나라의 독립과 자주, 세계를 품는 이상을 위해 투쟁한 그룹이 한반도의 '대종교'(大倧敎)였고, 이 대종교는 바로 한민족의 기원에 대한 성찰을 토대와 출발점으로 삼았다는 것이다. 즉 당시 민족의 독립과 자주, 세계의 하나됨을 염원하는 일에서의 최고의 발선 종교는 대종교였다는 것이다.[2]

5. 동북아의 세계창조 이야기와 한국 대종교(大倧敎)

지금까지 한국 기독교가 동북아시아의 세계창조 이야기인 단군 이야기와 만나 온 과정과 내용을 살펴보면 그 이야기를 아주 적극적으로 평가한다고 하는 경우도 동북아의 단군 이야기가 메소포타미아 유대문명의 창세기 이야기로부터 영향을 받은 것이고, 기독교의 삼위일체 신관으로부터 환인, 환웅, 환검의 『삼일신고三一神誥』나 『신사기神事紀』의 셋이면서 하나인 삼신일체(三神一體)의 이야기가 나온 것으로 보는 정도이다.[3] 즉 유대-기독교 문명이 '보편'이고, 한반도의 것은 그 아류의 '특수'라고 보는 입장인데, 여기에 대해서 나는 이러한 시각의 역이나 또는 각자의 독자성이 더욱 인정되는 시각이 오히려 진실일 수 있다는 생각은 왜 해볼 수 없는가라고 묻고 싶다. 오늘 인류 문명을 모두 함께 어우르는 보편적 창조 이야기와 지구신학이 가능하게 되었다면 서구 기독교 문명의 창세 이야기도 한반도의 창세 이야기와 마찬가지로 하나의 특수로 여겨져야 한다. 그래서 인류의 문명들이 전해주는 다양한 창조 이야기들이 서로 어우러져서 앞으로 인류가 삶을 개척하고 전개시켜 나가는 데에 함께 도움을 주고

---

2 이은선, "3.1운동 정신에서의 유교(대종교)와 기독교 - 동북아 평화를 위한 의미와 시사", 〈한국종교교육학회 3.1독립운동 백주년 기념 국제학술대회〉 발표문 (2018.11.23., 서강대학교).
3 윤성범, "기독교와 한국 윤리", 『신학과 세계』, 감리교신학대학, 1977, 9.

자극할 수 있는 풍성한 종교적 창세의 이야기로 받아들일 수 있다는 것이다. 예를 들어 한반도의 삼일신고는 셋이 곧 하나인 신에 대한 이야기를 하면서 기독교의 그리스도와 견줄 수 있는 '신인'(神人) 이야기를 하는데, 그것의 현현을 단군왕검뿐 아니라 인간 누구나의 지향점으로 제시하는 가운데 우리 모두 안에 신적 가능성으로 내재하는 거룩의 '씨알'(性)을 일구는 일로 보는 것이다. 이 이야기는 오늘날 기독교가 빠져있는 예수에 대한 실체론적 '그리스도우상주의'를 제고할 수 있는 좋은 근거가 될 수 있다. 이미 유영모 선생이나 함석헌의 씨올사상이 그와 깊이 연관되어서 전개된 것인 바,[4] 대종교는 그러한 의식으로 항일운동도 그렇게 치열하게 수행했고, 대종교의 대종사(나철) 등 대표적 지도자들(이기, 서일)이 모두 스스로 숨길을 닫는 순절로써 나라의 독립과 인류의 하나 됨을 위해서 저항했고, 일제는 그러한 종교의 싹을 자르기 위해서 김좌진의 청산리대첩(1920) 등을 계기로 대종교인 10만 명 이상을 참살했다고 한다. 오늘 한국의 기독인들에게는 잘 알려져 있지 않은 이야기들이다.

6. 한반도의 평화와 통일을 위한 주인의식

대종교 계열의 독립운동가로 상해임시정부의 기초를 다진 예관 신규식(睨觀 申圭植, 1879-1922)은 한민족이 나라를 잃은 이유를 망각과 '주인의식'의 상실로 보았다. 그의『한국혼』은 한국인들이 어떻게 자신 역사의 근거와 거기서의 뛰어남과 치욕을 잊고서 자신을 스

---

[4] 이은선, 같은 글, 127; 이규성,『한국현대철학사론 - 세계상실과 자유의 이념』(이화여대출판부, 2015), 255.

한반도 평화와 통일을 위한 발선(發善)의 신학이 되기 위해 한국교회가 받아들여야 하는 것 ı

스로 대접하지 않으면서 주인의식을 잃고 종처럼 사는지를 여러 가지로 지적한다. 나는 여기서 신규식 선생이 지적한 '주인의식'은 일반적인 주체의식과는 다르다고 생각한다. 우리에게 전해진 기독교 복음은 우리가 각자 궁극자 하나님과 직접 소통할 수 있게 하면서 뛰어난 '주체의식'을 회복할 수 있게 했지만, 그 주체의식은 자칫 개인주의나 사적 이기심으로 변질한 소지를 많이 가지고 있다. 그에 반해서 '주인의식'은 자신의 보다 더 근원적인 시작과 근거의 역사를 아는 의식이므로 "결코 불행을 도피하지 않"고, 민족적 상황에 대한 책임의식을 크게 느껴서 자신의 개인적 희생을 감수하고라도 행위할 수 있게 한다고 생각한다. 그래서 나는 오늘의 한반도 상황에 대한 대처에서는 단지 주체의식이나 자주, 자립, 독립 등만을 말하는 것으로는 부족하고 다시 이 '주인의식'을 회복시켜야 한다고 생각하는데, 그럴 경우 자신이 속해있는 민족적 공동체의 역사와 그 생각할 수 있는 기원에 대한 탐구를 하지 않을 수 없는 것이다. 그래서 앞에서 밝힌 대로 기독교 복음의 테두리 안에 머물러서는 한계가 있고, 비록 거기서의 복음이해가 새로운 '평화신학'으로서 예수 삶과 죽음, 부활에 대한 민중신학적 관점에 더해서 역사적 예수 탐구의 시각도 함께 가지면서 '포스트모던적'으로 해석되었다 하더라도 그 자체만으로는 역부족이라는 것이다. 앞에서 언급한 맥페이그도 그런 의미에서 인류 모두가 공통으로 가지게 된 빅뱅의 창조 이야기와 더블은 지구신학의 등장은 바로 1960년대 이후로 전개된 "해방신학"의 확장이라고 이해한 의미라고 생각한다.[5] 그렇게 우리가 이제 보

---

5 이은선, "과학시대에서의 종교와 여성 - 한 한국 에코페미니스트의 시각에서", 『포스트모던 시대의 한국 여성신학』 (분도출판사, 1997), 108.

다 포괄적인 의미의 공통적 창조 이야기를 가지게 되었다면 전통적으로 지역과 문명권의 경계 속에서 이루어진 예전의 한 특수한 종교적 창조 이야기를 모두의 절대적 보편 이야기로 말하면서 보편을 독점하는 일을 내려놓고 다른 문명권의 창조 이야기들에게도 그 독자성을 인정하는 '해방'을 실행해야 한다는 의미인 것이다.

7. 사유하고 성찰하는 기독교, 참된 발선의 신학을 향한 출발점

1945년 당시 제이차 세계대전 승전국이었던 소련의 스탈린주의를 냉철하게 희화화한 『동물농장』에서 조지오웰은 그 마지막의 장면을 "그러나 누가 돼지고 누가 인간인지, 어느 것이 어느 것인지 이미 분간할 수 없었다"라고 그리고 있다. 이 말은 자신들을 착취하는 인간 사회에 대해서 돼지가 지도자가 되어 동물들의 사회주의 혁명을 일으키지만 그 사회주의가 다시 타락해서 독재 국가가 된 상황에서 비참해진 공동체 삶의 모습을 그린 것인데, 그중 큰 특징은 그곳에서는 모든 '디테일'과 '구별'과 '개별성'이 사라진다는 것이다. 이것을 오늘 우리의 주제와 관련시켜 보면, 서구 기독교 문명의 독점으로 인류 문명에서의 다양한 디테일들이 모두 사라질 지경이며, 이렇게 디테일과 개별성이 사라지고 전체주의화 되면 사람들은 더 이상 사고를 하지 않는다는 것이다. 사고와 성찰이란 존재와 삶의 디테일과 개별성에 대한 인식에서 시작되는데, 그렇게 전체주의화한 곳에서는 사유는 정지되고, 모든 것이 획일화되며 사람들이 쓰는 언어도 상투어와 인습적인 말 외에는 다른 서술을 할 능력을 잃게 되는 것을 말한다. 이것이 한나 아렌트가 밝힌 사유하지 못하는 아이히만의

한반도 평화와 통일을 위한 발선(發善)의 신학이 되기 위해 한국교회가 받아들여야 하는 것 ┃

악의 출발이었고, 나는 오늘 한국 사회에서 기독교 신앙인들의 언어도 거의 그러한 수준이 되지 않았나 생각한다. 그래서 거기서 나오는 것은 선이 아니라 오히려 '악의 평범성'을 말할 정도의 악의 만연이며, 책임과 자립과 주체는 사라지고 오직 특권의식에 사로잡혀 기계적이고 앵무새처럼 자신들만이 가졌다고 하는 '진리'(복음)를 반복하는 무사유의 신앙이거나, 거기에 더해서 만약 자신이 믿고 수립한 진리나 목표가 타자에 의해서 방해를 받는다고 여기면 그 신앙이 가장 기초적으로 금하는 거짓과 폭력을 행해서라도 자신들의 목표를 달성하려는 '초이념'의 폭력적 행태로 나타나는 것이다.

오늘 한반도의 평화와 통일을 위한 평화신학이 고려해야 할 것은 그것이 참된 발선의 신학이 되기 위해서는 지금까지 누려왔던 자신들의 보편의 독점을 내려놓는 일이다. 한민족의 삶이 고유하게 전개시킨 또 다른 창조 이야기가 이제 다시 경청될 수 있어야 하고, 오늘 세계가 놀라는 BTS나 최근 『내게 무해한 사람』으로 한국일보문학상을 받은 젊은 작가 최은영의 예에서 보듯이, 그들이 주목받는 가장 큰 이유가 그들의 존재와 노래, 문학작품이 전하는 '선함'과 '삶의 긍정성'(好生/生理) 때문이라면 한국의 시원인 홍익인간의 평화와 사랑, 대동의 일치를 염원하는 창조 이야기는 결코 무의미하거나 실효가 다한 것이 아니다. 제이차 세계대전의 참혹성의 대가로 서구 유럽 사회는 하나가 되었지만 오늘 이제 그 서구 안에서의 하나 됨이 아니라 지구의 동서가 하나로 되는 더 큰 일이 남아있다면, 그것이 결코 또 다른 세계대전을 통한 일이 되게 해서는 결코 안 된다는 것이다. 그 일에서 한반도의 평화와 통일이 핵심이라는 것은 세계인 누구나 아는 사실이고, 그러므로 우리가 방향을 잘 잡는 운전대의 역할을 용기있고 착실하게 하려면 나는 한반도의 모든 사람들이 주인의식으로 서로를 보듬고, 소통하고, 화합하면서 1919년 3.1운동과 2017년 촛불혁명의 경험을 살려서 평화와 민주와 시민들의 자발성과 주인의식으로 이루어나가야 한다고 생각한다. 그 일이 꼭 이루어지도록 참된 발선의 신학을 위해서 간절히 마음을 모은다.

참고문헌

동아시아 역사수정주의와 평화 이슈 — '일본군 위안부' 문제를 중심으로

박유하. 『제국의 위안부 — 식민지지배와 기억의 투쟁』, 제2판 34곳 삭제판. 뿌리와이파리, 2016.

쑨거. 『사상이 살아가는 법 — 다문화 공생의 동아시아를 위하여』. 돌베개, 2013.

안재홍. "신민족주의의 과학성과 통일 독립의 과제." 최원식/백영서 엮음, 『동아시아인의 '동양'인식: 19-20세기』. 문학과지성사, 1997.

윤건차/ 박진우 외 옮김. 『자이니치의 정신사 — 남·북·일 세 개의 국가 사이에서』. 한겨레출판, 2015.

윤명숙/ 최민순 옮김. 『조선인 군위안부와 일본군 위안소제도』. 이학사, 2015.

이은선. 『다른 유교, 다른 기독교』. 도서출판 모시는사람들, 2016.

_____. 『생물권 정치학시대에서의 정치와 교육 — 한나 아렌트와 유교와의 대화 속에서』. 도서출판모시는사람들, 2013.

_____/이정배. 『묻는다, 이것이 공동체인가』. 동연, 2014.

정영환/ 임경화 옮김/ 박노자 해제. 『누구를 위한 '화해'인가』. 푸른역사, 2016.

진실의 힘 세월호 기록팀. 『세월호, 그 날의 기록』. 진실의 힘, 2016.

한나 아렌트/ 서유경 옮김. 『과거와 미래 사이』. 2005.

동북아 평화 프로세스와 4.27 판문점 선언 — 여성통합학문연구의 시각에서

『周易傳義 』 권18. 성백효 역주. 전통문화연구회.

고유환. "베를린 구상과 8.15 경축사의 일관된 기조는 '평화'." 「통일 Focus-평화와 번영의 한반도 어떻게 만들어 갈 것인가?」 제14호 (2017년 9월, 민주평화통일자문회의).

노무현 제16대 대통령. "10.4 남북정상선언 1주년 기념 특별연설문-대북정책 반세기, 갈등만 있고 성과는 없다." 〈10.4 남북정상선언 6주년 토론회 및 기념식 - 10.4 남북정상선언과 한반도 평화번영〉 (2013. 10. 4).

색스, 올리버/ 조석현 옮김. 『아내를 모자로 착각한 남자』. 파주: 이마고, 2014.

식수, 엘렌/ 박혜영 역. 『메두사의 웃음/출구』. 동문선, 1997.

쑨거. 『사상이 살아가는 법 - 다문화 공생의 동아시아를 위하여』. 돌베개, 2013.

안재홍. "신민족주의의 과학성과 통일 독립의 과제." 최원식/백영서 엮음. 『동아시아인의

'동양'인식: 19-20세기』. 문학과지성사, 1997.

이은선.『잃어버린 초월을 찾아서 - 한국 유교의 종교적 성찰과 여성주의』. 모시는사람들, 2009.

하나, 토마스/ 김정명 옮김.『부드러운 움직임의 길을 찾아 - 토마스 하나의 생명의 몸』. 고양: 소피아, 2013.

유교 문명사회에서의 한국교회와 제2의 종교개혁 그리고 동북아 평화 이슈

김홍호.『주역강해(周易講解) 卷 二』. 사색, 2003.

생명평화마당 엮음.『생명과 평화를 여는 정의의 신학』. 동연, 2013.

윤성범.『孝와 종교』, 윤성범전집3. 감신, 1998.

아감벤, 조르조.『불과 글』. 윤병언 옮김, 책세상, 2016.

이은선.『다른 유교, 다른 기독교』. 모시는사람들, 2016.

_____.『한국생물生物여성영성의 신학-종교聖, 여성性, 정치誠의 한몸 짜기』. 모시는사람들, 2011.

_____.『한국여성조직신학 탐구-聖性誠의 여성신학』. 대한기독교서회, 2004.

_____.『한국교육철학의 새 지평-聖·性·誠의 통합학문적 탐구』. 내일을여는책, 2000.

피카르트, 막스/ 배수아 옮김.『인간과 말』. 봄날의 책, 2013.

한국여성신학회 엮음.『위험사회와 여성신학』. 동연, 2016.

함석헌.『함석헌 저작집 14』. 한길사, 2009.

3.1운동정신에서의 유교(대종교)와 기독교 ― 21세기 동북아 평화를 위한 의미와 시사

尹世復.『역해종경사부합편(譯解倧經四部合編)』. 대종교 총본사, 개천 4406 (1942).

강만길 외.『통일지향 우리 민족해방운동사』. 역사비평사, 2000.

게일, J.S./ 신복룡 역주.『전환기의 조선』. 집문당, 1999.

김삼웅 지음.『심산 김창숙 평전』. 시대의창, 2006.

김선희.『서학, 조선 유학이 만나 낯선 거울 - 서학의 유입과 조선 후기의 지적 변동』. 모시는사람들, 2018.

김소진.『한국독립선언서연구』. 국학자료원, 1998.

김순석.『근대 유교개혁론과 유교의 정체성』. 모시는사람들, 2016.

노명식 지음.『함석헌 다시 읽기』, 노명식전집 04. 책과함께, 2011.

김숨.『숭고함은 나를 들여다보는거야 - 일본군 위안부 김복동증언집』. 현대문학, 2018.

윤석산 역주.『도원기서』. 모시는사람들, 2012.

마테오 리치 지음/ 송영배 외 옮김.『천주실의』. 서울대학교출판부, 2000.

미야지마 히로시/ 배항섭 엮음.『동아시아는 몇 시인가?』. 너머북스, 2015.

박은식/ 남만성 옮김.『한국독립운동지혈사(상)』. 서문당, 1999.

박재순.『삼일 운동의 정신과 철학』. 홍성사, 2015.

안정복 지음/ 이상하 옮김,『순암집』. 한국고전번역원, 2017

안중근. "안응칠역사."『明治文化全集』2. 동경, 1968. 화문귀 주필/ 유병호 역.『안중근연
        구』, 대련시근대사연구소/여순일러감옥구지박물관 학술연구총서. 료녕민족출
        판사, 2009.

이규성.『한국현대철학사론 - 세계상실과 자유의 이념』. 이화여대출판부, 2015.

이덕주.『초기한국기독교사연구』. 한국기독교연구소, 1995.

_____.『남산재 사람들-독립운동의 요람』. 그물, 2015.

이상룡,「공교미지孔教微旨」, 안동독립운동기념관 편,『국역 石洲遺稿』하, 경인문화사,
        2008.

이은선.『다른 유교, 다른 기독교』. 모시는사람들, 2016.

_____.『한국 생물生物여성영성의 신학』. 모시는사람들, 2011.

이찬구.『천부경과 동학』. 모시는사람들, 2007.

한국철학사 연구회 편.『한국 철학 사상가 연구 - 한국 철학과 현실인식』. 철학과현실사,
        2002.

현장(顯藏) 아카데미 편.『21세기 보편 영성으로서의 誠과 孝』. 동연, 2016.

한국 여성신학자 박순경 통일신학의 세계문명사적 함의와 聖·性·誠의 여성신학

김판임. "한국의 여성독립운동가 권애라와 그의 동지들."「한국여성신학」제89호 (2019
        여름, 한국여신학자협의회).

박순경.『삼위일체 하나님과 시간 - 제1권 구약편』. 신앙과지성사, 2014.

_____.『과거를 되살려 내는 사람들과 더불어』. 사계절, 2003.

_____.『통일신학의 미래』. 사계절, 1997.

_____.『통일신학의 여정』. 한울, 1992.

_____.『민족통일과 기독교』. 한길사, 1986.

_____.『하나님 나라와 民族의 未來』. 대한기독교출판사, 1983.

_____.『韓國民族과 女性神學의 課題』, 현대신서 130. 대한기독교서회, 1983.

램보, 셸리/ 박시형 옮김.『성령과 트라우마 - 죽음과 삶 사이, 성토요일의 성령론』. 한국기
        독교연구소, 2019.

류승국 외.『삶의 신할 콜로키움 생로병사관혼상제』. 대화문화아카데미, 2007.

3.1운동백주년종교개혁연대.『3.1운동 백주년과 한국 종교개혁』. 모시는사람들, 2019.

변선환 아키브 편.『종교개혁 500년, '以後'신학』. 모시는사람들, 2017.

_____.『3.1정신과 '以後'기독교』. 모시는사람들, 2019.

신혜진. "한반도 평화와 통일신학 - 박순경 통일신학의 활성화를 위한 비판적 검토." 변선
　　환 아키브 편.『3.1정신과 '以後'기독교』. 모시는사람들, 2019, 255-278.

이은선.『포스트모던 시대의 한국 여성신학』. 분도출판사, 1997.

_____.『한국 여성조직신학 탐구 - 聖性誠의 여성신학』. 대한기독교서회, 2004.

_____.『한국 생물生物여성영성의 신학 - 종교聖·여성性·정치誠의 한몸 짜기』. 모시는사
　　람들, 2011.

_____.『다른 유교, 다른 기독교』. 모시는사람들, 2016.

_____.『세월호와 한국 여성신학』. 동연, 2018.

조화순. "민족통일은 여성의 발로부터." 제5차 한국여성신학 정립협의회 개회예배 말씀.
　　한국여신학자협의회.『한국여성신학과 민족통일 - 제4,5,6차 여성신학정립협의
　　회 보고서』, 143.

최영실. "산상설교를 통해 본 민족의 분단 극복과 화해의 길." 한국여성신학회 엮음.『민족
　　과 여성신학』, 여성신학사상 제6집. 한들출판사, 2006, 66-86.

최재영.『북녘의 교회를 가다 - 최재영 목사의 이북 교회 제대로 보기』. 동연, 2019.

한국여성신학회.『여성생명평화 - 오늘을 산다』. 1989.3.7.

_____.『한국 여성의 경험』, 연구지 1집. 대한기독교서회, 1993.

_____.『민족과 여성신학』, 여성신학사상 제6집. 한들출판사, 2006.

_____.『한국여성신학과 다원주의』, 여성신학사상 제8집. 기독교서회, 2008.

한국여신학자협의회.『한국여성신학과 민족통일 - 제4,5,6차 여성신학정립협의회 보고
　　서』. 1989.

한말(韓末)의 저항적 유학자 해학 이기(海鶴 李沂)의 신인(神人/眞君) 의식과 동북아 평화

湖南 李沂 著.『質齋藁』.

_____.『李海鶴遺書』.

李沂.『訂校增註 太白續經』.

로베르 신부.『答嶺南儒子李沂書』.

尹世復.『역해종경사부합편(譯解倧經四部合編)』. 대종교 총본사, 개천 4406(1942).

전병훈.『精神哲學通編』.

『대종교경전』. 대종교총본사, 개천 4459(2002).

『환단고기』, 이기동, 정창건 역해. 행촌, 2019.

안동독립운동기념관 편. "西從錄."『국역 석주유고』하. 경인문화사, 2008.
금장태.『유교개혁사상가 이병헌』. 예문서원, 2003.
김도형. "해학 이기의 정치사상연구."「동방학지」31호 (1982).
김선희.『서학, 조선 유학이 만난 낯선 거울-서학의 유입과 조선 후기의 지적 변동』. 모시
　　는사람들, 2018.
김용섭.『한국근대농업사연구(2)』. 지식산업사, 2004.
김희곤. "고성이씨 법흥문중 사람들이 펼친 독립운동."『동구 이준형의 학문과 독립운동』,
　　2019 역사인물 선양학술대회 안동지역의 혁신유학과 역사인물, 2019.08.28.,
　　안동시.
노관범.『기억의 역전 - 전환기 조선사상사의 새로운 이해』. 소명출판, 2017
노평규. "이기의 유학사상과 근대적 인식." 한국유교학회, 1994.
박경석 엮음.『연동하는 동아시아를 보는 눈』. 창비, 2018.
박순경.『민족통일과 기독교』. 한길사, 1986.
＿＿＿.『통일신학의 여정』. 한울, 1992.
＿＿＿.『삼위일체 하나님과 시간 - 제1권 구약편』. 신앙과 지성사, 2014.
박종혁.『한말격변기 해학 이기의 사상과 문학』. 아세아문화사, 1995.
＿＿＿. "해학 이기의 사상적 전이(轉移)의 과정(海鶴研究 其一)."「한국한문학연구」
　　제12집.
박환.『나철, 김교헌, 윤세복』. 동아일보사, 1992.
백낙청 외 지음.『문명의 대전환을 공부하다 - 이중과제론과 문명전환론』. 창비, 2018.
스피노자, 베네딕트 데/ 김호경 옮김.『신학-정치론』. 책세상, 2006.
월터 윙크/ 한성수 옮김.『참사람-예수와 사람의 아들 수수께끼』. 한국기독교연구소,
　　2014.
이규성.『한국현대철학사론』. 이화여대출판부, 2015.
이남주 엮음.『이중과제론』. 창비, 2009.
이덕일. "단군고기(檀君古記)의 역사성과 사학사적 의의."「세계환단학회지」3권 2호.
李信.『슐리얼리즘과 영靈의 신학』. 동연, 2011.
이은선.『한국 여성조직신학 탐구』. 대한기독교서회, 2004.
＿＿＿.『한국 생물生物여성영성의 신학 - 종교聖, 여성性, 정치誠의 한 몸 짜기』. 모시는
　　사람들, 2011.
＿＿＿.『생물권 정치학시대에서의 정치와 교육 - 한나 아렌트와 유교와의 대화 속에서』.
　　모시는사람들, 2014.
＿＿＿.『통합학문으로서의 한국 교육철학』. 동연, 2018.
＿＿＿. "21세기 인류 문명의 보편적 토대로서의 誠과 孝." 곽진상·한민택 편.『빛은 동방
　　에서 - 심상태 시놀 팔순기념논총』. 수원가톨릭대학교출판부, 2019.

_____. "한국 여성신학자 박순경 통일신학의 세계문명사적 함의와 聖·性·誠 의 여성신
　　　　학." 2019년 '원초 박순경의 삶과 신학: 기독교, 민족과 통일을 말하다', 『한국여
　　　　성신학회 하계 학술세미나 자료집』, 2019.6.8. 감신대; 온라인 저널 「에큐메니언」
　　　　(www.ecumenian.com) 연재.
임채우. "단애 윤세복의 「三法會通」에 담긴 仙道사상." 「도교문화연구」 31 (2009.11).
정인보/ 정양완 옮김. 『담원문록』. 태학사, 2006.
조남호. "남북한의 단군연구." 「선도문화」 제26권.
조상우. "해학 이기의 계몽사상과 해학적 글쓰기." 「동양고전연구」 제26집.
조성환·이병환. 『개벽파선언 – 다른 백년 다시 개벽』. 모시는사람들, 2019.
한영우 외 공저. 『행촌 이암의 생애와 사상』. 일지사, 2002.
현장(顯藏) 아카데미 편. 『환상과 저항의 신학 – 이신(李信)의 슐리얼리즘 연구』. 동연,
　　　　2017.
호슬리, 리처드 A./ 박경미 옮김. 『서기관들의 반란 – 저항과 묵시문학의 기원』. 한국기독
　　　　교연구소, 2018.